Michael Wermke (Hrsg.)

Rituale und Inszenierungen in Schule und Unterricht

Grundlegungen

Veröffentlichungen des
Religionspädagogischen Instituts Loccum

Band 2

LIT

Michael Wermke (Hrsg.)

Rituale und Inszenierungen in Schule und Unterricht

Mit Beiträgen von

Bernhard Dressler, Astrid von Friesen, Christian Grethlein,
Hans Günter Heimbrock, Manfred Josuttis, Michael Meyer-Blanck,
Christoph Münz, Otto Seydel, Fulbert Steffensky, Michael Wermke,
Thomas Ziehe

LIT

Die Deutsche Bibliothek – CIP-Einheitsaufnahme

Rituale und Inszenierungen in Schule und Unterricht : Mit Beiträgen von
Bernhard Dressler, Astrid von Friesen, Christian Grethlein,
Hans Günter Heimbrock, Manfred Josuttis, Michael Meyer-Blanck,
Christoph Münz, Otto Seydel, Fulbert Steffensky, Michael Wermke,
Thomas Ziehe
/ Michael Wermke (Hrsg.) . –
Münster : LIT, 1997

   (Grundlegungen – Veröffentlichungen des Religionspädagogischen
   Instituts Loccum ; 2.)
   ISBN 3-8258-3279-1

NE: GT

© LIT VERLAG
   Dieckstr. 73   48145 Münster   Tel. 0251–23 50 91   Fax 0251–23 19 72

Inhaltsverzeichnis

Rituale in der pädagogischen Praxis

Michael Wermke

Rituale und Inszenierungen in Schule und Unterricht
Eine Einführung

I.

Rituale erleben derzeit eine Renaissance in der allgemeinpädagogischen und religionspädagogischen Diskussion. Sie ist dabei offenbar nicht im akademischen Diskurs steckengeblieben, sondern hat den Weg in die Schulwirklichkeit gefunden, wie die in den letzten Jahren veröffentlichten Praxisberichte bezeugen. Allerdings ist auffällig, daß sich die Allgemeinpädagogik schwer damit tut, von ‚Ritualen' zu reden. Säkulare Begrifflichkeiten wie ‚Rahmen', ‚Regeln' oder ‚Setting' werden benutzt oder doch zumindest wird versucht, den Ritualbegriff säkular auszulegen.

Zum einen schlägt sich hier wohl der Versuch nieder, die Ritualdiskussion für die Pädagogik anschlußfähig zu halten, zum anderen scheinen hier auch gewisse geschichtlich bedingte Vorbehalte gegen die ‚Wiederbelebung' von gemeinschaftlichen Ritualen und Symbolen in Schule und Gesellschaft mitzuschwingen.

Der Einwand, daß die Deutschen in ihrer Gegenwartsgeschichte denkbar schlechte Erfahrungen mit Ritualen und Symbolen gesammelt haben, ist ernst zu nehmen. Die ‚Ritualfeindlichkeit' der sog. 68er-Generation ist eben gerade auch als Reflex auf die manipulative Kraftentfaltung von Ritualen und Symbolen im Dritten Reich erklärlich, die zudem durch die traditionelle protestantische Reserviertheit gegenüber festen Formen nochmals Schubkraft erhielt.

Die Argumentation, daß kollektiven Verhaltens- und Ausdrucksweisen aufgrund ihres potentiell entmündigenden Charakters nur kritisch begegnet werden darf, hat von daher ihre grundsätzliche Berechtigung gefunden. Das Problem, daß die ‚guten' und ‚bösen' gemeinschaftsstiftenden und identitätsbildenden Rituale und Symbole schwer voneinander zu unterscheiden sind, zeigt sich auch in der Theoriebildung. So findet sich in einem Aufsatz über Fest- und Freizeitgestaltung der Satz: „Und nur auf dem Wege der Einhaltung einer bestimmten Gestaltungsgrundlage werden wir auch erreichen, daß sich im Laufe der Entwicklung allmählich Feierformen von liturgischem Charakter entwickeln, deren Gültigkeitswert sich auf Jahrhunderte erstreckt."[1] Die auch die heutige (religions-)pädagogische Diskussion beherrschenden Begriffe wie Feier, Form,

Gestaltung und Liturgie sind in diesem Satz vorfindlich und erst der abschließende Relativsatz entlarvt den Kontext des Faschismus.

Es ist nicht das Ritual selbst, das seine wahre Gesinnung verrät, es ist die an das Ritual gerichtete ideologiekritische Frage: „Wem und wozu dient das Ritual?", die Auskunft erteilt.

Man mag der 68er-Generation zu recht vorhalten können, daß sie mit ihrer ritualfeindlichen Haltung vielfach ein Vakuum hinterlassen hat, und man daher heute vor der komplizierten Aufgabe der Reinstallation ritualisierenden Umgangs steht. Allerdings kann die (Selbst-) Abrechnung mit den 68ern nicht dazu führen, daß der in der Kritik enthaltene Freiheitsgewinn aufs Spiel gesetzt wird. Der auf die 68er-Generation bezogene sozialpsychologische Hinweis von Thomas Ziehe, daß die „abwertende Haltung gegenüber Ritualen (...) um so strikter ausfallen (dürfte), je mehr biographische Energie die Betreffenden dafür haben aufbringen müssen, sich aus traditionalistischen Herkunftsmilieus zu lösen" (S. 2), dürfte nun unter umgekehrtem Vorzeichen für diejenige Generation gelten, die durch diese Eltern- und Lehrer-Generation sozialisiert worden ist. Allerdings läßt dies für einen reflektiert-kritischen Umgang mit Ritualen wenig Gutes erahnen. Um so mehr ist heute die (religions-)pädagogische Theoriebildung gefordert.

II.

Nach einer Zeit radikaler Ritualkritik, die insbesondere den repressiven Charakter gesellschaftlicher Rituale bloßlegte und wahrscheinlich nirgends so erfolgreich wirkte wie im Bildungssystem, scheint die Vorstellung, daß sich Schülerinnen und Schüler zu Beginn einer Unterrichtsstunde zur Begrüßung ihrer Lehrkraft erheben, Andachten zu Beginn der Schulwoche oder Gottesdienste anläßlich von Abiturientenentlassungen angeboten werden, längst nicht mehr der Vergangenheit anzugehören. Die Motive für die Renaissance zu erhellen ist ein Anliegen dieses Buches. Das Hauptmotiv besteht jedoch darin, der Frage nachzugehen, wie ein theologisch und pädagogisch verantwortbarer Umgang mit Ritualen im Unterricht möglich ist, der weder hinter die grundsätzlich ritualkritische Haltung des Protestantismus noch hinter die Erfahrungen in der deutschen Geschichte mit Ritualen zurückfällt.

III.

In seinem Aufsatz ,*Rituale: Unsinn oder Beitrag zu religiöser Sinn-bildung'*
versucht *Hans-Günther Heimbrock*, den reformatorisch-protestantischen Ein-
spruch gegen religiöse Rituale für einen erneuerten Umgang mit Rituale in
Kirche und Schule fruchtbar zu machen. Dieser Ansatz fordert eine doppelte
Auseinandersetzung: zum einen mit der Ritualfeindlichkeit des Protestantismus, die nicht unerheblich zur Sinnentleerung von kirchlich-religiösen Ritualen beigetragen hat, und zum anderen mit den alten wie neuen alltagsweltlichen
und religiösen Ritualen, die einer theologischen Bewertung zu unterziehen sind.
Für Heimbrock ordnet sich die vielfach diagnostizierte Ritualarmut der Moderne in einen umfassenden kulturgeschichtlichen Prozeß ein, der wesentliche
Impulse durch den Protestantismus mit seiner Vorzugsstellung des Wortes gegenüber der Sinnlichkeit religiöser Praxis erfahren hat. Begleitet wird der Prozeß der Entritualisierung kirchlich-religiösen Lebens durch eine Entdeckung
von ,neuen' religösen und alltagsweltlichen Ritualen. Diese Rituale lassen sich
phänomenologisch zum einen als säkulare Ersatzriten erfassen, die kirchliche
Rituale vor allem in ihrer Funktion als Übergangsrituale ablösen, und zum anderen als rituelle Phänomene der Civil-Religion, die verschiedenste Bereiche
des privaten und öffentlichen Lebens durchdringen.
Für die Religionspädagogik provoziert die Frage nach der Bedeutung von Ritualen die Frage nach ihrem Selbstverständnis in aller Deutlichkeit. So ist mit
Blick auf das Lernverständnis religiöser Erziehung zu fragen, „ob Rituale (alltagsweltliche wie religiöse) eher Objekte kritischer Abarbeitung des reifenden
Verstandes sein sollen, oder inwieweit sie auch als Medium der Identitätssiche-
rung in Betracht kommen können (...), ob Religion im religionspädagogisch
relevanten Sinn allein als Reflexions- bzw. als Handlungswissen definiert werden soll (im Sinne von Dogmatik und Ethik also), oder ob auch ein nicht auf
religiöses Wissen bzw. moralischer Orientierung reduzierbarer Anteil zweckfreien Verhaltens mit in Betracht kommen muß." (S. 33)
Die religionspädagogische Fragestellung läßt sich für Heimbrock nur durch
eine theologische Bewertung von Ritualen beantworten, in der es sowohl um
eine „kritische Überprüfung und Klärung anthropologischer Postulate überzeitlicher ritueller Bedürfnisse einerseits (und; M.W.), um Kritik an intellektualistisch vereinseitigten sozialgeschichtlichen Postulaten über Ritualverarmung
moderner Religiosität wie Kulturen andererseits" gehen müsse. (S.37) Die Theologie, so schlußfolgert Heimbrock, muß sich zum einen der am biblischen Vorbild orientierten Ritualkritik annehmen, da auch das in der liturgischen Praxis
geformte Ritual „in permanenter Gefahr (steht; M.W.), in Verdinglichkeit des

Heiligen durch Verabsolutierung bedingter endlicher Formen menschlicher Religionspraxis abzuleiten." (S. 39) Zum anderen ist Theologie als ‚Sprachlehre des Glaubens' zwar auf das Wort hingewiesen, jedoch bedarf der Glaube der sinnlichen Wahrnehmung. „Hier liegen Aufgaben für eine phänomenologische erneuerte Theorie der Praxis des Glaubens, etwa dort, wo Verständnis und Gestaltung von Predigt und gottesdienstlichen Vollzügen neu in ihrer sinnlichen Seite bestimmt werden, etwa dort, wo sakramentale Praxis als ‚verbum visibile' (Augustin) nicht länger nur als externes Zeichen einer ihm sachlich vorgelagerten verbal ansagbaren Wirklichkeit zu begreifen ist." Schließlich intendiert der protestantische Glaube ein „in der Unverfügbarkeit und Unvertretbarkeit subjektiver Glaubensentscheidung im notwendigen Spannungsverhältnis zur Einbindung in übersubjektive kollektive Überzeugungen und Formgebungen des Religiösen". Rituale bieten hierfür eine überindividuell vorgeprägte Formsprache an, „die der Mensch mit endlicher Freiheit nicht entbehren kann – ja nur durch kollektive Vorgaben von Handlungsmustern während des gesamten Lebens kann er dazu kommen, ‚ich' zu sagen, und individuell verantwortete Handlungsentscheidungen treffen." (S. 40)

In dem prinzipiellen Spannungsverhältnis zwischen protestantischer Reflexion und ritualisierter Glaubensvollzug hat sich für Heimbrock die Frage nach der Relevanz von Ritualen in den Bildungs- und Lernprozessen des Religionsunterrichts einzuordnen.

Die Bildung ästhetischer Kompetenz als eine der Grundaufgaben eines sich bildungstheoretisch begründenden Religionsunterrichts gilt es neu zu entdecken. „Gerade angesichts religiöser Desozialisation wird die Aufgabe ritueller und auch liturgischer Bildung nicht nur als Information über, sondern zugleich als Einübung in symbolisches Handeln neu relevant." (S. 42)

Seine Forderung, in der Praxis religiöser Erziehung der Feier und Meditation eine neue Aufmerksamkeit zu schenken, kann für Heimbrock daher nicht als eine „naive Rückkehr zu ehemals gepflegter nahtloser Verschmelzung von Gottesdienst und Unterricht" bedeuten. (S. 43) Indem religiöse Glaubensvollzüge in Gestalt religiöser Rituale Einzug in den Unterricht halten, haben sie sich dem unterrichtlichen Diskurs auszusetzen. „Die Möglichkeiten tradierter religiöser Formsprache des symbolischen Handelns, der Mehr-Wert ritueller Formsprache unter Einbeziehung menschlicher Leiblichkeit gegenüber rein diskursiver Religionspraxis kann und sollte neben aller experimentellen Praxis auch ein Stück weit begriffen werden. Einsichten in Funktionszusammenhänge, Sinndimensionen und Wirkungs- und Mißbrauchsmöglichkeiten von religiösen Ritualen im Kontext alltäglicher Ritualisierungen erweitern die Urteilsfähigkeit in Sachen Religion". (S. 43)

Die von Theodor Wilhelm (Theorie der Schule, 1969) postulierte Grenzziehung zwischen ‚Verkündigung' und ‚Unterricht' wird damit überwunden, ohne jedoch die ritualkritische Position des Protestantismus aufzugeben. Vielmehr bringt sie Heimbrock erneut zur Geltung, wenn er den Vollzug von Ritualen in Schule und Unterricht die Ritualkritik als selbstkritisches Potential an die Seite stellt.

In seinem Beitrag ‚Rituale im Schulleben – Religionspädagogische Überlegungen zu Chancen und Grenzen' stellt Christian Grethlein, ehemals Gymnasiallehrer, anhand einer Untersuchung der Begriffsgenese die religionspädagogische Denotation des Terminus ‚Schulleben' dar. Mit Bezug auf Friedrich Fröbel und Carl Gustav Scheibert stellt Grethlein fest, daß in der Begriffsbildung ‚Schulleben' „im konzeptionellen Sinne zwei Grundfunktionen von christlicher Religion, ihre letztlich im Gottesbegriff begründete einheitsstiftende Integrationsfunktion und ihre im Schöpfungsglauben ruhende Destruktion menschlicher Hierarchien, im Vordergrund stehen". (S. 51) Während Fröbel den funktionalen Aspekt von ‚Schulleben' als Mittel der Integration von Schule und Leben unter dem Vorzeichen der Einheit von Glaube und Lernen hervorhob, betonte Scheibert die „hierarchiekritische, die Institution Schule transzendierende Funktion religiöser Praxis". (S. 51)

Mit diesem wichtigen Hinweis von Grethlein ist dem Argument zu wehren, daß der Begriff ‚Schulleben' eo ipso als ein schulpolitisches Instrument zur Verschleierung und infolgedessen zur Stabilisierung bestehender Machtverhältnisse diene. Vielmehr birgt er ein beachtliches selbstkritisches Potential in sich. Der Gefahr einer wie auch immer gearteten Instrumentalisierung von ‚Schulleben' kann vorgebeugt werden, indem das Wissen um die religionspädagogische bzw. theologische Konotation dieses Begriffes nicht verwischt wird. Am Beispiel der Feier des Schulgottesdienstes als ein im Schulleben wiederkehrendes Ritual erläutert Grethlein dessen integrative wie die Hierarchie relativierende Funktion. Der Schulgottesdienst erfüllt diese Funktionen, „wenn er sich zum einen auf konkrete schulische Anliegen, etwa die besonderen Übergänge im Schuljahr und auch aktuelle Themen, bezieht, aber diese zum anderen zugleich in eine weitere nichtschulische Perspektive, nämlich die des Evangeliums rückt; wobei Perspektive im doppelten Sinn wörtlich als ‚kritisch durchschauen' und auf Zukunft hin ‚durchsehen' verstanden ist. Eine Schule, die solch einen Schulgottesdienst pflegt, bringt für Schüler und Schülerinnen, aber auch Lehrerinnen und Lehrer deutlich zum Ausdruck, daß sie sich selbst nicht genügt, sondern auch um ihre Begrenztheiten weiß, dieses Wissen aber gestalten will und kann". (S. 56) So erfahren wir Menschen in christlichen Ritualen, „daß alles seine gute Ordnung hat und wir in ihr geborgen sind – trotz allem was zerrissen und abgebrochen scheint", ohne jedoch den „tragfähigen Grund" des durch Rituale geschenkten Vertrauens letztlich erfassen zu können. (S. 55)

Nach Grethlein darf eine Schule, die sich dem Bildungsauftrag verpflichtet weiß, diesen Bereich menschlicher Erfahrung nicht ausblenden, d.h. sie muß sowohl Möglichkeiten „für die Gestaltung von Ritualen anbieten, die im Vertrauen auf Gott (im christlichen Verständnis) begründet sind" (S. 56), wie auch Orte der kritischen Reflexion von Ritualen zur Verfügung stellen, in denen die Spannung „zwischen der in der menschlichen Konstitution begründeten Notwendigkeit von Ritualen und deren Gefährdung und Anfälligkeit für ideologischen Mißbrauch (...) zu bearbeiten" ist. (S. 58)

In seinem Aufsatz ‚Religion und Reflexion. Zur Frage liturgischer Elemente und religiöser Praxis im Klassenzimmer' geht Michael Meyer-Blanck der Frage nach einem theologisch wie pädagogisch verantwortbaren Verhältnis von religiöser Unmittelbarkeit und kritischer Reflexion nach, wobei ihm „das *Ineinander von Religion und Reflexion* nicht nur didaktisch anschlußfähig zu sein (scheint; M.W.), sondern auch typisch für das protestantische Verständnis von Liturgie und religiöser Ausdrucksform." (S. 61)

Mit Bezug auf Christoph Bizer definiert Meyer-Blanck das auf den christlichen Gott bezogene Ritual als Liturgie und differenziert zwischen Ritual, Liturgie und Form:

– „Rituale sind Handlungsgewohnheiten in einer Gemeinschaft, die wiederkehrende Situationen Wiedererkennbarkeit geben;
– Liturgien sind sinnlich wahrnehmbare Hinwendungen von Christenmenschen zu dem dreieinigen Gott, vor allem solche, die wiedererkennbare Formen haben;
– Formen sind Handlungselemente von Ritual wie Liturgie, die verschieden, aber nicht beliebig gestaltbar und kombinierbar sind." (S. 64)

Diese begriffliche Ausdifferenzierung ist aus dem Grunde ergiebig, weil sie Chancen und Grenzen der Behandlung von Religion in einem auf Diskursivität angelegten Religionsunterricht deutlich markieren. Im Gegensatz zur herrschenden religionspädagogischen Meinung, die – wenn überhaupt – liturgische Bildung nur im Sinne einer Einführung in die jeweils gültige Form der liturgischen Gestaltung des Gottesdienstes wahrnimmt, erkennt Meyer-Blanck in der liturgischen Form selbst Lernchancen zum Verstehen der christlichen Religion. *„Rituale* können und müssen im Unterricht inszeniert werden. Die Formen solcher Rituale sind didaktisch immer wieder zur Disposition zu stellen. *Liturgien* als Hinwendungen einer schulischen Gemeinschaft zu dem dreieinigen Gott werden – mindestens im öffentlichen Schulwesen – eher die

Ausnahme sein. Liturgische *Formen* hingegen als *Handlungselemente* von Liturgie sind unterrichtlich verwendbar, gestaltbar und damit im nicht nur affirmativen Sinne lernbar." (S. 65)
Der Religionsunterricht stellt demnach ein ‚Versuchsfeld' dar, auf dem in experimenteller Weise mit Formelementen liturgischen Handelns umgegangen werden kann. „Das Lernen der liturgischen Form ist insofern auch ein notwendiger Beitrag zur allgemeinen Bildung, wenn klar wird, wie christliche Religion funktioniert." (S. 66) Am Beispiel des Umgangs mit Psalmtexten zeigt Meyer-Blanck die didaktisch-methodischen Möglichkeiten des experimentellen Umgangs mit liturgischen Formen im Unterricht auf. Eine in diese Richtung sich entwickelnde Didaktik, die für Meyer-Blanck nur semiotisch gedacht sein kann, stellt weder einen Rückfall in die Zeiten der ‚evangelischen Unterweisung' noch eine simplifizierende Korrelation von ‚Tradition' und ‚Situation' dar, sondern einen im Sinne des schulischen Bildungsauftrag sinnvollen Beitrag zum Verständnis evangelischer Religion.

Meyer-Blancks Gedanken des probeweisen, experimentellen Umgangs mit religiösen Formen findet sich in den didaktischen Ausführungen des Beitrags von *Bernhard Dressler ‚Leben! Handeln! – Der Religionsunterricht im „Haus des Lernens"* wieder.
Dem gehen in kritischer Auseinandersetzung mit gängigen religionspädagogischen Konzeptionen Überlegungen zum Verhältnis von (christlicher) Religion im Unterricht angesichts einer ‚Renaissance des Religiösen' in der Alltagskultur voran. Dressler erkennt eine zunehmende Diszission zwischen einem Religionsunterricht, der sich in der Praxis verstärkt als Werteunterricht versteht, und eine außerhalb von Gottesdienst und Religionsunterricht sich in vielfältigen Formen entwickelnde Religiosität Jugendlicher.
Die „Renaissance der Religion" ist weniger Audruck eines modischen Hangs zur Irrationalität, sondern ein Indikator für die tiefgreifende Krise des ‚Projektes Moderne'. „Schon der mit dem Datum ‚1968' gekennzeichnete kulturelle Umbruch verband ja eine letzte Spätblüte des modernen Fortschrittspathos' auf höchst widersprüchliche Weise mit dem Bewußtsein, daß eine auf instrumentelle Rationalität und auf Projekte technischer Machbarkeit gegründete Moderne nicht nur an ihre Grenzen stößt, sondern mit bislang ungekannter Barbarei schwanger geht."(S. 79)
Für die christliche Theologie kann daher nicht länger die Bemühung im Vordergrund stehen, „die Anschlußfähigkeit des christlichen Glaubens an das moderne Bewußtsein nachzuweisen, indem der christliche Glaube selbst als eine der wesentlichen Inspirationsquellen der modernen Freiheits- und Emanzipationsge-

schichte reflektiert wird." (S. 88) Die Religionspädagogik hingegen kann weder „die jugendlichen Sehnsüchte nach neuer Spiritualität einfach als esoterische oder gar als sektenhafte Regressionen pauschal denunzieren, noch darf sie die neoreligiösen Aufbrüche kurzerhand für sich selbst in Beschlag nehmen." (S. 80) Es dürfte Dresslers Verdienst sein, die durch die modernen Individualisierungsprozesse angetriebenen neuen Formen vor allem jugendlicher Religiosität ernst zu nehmen und als theologische wie religionspädagogische Herausforderung zu bedenken.

Dem Religionsunterricht stellt sich, so Dresslers These, „heute die Aufgabe, Zugänge zu Phänomenen der Religion allererst zu erschließen. Angesichts des diffusen religiösen Interesses bei einer wachsenden Zahl von Kindern und Jugendlichen stellt sich damit zugleich die Aufgabe, religiöse Phänomene bearbeitbar und explikationsfähig zu machen – und zwar nicht nur textlich und sprachlich. Denn das religiöse Interesse richtet sich heute immer schon auf religiöse Vollzüge, in wie auch immer rudimentären und depravierten Formen: Von okkulten Praktiken über ästhetisierende (Selbst)inszenierung bis zu den quasigottesdienstlichen Feiern und Ritualen der Popkultur. Es versteht sich von selbst, daß dabei eine kognitiv-religionskritische Bearbeitungsperspektive nicht ausgeschlossen bleiben darf." (S. 82)

Lerntheoretisch formuliert verlangt Dressler eine „reflexive und ästhetische Brechung der Alltagsrealität", die sich zu dieser in einer „kognitiven Dissonanz" verhält. Damit sollen Distanzspielräume, eben auch zu den kulturellen Modernisierungstendenzen, geschaffen werden, in der eine „Proberealität" realisiert wird, die zu „Probedenken" und „Probehandeln" auffordert.Schule geht damit nicht einfach im ‚Leben' auf, wie mit einem entsprechenden Betroffenheitspathos häufig verlangt wird, sondern steht zur Realität des Lebens in kritischer Distanz. Religionspädagogisch gewendet heißt dies: „Als Anwalt des Unverfügbaren hat der Religionsunterricht kontrafaktisch jener Realität etwas entgegenzusetzen, die am Ende der modernen Machbarkeitsphantasien menschliches Denken und Handeln nur im engen Rahmen selbstgemachter Sachzwänge zuläßt." (S. 86ff.)

Unter Bezugnahme auf Niklas Luhmann weist Dressler dem Religionsunterricht die Aufgabe zu, aus der *Binnenperspektive* von Religion Welt zu beobachten und zu erschließen, „aber nicht als borniertes Schmoren im eigenen religiösen Saft, sondern als ein besonderer Blick auf die Welt, der neben andere Blicke auf die Welt treten oder mit ihnen konkurrieren kann." (S. 88) Der Religionsunterricht lädt die Schülerinnen und Schüler dazu ein, aus einer spezifischen religiösen Perspektive die Welt und damit auch sich selbst wahrzunehmen und zu deuten. Der Religionsunterricht hat demnach als Ziel religiöser Bildung die Fähigkeit zum situativen Wechsel von der Binnenperspektive einer Religion, dem Vollzug, und der *Außenperspektive*, der Reflexion über Religion, zu vermitteln. „Religiöse Bildung eröffnet vielmehr einen Blick auf die Welt unter einer Hypothese, gewissermaßen als Weltbetrachtungsexperiment: Wie könnte ich mich und die Welt neu sehen und verstehen, ‚etsi deus daretur' – als wenn es Gott gäbe. (...) Solches Lernen öffnet Möglichkeiten des Glaubens; ob diese Möglichkeiten ergriffen werden, liegt nicht im Vermögen der Lehrenden." (S. 89)

Dressler unterscheidet – ähnlich wie Meyer-Blanck – zwischen den im unterrichtlichen Geschehen inszenierbaren „religiösen Sprachformen" im Sinne der ‚liturgischen Formen' Meyer-Blancks, die der probeweisen Ingebrauchnahme ausgesetzt werden können, und dem „liturgischen Akt", der unter die Prämisse des ‚deus datur' stehend, dem experimentellen Umgang entzogen ist (S. 90). Rituale kommen hier als Gestaltungsformen „symbolischer Ordnungen" im Schulleben bzw. im Unterricht in den Blick.

Symbolische Ordnungen könnten in der Gestaltung der Schule als ‚öffentlicher Raum' die Spanne zwischen bürokratischer Verrechtlichung und bedürfnisorientierter Intimisierung aufrecht erhalten und – wie Dressler mit Bezug auf Thomas Ziehe formuliert – „,zwischen die administrative, system-funktionale Dimension der Schule auf der einen und den individuellen psychischen Realitäten der Subjekte auf der anderen Seite eine symbolische Struktur' eingeschoben werden: ‚Ein Feld von Prozeduren, Formen, Ritualen, das *Bedeutsamkeiten* stiften könnte – ein ‚drittes', nicht Sachzwang (Verdinglichung) und nicht Nähehunger (Psychologisierung)'." (S. 92)

Die durch das gemeinschaftliche Handeln geschaffene „Sozialität" der Schule bedeutet auf den Unterricht bezogen, daß auch dieser einen „medialen Raum der Sozialität" enthalten kann, der allein durch seine „Selbstzweckhaftigkeit" charakterisiert ist. (S. 93)

Rituale als Ausdruck gemeinschaftlichen und öffentlichen Handelns finden hier ihren Ort in einer nicht nur auf Verzweckung ausgerichteten Schule und ihrem Unterricht. „Erst eine wie auch immer begrenzte, kleine, ambitionslose, aber eben unterrichtliche Lernprozesse überschreitende und übergreifende Öffentlichkeit bietet die Bedingungen, unter denen das Leben einer Schülerin oder eines Schülers einmal aufglänzen kann, ohne daß das Leistungsmaß von Lernerfolgen Geltung behält." Der besondere Beitrag der Religionspädagogen zur Bildung einer „symbolischen Ordnung", in der Aktion und Kommunikation, Alltäglichkeit und Feier, Spontaneität und Ritual ihren Platz haben können, könnte darin bestehen, „ein Angebot liturgischer Formen, gemeinsamer Besinnungen und Begehungen, (zu) unterbreiten, daß die Suche nach den sich öffnenden Zwischenzonen zwischen Entfremdung und Nähehunger *exemplarisch* orientiert". (S. 95)

Fulbert Steffensky thematisiert in seinem Beitrag *‚Rituale als Lebensinszenie-rungen'* den Zusammenhang zwischen innerer Lebenseinstellung und äußerer Lebensgestaltung – Steffensky spricht hier von „Lebensglauben" und „Lebens-inszenierung" – durch Rituale und Formen. In Abgrenzung von der durch die protestantische Tradition überhöhten Subjektorientierung des modernen Indi-viduums und der damit verbundenen äußeren Gestaltungslosigkeit formuliert er: „Der Mensch liest seine Innerlichkeit auch am Außen ab; an den Symbolen, Zeichen und Überlieferungen, die seine Lebenslandschaft prägen; an den Re-geln, Ritualen, Rhythmen und Methoden, die er seinem eigenen Leben gege-ben hat und die ihn von außen nach innen prägen." (S. 101) Steffensky schildert in seinen Beispielen verschiedener Lebensinszenierungen die Bedeutung von ‚Form' und ‚Ritual'. Formen und Rituale helfen, die Reali-tät zu strukturieren und zu gestalten; sie ermöglichen, Lebenswünsche und Le-bensabsichten zu formulieren und zu bestärken; sie konstituieren solidarische Gemeinschaften. Anhand seiner Konkretionen zeigt Steffensky, wie sich in kon-kreten (Not-)Situationen Rituale herausbilden bzw. wie auf bekannte Ritualfor-men zurückgegriffen wird. Die jeweils spontan gewählte Form wird, so Stef-fensky, „nicht formelhaft empfunden, weil der Inhalt sie unmittelbar rechtfer-tigt." (S. 104) Rituale, die durch ihre tägliche Wiederholbarkeit gekennzeichnet sind und damit der Gefahr sinnentleerter Formelhaftigkeit unterliegen, besitzen jedoch ihre eigene Bedeutungskraft. Es ist nicht das ‚Erlebnis des Augenblicks', die diese Rituale legitimieren, sondern die Möglichkeit einer künftigen Bedeu-tung: „Die lange ausgehaltene Uneigentlichkeit zerstört (...) die Wahrheit des Rituals nicht, sie bereitet den Ernstfall vor und ermöglicht das Verhalten in ihm. Man kann die notwendige Form nicht erst dann erfinden, wenn man sie braucht, wie der Moment des Ertrinkens ungeeignet dazu ist, Schwimmen zu lernen." (S. 106) Deutlich wird, daß bei den regelmäßig sich wiederholenden Ritualen die Ent-scheidungsfreiheit, sich dem Ritual zu stellen oder sich ihm zu entziehen, stär-ker ausgeprägt ist als bei spontan gebildeten Ritualen. Ein besonderes Interesse wendet Steffensky dem ritualisierten Umgang mit der Zeit zu. Die Rhythmisierung der Zeit dient der sozialen Vergewisserung, „daß das Leben wiederkommt und daß die Hoffnung nicht gestorben ist." (S. 5) Die Feier heiliger Zeiten wie des Sabbats oder des Sonntags enthebt die Menschen „dem Diktat des Funktionierens" und läßt sie an dem „Vorschein der Freiheit, die allen zugedacht ist", teilhaben. Diese Zeit, in der der Mensch zum ‚Königs-sohn' wird, wie Steffensky unter Bezugnahme auf Abraham J. Heschel sagt, gilt es als ‚heilig' zu halten. „Wahrscheinlich wird nur dann unsere Lebenslandschaft nicht veröden, wenn wir den Zwängen entkommen, die Zeit besiegen zu müssen." (S. 108)

Rituale und Formen, so folgert Steffensky, entheben den Menschen von der sich selbst auferlegten Verpflichtung, die eigene „Unmittelbarkeit" zum Maßstab der Dinge zu machen. Der Mensch, der auf nichts als nur auf sich selbst vertrauen darf, setzt sich einer „Originalitätssucht" aus, „daß alles für mich und meine Einzigartigkeit sein muß und alles mich zu einem Einzigartigen machen soll." Die Vergötzung seiner selbst wie auch des anderen wäre die trostlose Konsequenz. Freigewählte Formen und Rituale können hingegen „Knotenpunkte" sein, „in denen wir bei uns sein können und in denen wir uns nicht ausschließlich bei uns sind. Fremdheit und Heimat knoten sich in ihnen. Sie lassen uns Bewußtheit, und sie nehmen uns Überbewußtheit und falsche Existentialität." (S. 109)

Manfred Josuttis unternimmt in seinem Aufsatz *‚Fußball ist unser Leben! Über implizite Religiosität auf dem Sportplatz'* über implizite Religiosität auf dem Sportplatz eine phänomenologische Untersuchung ritualisierten Alltagsverhaltens am Beispiel des Fußballsports. Er weist nach, daß das ritualisierte Verhalten der Fans wie auch der Spieler Formen explizit religiöser Rituale anhaftet, wobei freilich beide Gruppen die religiösen Züge ihres Tuns kaum zugestehen würden.

So machen Fußballspieler wie ihre Fans in den Ritualen der Präparation und des Vollzugs des Spiels eine außerhalb ihres Alltagsbewußtseins liegende Gemeinschaftserfahrung, die Josuttis mit Victor Turner als spontane Groß-'Communita' bezeichnet und mit religiösen Gemeinschaftserfahrungen, wie sie auch im Gottesdienst impliziert sind, gleichsetzt. (S. 112)

Ähnlich wie im ‚Drama' des Fußballspiels, das vom Kampf der Guten gegen die Bösen beherrscht ist und in dem auch der Schwächere eine Chance über den Stärkeren besitzt, handelt auch der Gottesdienst vom dramatischen Kampf Gottes gegen die Mächte des Bösen. Der Sieg ist hier allerdings rituell garantiert, während der Ballsport mit einem „unberechenbaren Basisrisiko" verbunden ist. Dies macht den Fußball zwar spannender als den Gottesdienst, allerdings kann sich dem Fußballgeschehen nur derjenige aussetzen, der „mindestens ein gewisses Maß an Risikotoleranz aufbringt". (S. 115) In der „Teilhabe" am Fußballspiel erleben die Fans nicht eine ‚Traumwelt' – diese Begrifflichkeit wählt Josuttis in einem anderen Zusammenhang für die Teilhabe am christlichen Abendmahl –, sondern als „regelgeleitetes Abbild einer sozialen Realität, in die sie mit ihrem Leben verstrickt sind." (S. 114) Auch die Körperlichkeit besitzt im Ritual des Fußballspiels eine andere Bedeutung als in der Religion. „Die körperlichen Grundfunktionen von Stehen, Gehen und Laufen werden bei jedem Ballkontakt transzendiert. (...) In der religiösen Fußwaschung wird Niedrigkeit (des Lebens; M.W.) dargestellt. In der sportlichen Fußbeherrschung kommt es zur Demonstration kultureller Gestaltungskraft." (S. 115) Das Drama des Fußballspiels zielt auf ein eindeutiges Sportergebnis ab, das die Rechtfertigung der eigenen spielerischen Leistung verlangt.

Abschließend stellt Josuttis die Frage, inwieweit die ‚Fußballwelt' Religiosität erfahrbar macht. Ritualtheoretisch gesehen sind die Analogien zwischen kultischen und sportlichen Handlungsvollzügen unübersehbar, vergleicht man hingegen die inhaltlichen Strukturen der dramatischen Gestaltwerdung, dann werden die Unterschiede deutlich: „In den mitteleuropäischen Gottesdiensten der Gegenwart, die hermeneutisch und nicht exorzistisch verfahren, fehlt der konkrete Kampf zwischen Antipoden. Es fehlen die Spannung einer offenen Situation und das Risiko eines schmerzlichen Scheiterns. Und schließlich werden auch elementare Lebensbereiche wie Leiblichkeit und Triebhaftigkeit allenfalls sprachlich berührt, aber in das Geschehen selber nicht integriert." (S. 117) Unter Rekurs auf Émile Durkheim spitzt Josuttis das Problem der impliziten Religion in der Fußballwelt auf die Frage zu, „ob man den Gemeingeist eines Vereins, mit seinen Fahnen und Farben und Tiersymbolen, in irgendeiner Hinsicht gleichsetzen kann mit dem Gemeingeist eines religiösen Kults und den machterfüllten Symbolen, die seinen Ablauf in Raum und Zeit strukturieren." (S. 117) Die Beantwortung dieser Frage ist auch durch eine präzise phänomenologische Analyse nur ansatzweise lösbar, „weil man sie fundamental nur konfessorisch beantworten kann." Letztlich fehlt jedoch der Fußballwelt die unumstrittene große Erlöserfigur. „Oft genügt schon das Auftauchen einer wohlgeformten Frauengestalt, damit das jugendbewegte Bekenntnis zum runden Lederball allmählich verklingt." (S. 118)

Thomas Ziehe setzt sich in seinem Beitrag *Rituale zwischen ‚Schulrecht' und ‚Schülerorientierung'* mit den Ursachen und Folgen der Ritualfeindlichkeit insbesondere unter den sich als fortschrittlich verstehenden Pädagogen auseinander. Ziehe stellt fest, daß der weitgehende Verzicht von Ritualen in einer Öffentlichkeit wie Schule zu einem Verlust eines Raumes ‚symbolischer Ordnungen' geführt hat, der zwischen den subjektiven Bedürfnissen der Einzelnen und den objektischen Vorschriften der Organisation Schule liegt. An der Bedeutungszuweisung des Klassenraums und des Lehrers exemplarisiert Ziehe die Konsequenzen der Auflösung des symbolischen Raums zwischen der individuellen Intimität der Beteiligten und den administrativen Regeln der Schule: „Der Klassenraum ist dann, in der ‚weichen' Perspektive, ein Feld unterschiedlicher ‚Bedürfnisse' und in der ‚harten' Perspektive, ein Umsetzungsfeld gesellschaftlicher Funktionen. Je nach Sicht wird der Lehrer als bedürfnisorientierter Beziehungsarbeiter oder als vorschriftengeleiteter Unterrichtsbeamter, mit anderen Worten: als *Therapeut* und als *Technokrat* gesehen." (S. 124)

Im Prozeß der kulturellen Modernisierung haben sich die Kriterien der Sozial- und Selbstwahrnehmung deutlich verschoben: „Der soziale Raum (...), in dem wir auch ‚unpersönlich', d.h. ohne psychische Intimität, miteinander umgehen können, hat eine empfindliche Bedeutungsabwertung erfahren müssen. Alles, was ‚unpersönlich' ist, wird tendenziell als sinnlos erlebt, und so auch eine symbolische Formensprache für den öffentlichen, sozialen Raum". (S. 124) Die Sozialität ist durch Subjektivierung ersetzt worden. Mit dem Verlust der ‚symbolischen Ordnungen' geht der Verlust eines persönlichen Schutzraumes einher.

Die Verschiebung der Sozial- und Selbstwahrnehmung, die nur noch „äußere funktionale Zwänge und innere affektive Selbstzustände" erlaubt, läßt die Kultivierung eines ‚symbolischen Raums' nicht mehr zu. Öffentliche Rituale werden, wie Ziehe sagt, peinlich und führen zur Flucht in die Alltäglichkeit, bzw. zum „umfassenden Effekt einer *Trivialisierung* des sozialen Lebens": „Der Abbau jeglicher Formensprache für öffentliche Intensität kassiert alle symbolische ‚Spannung' und hinterläßt die öde immer-gleicher routinisierter Alltäglichkeit." (S. 125f.)

Die öffentliche Intensitätsvermeidung bestärkt nach Ziehe das Verlangen nach einer jedoch ständig zu kurz kommenden privaten Intensität. Der Verzicht auf öffentliche Symbolik kann daher „sozialpsychisch und auch politisch einmal gefährlich sein." So hält Ziehe denjenigen, die Destruktion gesellschaftlicher Rituale als Beitrag zum ‚Antifaschismus' verstehen, entgegen, daß die „faschistische Faszination (...) ja nicht etwa in einer öffentlichen und sozialen Formensprache (lag), sondern darin, daß inneren Phantasmen die Möglichkeit eröffnet wurde, äußere Realität zu werden. Faschismus heißt, sozialpsychologisch gesehen, soziale und psychische Mechanismen der Phantasmenkontrolle außer Kraft zu setzen und als Affekte öffentlich zu bündeln." (S. 126)

Gleichzeitig beobachtet Ziehe auch eine gesellschaftliche Gegentendenz zu dem Mangel öffentlicher Intensitätsangebote insbesondere bei Jugendlichen. So sieht er einen Moment öffentlicher Intensität in der Inszenierung von Popkonzerten: „Emotionale Bewegtheit, Sinnlichkeit, Ekstase sind hier in ästhetische Formen gebracht, die zumindest öffentlich genossen werden, auch wenn hier die Intensität selbst zunächst einmal eine vorgeführte ist." (S. 127) Zum anderen sieht Ziehe in der ästhetischen Selbststilisierung vieler Schülerinnen und Schüler einen „hoffnungsträchtige(n) Fingerzeig." In der selbstinszenierten Ästhetisierung stellt sich als eine formgebende, öffentliche Darstellungstechnik dar.

Astrid von Friesen zeigt in ihrem Beitrag ‚*Ritualisiertes Verhalten im Alltag und in der Erziehung*' aus allgemeinpädagogischer Perspektive die Bedeutung von Ritualen im Alltag und im pädagogischen Umgang mit Kindern auf. Sie verfolgt damit die Absicht, in gesellschaftlichen Kreise, in denen Rituale als „sinnentleerte, starre, von den Autoritäten verordnete Formen" (S. 139) abgewertet werden, ein Bewußtsein für die psychologische und kulturelle Relevanz von Ritualen zu schaffen. Von Friesen bedient sich einer säkularen Ritualdefinition und versteht – eher formal – Rituale als regelmäßig wiederkehrende Gewohnheiten, denen eine „symbolische Überhöhung" (S. 133) hineingelegt ist. Hierbei berücksichtigt von Friesen sowohl individuelle Alltagsrituale als auch kulturell vermittelte Rituale, mit denen bspw. Grenzerfahrungen verarbeitet werden können. Insgesamt sind es sechs Merkmale (Wiederholbarkeit, Tätigkeit, Stilisierung, Festlegung, Kollektivität, Verknüpfung von Kultur und Natur) durch die Rituale mehr oder weniger ausgeprägt charakterisiert sind.

In ihrer Analyse des ritualisierten Alltagsverhaltens kommt die Autorin zu dem Ergebnis, daß in „vielen kleinen Alltagsgewohnheiten (...) sich rituelle Anteile verbergen (können), die uns zunächst nicht bewußt sind. Würden wir sie in vollem Bewußtsein unseres Tuns zelebrieren, könnten wir daraus Sinn, Kraft und Lebendigkeit schöpfen und ihre emotionalen, heilenden, schutzbietenden und sättigenden Funktionen nicht nur würdigen, sondern auch davon partizipieren." (S. 134)

Die Bedeutung von Ritualen für die Ich-Stärkung von Kindern vertieft von Friesen an den Sonntags- und Wochenendritualen sowie an noch zu entwickelnden Scheidungs- und Trennungsritualen.

Ausgehend von der Beschreibung der Rituale der Sabbat- bzw. Sonntagsruhe zeigt von Friesen auf, welche Bedeutung – auch unter nichtreligiöser Perspektive – das Wochenende als Gesamtritual für Kinder haben kann. Im wesentlichen können die wiederkehrenden Wochenendrituale der Stabilität der Familie und der Geborgenheit des Kindes dienen. So könnte die „Gewißheit für das Kind, mit dem Vater jedes Mal etwas ganz alleine machen zu dürfen, (...) den Rang eines Rituals erreichen, wenn der symbolische Wert, nämlich die Bestätigung der gegenseitigen Verbundenheit, im Vordergrund steht." (S. 136)

In ihrem zweiten Beispiel weist von Friesen auf die Notwendigkeit der Entwicklung eines Scheidungsrituals hin und stellt ein mögliches Ritualmodell vor, das im Scheidungsfall von Eltern und ihren Kindern zur Anwendung kommen kann.

Rituale, so schließt von Friesen, leben „von der gemeinsamen Partizipation, dem Mitschwingen und der Identifizierung, den guten wie bösen Wünschen und fördern die Bewältigung starker Gefühle, helfen gegen den Überschwang der Affekte und können, in den Fällen von Scheidungsritualen, die ‚kriminelle' Energie der jahrzehntelang noch nach der Scheidung schwelenden Haßbeziehungen bannen und gerade Kindern Erleichterung durch Klarheit, Entlastung, durch Zeugen und Anwälte ihrer Sache sowie den unbelasteten Umgang mit beiden Elternteilen ermöglichen." (S. 139)

Otto Seydel, Leiter der Internatsschule Burg Hohenfels, bettet den neuen Umgang mit Ritualen in ein neues Verständnis von Schule ein. In seinem Aufsatz: *Rituale – Feier – Begehung. Das Beispiel der Schule Burg Hohenfels* stellt er zwei Forderungen auf: „(1.) Schule muß zum Lebensraum werden. Dann haben auch Rituale, Feier, Begehung ihren Platz. (2.) Nur wenn in der Schule auch Rituale, Feier, Begehung ihren Platz finden, kann sie zum Lebensraum der Kinder und Jugendlichen werden." (S. 8.114) Zwar unterscheidet sich das Internatsschulleben erheblich von den Bedingungen an anderen Schulen – der entscheidende Unterschied besteht darin, daß hier schulische und außerschulische Aktivitäten eng miteinander verklammert werden können –, dennoch dürften eine Reihe der Überlegungen und Anregungen Seydels auch für ‚Normal-Schulen' von Interesse sein.
Seydel erkennt den verschiedenen Alltagsriten auf Burg Hohenfels, die den Tag, die Woche gliedern helfen, „vor allem eine ordnende und konfliktreduzierende Funktion" zu. (S. 148) Feste und Feiern vermögen dem Reden über den Wert der Gemeinschaft, das erst dann einen Sinn hat, „wenn es mit solchen Erfahrungen gesättigt ist", einen Sinn zu verleihen. „Das höchst sublime christliche Symbol der Mahlgemeinschaft gar muß gänzlich sinnleer bleiben," so mahnt Seydel, „wenn Gemeinschaftserfahrungen selbst weitgehend fehlen." (S. 149) Den von Christoph Bizer entlehnten Begriff der „Begehung" wendet Seydel auf den „Initiationsritus" zu Beginn eines jeden Schuljahres an seiner Schule an. Nach einer Andacht finden zwei „Begehungen" mit den neuen Schülern statt, die weniger auf ein Kennenlernen, sondern auf eine bewußte Begegnung mit den Menschen und eine symbolische „Inbesitznahme" der gesamten Schule ausgerichtet ist.
Zum Abschluß reklamiert Seydel für sich den Begriff der „Pädagogischen Provinz". In Anbetracht einer für Kinder und Jugendliche unübersichtlich gewordenen Lebenswelt erscheint ihm „die Wiederentdeckung bestimmter ‚pädagogischer Schonräume' kein Rückschritt, sondern ein Fortschritt". Sie sind jedoch kein starres Gebilde, sondern lassen eine schrittweise, den verfügbaren Kräften gemäße Erweiterung. (S. 151)

Christoph Münz beschäftigt sich in seinem Beitrag ‚Rituale und Erinnerungsresistenz. *Das jüdische Gedächtnis und der Holocaust'* mit den Ritualen jüdischen Gedenkens und versucht, mögliche Konsequenzen für die Entwicklung von Erinnerungsritualen für den neuen Gedenktag an die Opfer des Nationalsozialismus am 27. Januar zu entwickeln, die für die Gestaltung schulischer Gedenkfeiern anregend sein können.

Die innerjüdische Diskussion über das angemessene Gedenken an den Holocaust rüttelt an den Grundfesten jüdischer Glaubensüberzeugung. Die traditionellen Deutungsmuster jüdischen Leidens versagen angesichts dessen, was den Juden im Holocaust widerfuhr. Jüdische Erinnerung und Erzählung, so erklärt Münz, „galten von jeher als Kategorien der Rettung von bedrohter Identität gerade im Judentum. Wie aber vermag es Identität zu stiften, wenn man sich dessen erinnert und jenes erzählt, was jüdische Identität bis ins Mark erschüttert oder gar unmöglich gemacht hat?" (S. 157) Münz weist mit Bezug auf Yosef Hayim Yerushalmi darauf hin, daß im jüdischen Gedächtnis „die wesentlichen historischen Ereignisse und Erfahrungen (...) nicht auf den Wegen der Historiografie, sondern ‚in den Bahnen von Ritual und Liturgie' transportiert" wurden und werden, wobei hier der liturgischen Feier des Pessachfestes eine besondere Bedeutung zukommt. (S. 158f.) Der Text der Pessach-Haggadah und das Ritual des gemeinschaftlichen Mahls sollen weniger einen Gedächtnissprung in die Zeit des Exodus bewirken, sondern eine Verschmelzung von Vergangenheit und Gegenwart. „Nur durch diese Verschmelzung von Vergangenheit und Gegenwart, nur durch existentielle RePräsentation der Vergangenheit, läßt sich dann auch der Bezug und der Übertrag zu vergleichbar aktuellen Situationen der Gegenwart oder der jüngeren Vergangenheit herstellen." (S. 162f.)

Auch die Erinnerung an den Holocaust wird, so Münz, vornehmlich in den Bahnen von Ritual und Liturgie integriert. „Daß der Erinnerung an den Holocaust nun ein eigener Gedenktag (Yom haShoah; M.W.) gewidmet ist, das Gedenken an ihn einen festen Platz im jüdischen Kalender erhalten hat, ist die vielleicht unverbrüchlichste Garantie dafür, daß das jüdische Gedächtnis sich des Holocaust auch in hunderten von Jahren noch erinnern wird." (S. 164)

Mit Blick auf die Gestaltung des Gedenktages am 27. Januar sollte man, so Münz, keineswegs vor Erinnerungsritualen zurückschrecken. „Rituale können – das Judentum belegt es – auf besondere Weise eine existentielle Tiefendimension der Erinnerung erreichen, vorausgesetzt, sie erstarren nicht in inhaltsleeren Abstraktionen, sondern bemühen sich um konkrete, anfassbare Anschaulichkeit, indem sie alle Sinne anzusprechen versuchen und zur Identifikation einladen." Münz rät, an die Geschichte der einzelnen Opfer zu erinnern und von ihnen zu erzählen: „insofern ginge es am 27. Januar weniger darum, in anonymer und abstrakt aseptischer Weise der ‚Opfer des Nationalsozialismus' zu gedenken, sondern wir sollten Geschichten erzählen: die Geschichte *dieses* Mädchen Eva Heymann, *dieses* Jungen Mosche Flinker, *dieses* Vaters Schlomo

Wiesel, *dieser* Mutter Lena Donath... – der Holocaust ist nicht 6 Millionen, sondern Einer und Einer und Einer und Einer ..." (S. 167). Münz verweist darauf, daß sich in Deutschland bislang keine Erinnerungskultur herausgebildet hat und es offenbar notwendig ist, einen Gedenktag einzurichten, um damit den Anlaß der Erinnerung zu schaffen. Münz schließt mit dem Satz, daß alle Anstrengungen um den Gedenktag am 27. Januar nur dann einen Sinn machen, „wenn es gelingt, die Geschichte, die wir haben, in ein Gedächtnis überzuführen, mit dem und aus dem heraus wir leben." (S. 168)

Der Herausgeber hofft, mit diesem Band die wesentlichen Positionen vor allem in der religionspädagogischen Diskussion um die ‚Wiederentdeckung der Rituale' eingefangen zu haben, und wünscht sich ein Lesepublikum, das sich motiviert fühlt, die Diskussion fortzuführen und sie auch in die schulpädagogische Praxis umzusetzen.

Dank gebührt der Autorin und den Autoren für die Bereitstellung ihrer Manuskripte und meinen Mitarbeiterinnen und Mitarbeitern für die redaktionelle Unterstützung.

---

1. K. Seibold, Grundsätzliches zur Feiergestaltung im Schulungslager, hg. von Hauptamt für Erzieher, 1936, S. 8, zit. n. S. Behrenbeck, Der Kult um die toten Helden. Nationalistische Mythen, Riten und Symbole. Vienow/Greifswald 1996, S. 277. Zum Umgang mit Ritualen in der DDR s. D. Vorsteher (Hg.), Parteiauftrag: Neues Deutschland. Bilder, Rituale und Symbole der frühen DDR, Berlin 1996.

21

Rituale in der
religionspädagogischen Diskussion

Hans-Günter Heimbrock

Rituale: Unsinn oder Beitrag zu religiöser Sinn-Bildung ?[1]
Theologische und religionspädagogische Überlegungen

1. Moderne: Vom Ritual zur Erziehung?

Vor einer Reihe von Jahren löste der niederländische Kulturphilosoph Fr. Staal mit seiner These, Rituale seien sinnlos, eine heftige Debatte aus.[2] Einige Religionswissenschaftler attestierten ihm pauschales Denken, andere warfen ihm vor, längst bekannte Forschungsergebnisse mißverstanden oder schlicht nicht zur Kenntnis genommen zu haben. Wie immer – Umgang mit Ritualen in modernen Kulturen ist prekär geworden. Ritualarmut scheint ein Signum der Moderne. Und leere Kirchen am Sonntag morgen scheinen das besonders drastisch zu bestätigen. Für Menschen vormoderner Epochen war es keine Frage, Religion nicht nur andächtig zu bedenken, sondern in sinnlich-anschaulichen Ritualen zu begehen. Es war oft erfahren und bekannt, daß man in der Teilnahme am religiösen Ritual wichtige, heilsame Erfahrungen machte, daß diesem außeralltäglichen Geschehen verwandelnde Kraft innewohne.
Mit gutem Recht ging es und geht es im Protestantismus für theologische Reflexion von Glaube und seiner Praxis um dessen Sinn, um seine Botschaft, um „Kommunikation des Evangeliums" (E.Lange). Und daraus erwuchs insbesondere im Gottesdienst eine starke Konzentration auf das, was gesagt wird, was im Protestantismus zu besonderer Hochschätzung der Predigt führte. Bereits die Liturgiekritik der Reformation hat das Wort in den Mittelpunkt gestellt und die Überschätzung der „Zeremonien" kritisiert. So schärft Martin Luther seinen Zeitgenossen 1520 im "Sermon vom Neuen Testament" ein: „Wölle wir recht meß halten un vorstahn ßo mussen wir alles faren lassen was die augen und alle synn in dißem handel mugen zeygen un antragen es sey kleyd klang gesang tzierd gepett tragen heben legen odder was da geschehen mag un der meß biß daß wir zuvor die wort Christi fassen und wol bedencken damit er die meß volnbracht und eingesezt und uns zu volbringen bevolen hatt dan darynnen ligt die meß gantz mit all yhrem weßen werck nutz und frucht on wilche nichts von der meß empfangen wirt."[3]
Liturgische Zeichen und Außersprachliches sind hier nur Zugeständnisse an menschliche Grenzen, Grenzen der Leiblichkeit: „Dan wir arme menschen weyl

wir in den funff synnen leben müssen yhne zum wenigsten ein eußerlich zeychen haben neben den worten daran wir uns halten und zusammen kümmen
mugen doch also das das selb zeychen ein sacrament sey das ist das es eußerlich sey und doch geistlich ding hab und bedeut damit wir durch das eußerliche
in das geystlich ding getzoge werden das eußerlich mit den augen des leybs dz
geystliche ynnerliche mit den augen des hertzen begreyffen."[4]
Allein im Wort glaubte die Reformation den Maßstab für die Gewißheit der
Gnade und für Wahrheit des Glaubens suchen zu müssen, auch das Kriterium
zur Beurteilung all dessen, was neben dem sprachlichen Geschehen in Verhal-
tensabläufen, in Kleidung, in Musik oder auch in Architektur und Raumgestal-
tung im Ritual mitspielt. Das kann man an der bekannten Bestimmung dessen,
was nach reformatorischem Verständnis „Kirche" sei, im Artikel VII der Augs-
burgischen Konfession ablesen.[5] Wort der Schrift und dem konforme Gesinnung rangieren klar vor der Sinnlichkeit religiöser Praxis. Reformatorische Frömmigkeit an der Wende zur Neuzeit hat, wie W. Steck differenzierter beschrieben
hat, eine spezifische „Transformation der Sinnlichkeit" hin auf ihre Subjektivierung und Rationalisierung in Gang gebracht.[6]
Aus der theologischen Abwertung alles Rituellen und Kultischen aus idealer
Glaubensnorm ergab sich bis ins 20. Jahrhundert hinein eine folgenschwere
Verdrängung des Kultischen aus der protestantisch-theologischen Wahrnehmung
eigener Religionspraxis. In religionswissenschaftlich unhaltbarer Vereinnah-
mung fremder Religionen unter eine theologische Kategorie, gleichzeitig aber
mit einem Zirkelschluß behauptete etwa G. Harbsmeier: „Was alle anderen Kulte
bei all ihrer Verschiedenheit in vieler Hinsicht doch gemeinsam haben, und was
es daher überhaupt erst ermöglicht, von dem Kultischen als einem religionsge-
schichtlichen Phänomen ganz allgemein zu reden, eben das ist es, was dem
Kultischen im Christlichen, wo es recht ist, nicht eignet."[7] Nach der Devise
„Christus bedeutet nicht einen neuen Kult. Er bedeutet aber das Ende des Kultischen."[8] wurde insbesondere der Gottesdienst nicht mehr als eine zeitlich und
räumlich separierte kultische Feier verstanden, sondern im paulinischen Sinne
ver-alltäglicht: „Hier wird ja gerade die Gemeinde hinausgerufen in die Welt
der Profanität, in der sie ihren Gottesdienst an dem nächsten im Tun des Alltags
verrichten soll. So wird das Fegen einer Stube und das Kochen einer Suppe im
eschatologischen Sinne verstandenes kultisches Tun. Wer so für seinen Nächsten da ist, der ist für Gott da."[9]
Eine dieser Grundentscheidung folgende theologische Reflexion hat sich, wenn
überhaupt, dann für die außersprachlichen Dimensionen religiöser Praxis in
Ritualen nur insofern interessiert, als nach ihrer Bedeutung, ihrem Sinn im Zusammenhang mit der Deutung des „Wortes Gottes" in Predigt, Gebet und Lied-

texten gefragt wurde. Und das geschah und geschieht bis heute oft in ritual-feindlicher Haltung. So hat noch jüngst ein Praktischer Theologie dekretiert: „Das Evangelium läßt sich weder durch Rituale noch als Sitte noch als eine Lebensform weitergeben, sondern nur durch das Wort als Rede von Person zu Person."[10]

Solche stereotype Bewertungen wirkten sich schließlich auch in Theorie und Praxis des Religionsunterrichts aus. Nach einer langen Periode von relativ un-gebrochener Verbindung zwischen religiöser Erziehung und kirchlich-christli-chem Ritual in der Zeit bis Anfang der 50er Jahre, suchten einige, vor allem auf protestantischer Seite, eine größere Distanz. Der RU, der im Verlauf der Re-formdebatte der 60er und beginnenden 70er Jahre mit Gewinn stark auf das Selbstverständnis der öffentlichen Schule in der pluralen Gesellschaft ausge-richtet war, rückte Gebet und Gottesdienst stark an den Rand. Sie kamen, wenn überhaupt noch, nicht als praktische Vollzüge, sondern als Themen und Objek-te kritischer Auseinandersetzung vor. Für viele in Westdeutschland wurde es geradezu zum religionspädagogischen Credo, was Th. Wilhelm in seiner „Theo-rie der Schule" formulierte: „Der schulische RU ist die Stelle im Lehrplan, wo Religion als rationale Struktur veranschlagt und ‚durchgespielt' wird. Während die kirchliche Verkündigung von der frohen Botschaft der Andacht und der Öffnung der Herzen für die Offenbarung Gottes dient, geht es im RU der Schu-le darum, die Welt als religiöse Vorstellung zu denken und diese religiöse Vor-stellungswelt kritisch zu ordnen und mit profanen Weltbildern zu kontrastie-ren."[11] Ungefähr zur selben Zeit konstatierte der englische Religionspädagoge J. Hull mit Blick auf die pädagogische Unvereinbarkeit von Unterricht und Gottesdienst: „Der Gottesdienst lebt von Anfang bis Ende davon, daß die Wahr-heit bestimmter Doktrinen unterstellt wird."[12]

Das hinter der Gegenüberstellung von ‚Verkündigung' und ‚Unterricht', auch der Gegenüberstellung von Feiern und Lernen erkennbare löbliche Interesse am Beitrag religiöser Erziehung zur intellektuellen Mündigkeit der Schüler ist seit den 60er Jahren in manchen religionspädagogischen Konzeptionen der BRD weiter ausgeführt worden. Und in anderen westeuropäischen Län-dern spielt dieses religionspädagogische Interesse eine noch viel weiter rei-chende Bedeutung. (Auf katholischer Seite hat man aus verschiedenen Grün-den seit je her stärkere Sensibilität für Ritual und Liturgie entwickelt, was nicht heißt, daß alle dort gemachten religionspädagogischen Empfehlungen[13] zu übernehmen seien.)

Hinter religionspädagogischen Entwicklungen stehen in der Regel auch bestimm-te erziehungswissenschaftliche Theorien und bildungspolitische Optionen. Das gilt oder galt auch für eine bestimmte ideologiekritisch orientierte deutsche

Erziehungswissenschaft, die vor allem auf die Konflikte verdeckende Funktionen pädagogischer Rituale im Schulalltag aufmerksam machte. Mitunter wurde dabei sogar mit Berufung auf die Aufklärung die Einbeziehung von Ritualen in Erziehungsprozessen prinzipiell als entmündigend und repressiv abqualifiziert, eine Kritik, die von manchen dann ihrerseits ritualisiert wurde.

Aber der kulturgeschichtliche Prozeß der Moderne im Zeichen der Aufklärung, so konstatieren neuere sozialwissenschaftliche Diagnostiker, kann keineswegs als purer Fortschritt gewertet werden. Er hat negative Begleiterscheinungen, Schattenseiten und Folgekosten. Er führt u.a. deshalb zu gravierender Entleerung des Ritualerlebens, weil die transformatorische Qualität verdünnt wird oder gar völlig abhanden kommt. Die englische Kulturanthropologin M. Douglas hat zur Illustration dieser Diagnose auf die veränderte Interpretation der Freitagsabstinenz in der offiziellen römisch-katholischen Sicht hingewiesen. Aus der mystischen Partizipation am Karfreitagsgeschehen mit kosmischer Bedeutung werde der innere Akt des Gedenkens, verbunden damit vor allem aber der ethische Appell zu einem bestimmten rational plausiblen Verhalten, nämlich dem, im Dienste hungernder Weltbevölkerung zeichenhaft einmal auf bestimmte fleischhaltige Nahrungsmittel zu verzichten.[14] Eine ähnliche Ausdünnung traf auch christliche Gottesdienste im Laufe der Jahrhunderte: Verkürzung des gottesdienstlichen Rituals auf die Zeitspanne etwa einer Schulstunde läßt kaum noch tiefere Erfahrungen zu. Man denke zum Vergleich nur an sehr viel intensivere liturgische Nächte oder an die Feier eines mehrstündigen Osternachtgottesdienstes.

Die kulturhistorische These schwindendender Kraft transformatorischer Kraft und Bedeutung von Ritualen wirft die Rückfrage auf, welche sozialen und psychischen Mangelerscheinungen es in modernen arbeitsteilig organisierten Industriegesellschaften dem Individuum erschweren, tiefergreifende Wandlungsprozesse zu durchlaufen, wie sie in früheren Kulturen durch Rituale ermöglicht wurden. Und sie wirft zugleich im Gegenzug ein erhellendes Licht auf den modernen psychotherapeutischen Betrieb als Marktangebot neuer Art für rituell abgesicherte Erfahrungen der persönlichen Wandlung,[15] ruft auch die Frage hervor, welche Einseitigkeiten moderne Erziehungsinstitutionen aufweisen. Besonders drastisch hat der Chicagoer Religionspsychologe R.L. Moore den Verlust der Moderne hinsichtlich der Rituale auf die durchaus erziehungskritische Formel zugespitzt, die nachaufklärerische ritualfeindliche westliche Kultur habe im wesentlichen zwei defizitäre Strategien für individuellen und sozialen Wandel erprobt: ‚education and realpolitics'.[16]

2. Neuentdeckung von Ritualen

Allerdings, wiederholte man heute allein solche Diagnose, so würde auch hier ein – schlechtes – Ritual praktiziert, würde ein Zustand der Kultur eher beschworen, behauptet und unterstellt, anstatt die Wirklichkeit genauer in Augenschein zu nehmen. Bei unvoreingenommenerer Betrachtung kann man in gesellschaftlicher und kirchlicher Wirklichkeit durchaus gegenläufige Beobachtungen zur These der Ritualverarmung machen. Sie betreffen sowohl das Festhalten an wie das Neuentdecken von Ritualen, beides nicht nur bei ,Kirchentreuen', sondern auch bei ganz unkirchlichen Gruppen, bei politisch Progressiven wie Konservativen. Dazu einige prägnante Szenen, die ich zunächst unkommentiert einblende.

Von einer Konferenz der ,Frauen-Kirche' in den 80er Jahren berichtet eine niederländische Theologin: In einer Gruppe offenbart eine Teilnehmerin den anderen ihre jahrelange inzestuöse Beziehung zu ihrem Vater. Sie konnte sich ihm dabei oft zwischenzeitlich nur dadurch entziehen, daß sie sich unter einem großen Forsythienstrauch verbarg. Die Frauen der Gruppe beantworteten ihr schamvolles Geständnis damit, daß sie mit ihr und für sie ein Ritual inszenierten: Alle stellten sich schützend um sie herum, jede mit einem Forsythienzweig in der Hand. Jetzt war der Strauch eine schützende Hülle aus lebendigen Körpern ihrer Gefährtinnen. Während der folgenden schwierigen Zeit, in der sie probierte, die Inzesterfahrung innerlich weiter zu verarbeiten, stand ihr oft dieses Ritual als helles und kraftspendendes Zeichen vor Augen.[17]

Ein anderes prägnantes Beispiel bietet ein Psychotherapeut mit der Empfehlung eines Abschiedsrituals, genannt ,Kontinuierlicher Brief'[18]. Dabei wird ein Klient mit depressiver Symptomatik in der Krise nach dem Tod eines wichtigen Beziehungspartners aufgefordert, täglich zu fester Stunde an festem Ort einen imaginären Brief an den Verstorbenen zu schreiben „Was ich Dir noch sagen wollte..." Diese Briefe sind fiktiv, insofern sie ja niemals abgeschickt werden. Dennoch helfen sie zur Bewältigung des Abschiedsschmerzes, und zwar nicht allein durch die inhaltliche Botschaft, sondern ebenso durch die Kanalisierung der Trauer mit rituellen Mitteln. Denn empfohlen wird, das Briefschreiben als besondere situative Handlung mit stets wiederkehrenden Elementen zu gestalten. Dem Trauernden wird dazu etwa nahegelegt, das Bild des Verstorbenen oder andere Erinnerungsgegenstände (im Sinne von ,Übergangsobjekten') auf den Tisch zu stellen. In der Phase der Abrundung soll dann auf feierliche Weise Abschied von den Briefen – und damit von Person – genommen werden, etwa durch Verbrennung oder Begraben der Briefe, vielleicht auch in Gegenwart des Therapeuten.

Schließlich ein drittes Beispiel, diesmal aus dem Bereich der Schule: 1993 studierte eine Jugendgruppe in Wetzlar im aktuellen gesellschaftlichen Kontext der Fremdenfeindlichkeit und des Schreckens über die an Ausländern verübten Morde bewußt ein Theaterstück nach Anne Franks Tagebuch ein und brachte es mehrfach zur Aufführung. Die Schauspieler begriffen diese dramatische Aufführung schrecklicher Geschehnisse aus der Zeit des Nationalsozialismus als einen Beitrag zur ernsthaften Krisenbewältigung im aktuellen Alltag. Und diejenigen Zuschauer, denen es angesichts des schrecklichen Geschehens auf der Bühne die Sprache verschlug, empfanden ähnlich, was sich sinnfällig darin ausdrückte, daß sie am Ende nicht Beifall klatschten, sondern stumm und betreten das Theater verließen.

Allerdings befanden sich unter den Zuschauern auch solche Jugendliche, die während der gesamten Aufführung lautstark Cola und Popkorn verzehrten, die sich permanent und ungeniert unterhielten und den Ort des Geschehens erheitert verließen. Sie genossen offenbar dasselbe Theaterstück ganz nach dem Modell von üblicher Freizeitgestaltung etwa eines Kinobesuchs oder Fernsehabends inklusive aller bekannten Chipsrituale. Für diese Gruppe fand beim gleichen Stück und also zur selben Zeit hier ‚entertainment' im Sinne von Freizeitritualen statt.

Soweit zunächst meine Beispiele. Sie irritieren das Klischee unserer Epoche als ritualarmer Zeit, belegen auf unterschiedliche Weise, daß Rituale nicht gänzlich verschwunden sind, daß sie vielgestaltig sein können und auch, daß man und frau offenbar unterschiedlich an ihnen partizipieren kann. Vor allem: In jedem Beispiel zeigt sich bei näherem Hinsehen der Zusammenhang von Krisenverarbeitung und Lernen, freilich zunächst jenseits von Schulmauern, Lehrplänen und Stundenpensum.

Will man den Zustand der Kultur im Blick auf Vorkommen, Leistung und Bedeutung von Ritualen neu erheben, so ist über die Beispiele hinaus zunächst alltagsweltliche Betrachtung hilfreich. Diese verweist nicht nur auf Ablösungserscheinungen von kirchlichen Ritualen in Form säkularer Ersatzriten, z.B. sozialistischer Jugendweihe oder weltlicher Bestattungszeremonien. Darüber hinaus deckt sie zugleich im öffentlich-politischen Bereich rituelle Phänomene der ‚Civil Religion' auf und macht mannigfaltige Verbreitung von Ritualen und Ritualisierungen des Verhaltens in der Alltagskultur sichtbar[19], von Kaufritualen über die Rituale des Sports und der Politik bis hin zu eingespielten Abläufen eines Tarifstreits. Weiter zu erschließen ist insgesamt eine wachsende Tendenzen magischer Aufladung von Ritualen der Alltagskultur und insbesondere der Volksreligiosität. Und wer weiterfragt, welche Funktion Feste und Feiern für die religiöse Erziehung spielen sollen, der muß zunächst akzeptieren, daß die Strukturierung der alltäglichen Erziehungswirklichkeit mannigfaltig auch durch Ritualisierungen geschieht, sei dies in bestimmten Sprachritualen von Lerngruppen, mittels Morgenkreisen mit Kerze, bei verschiedensten Formen von Leistungsmessung und entsprechenden Prämierungen, in der Freizeit von Jugendlichen sowie vor allem durch den seinerseits auch rituell geprägten sozialen Kontext.

In moderner Kulturanthropologie, Religionswissenschaft, Religionssoziologie, Psychologie und Phänomenologie hat man differenzierter nach Funktion, Struktur und Bedeutung von Ritualen gefragt. Dabei tritt die Differenz zwischen religiösem und nicht religiösem Ritual zunehmend in den Hintergrund. Als Riten oder Rituale bezeichne ich mit dieser Forschung alle Akte formalisierten und dramatisierten symbolischen Ausdruckshandelns von Einzelnen oder Gruppen mit transformatorischem Charakter. Solches menschliche Verhalten stellt nicht sekundäre Illustration eines primär gedanklich oder verbal faßbaren Kernes dar, ist nicht Verpackungs-Form für einen vorgedachten Inhalt. Vielmehr gilt: „Das Ritual ist eine symbolische Transformation von Erfahrungen, die in keinem anderen Medium adäquat zum Ausdruck gebracht werden können."[20] Ritus und Ritual haben Affinität zum Begriff des Zeremoniells, das stärker ein wiederholendes Moment impliziert, ferner zu dem des Kults. In einem breiten Verständnis von Ritual zeigt sich ferner sachliche Affinität zum Begriff des Spiels, was auch theologisch von Interesse ist. Damit kommt die Grundlage all dessen in Sicht, was Menschen im Alltag, auf dem Sportplatz, in der Politik wie auch in der Religion an Ritualen gebrauchen. Zugrunde liegt dem allen die menschliche Fähigkeit, „die in der Evolution des Menschen begründet ist, und sich in der Spielzeugwelt der kindlichen Phantasie entwickelte, nämlich Objekte von besonderer symbolischer Bedeutung für die Darstellung einer imaginierten Szene in einer genau umrissenen Sphäre zu benutzen."[21] In vereinfachter Systematisierung lassen sich zumindest drei fruchtbare Forschungsperspektiven umreißen.

a) Von einer funktional ausgerichteten Forschung wird die Frage verfolgt: Wozu nützen Rituale? Ritualen kommen für Individuen wie Gruppen unverzichtbare stabilisierende soziale Funktionen zu. In Ritualen versichern sich Gruppen und Gesellschaften periodisch ihres Zusammenhalts. Und insbesondere Übergangs- und Passageriituale[22] stellen in Statuskrisen für ein Individuum wie für ein Kollektiv wichtige Orientierungshilfen bereit. Denn Rituale sind kollektive Verhaltensmuster zur Etablierung bzw. Aufrechterhaltung sozialer/psychischer Ordnung und Identität, sie sind insbesondere dann nützlich, wenn in Krisen Konflikte hereinbrechen bzw. Konfliktambivalenzen Unordnung stiften könnten.

Rituale entlasten Individuen wie Gruppen von der unerfüllbaren Anforderung, permanent eine neue Verhaltensorientierung erarbeiten zu müssen. Dabei sind Rituale allerdings ambivalent, weil als Kehrseite solcher Funktionen auch Einschränkungen individueller Freiheit in Form von unbewußt zwanghafter Verhaltensregulierung oder politischer Manipulation in Betracht zu ziehen sind.

Heute dürfte niemand mehr bestreiten, daß Rituale die genannten und andere Funktionen erfüllen oder erfüllen können. Dies impliziert auch die Einsicht, daß religiöse Rituale u.U. faktisch einen anderen Zweck verfolgen, als offiziell zugestanden. Entsprechendes gilt von Ritualen im pädagogischen Feld. Die Grenze der funktionalen Erklärung liegt allerdings darin, daß die nicht-funktionale Bedeutung, der ‚nicht zweckmäßige Mehrwert', nicht erklärt werden kann.

b) Aber Rituale erfüllen eben nicht nur bestimmte Zwecke, sie haben nicht nur eine instrumentelle Funktion. Dessen wird man ansichtig, wenn man darüber hinaus auch fragt: Was bringen Menschen in Ritualen zum Ausdruck? Von symboltheoretischen Erschließungen her eröffnet sich Einsicht in Struktur und Zeichencharakter von Ritualen sowie vor allem in ihre expressive Dimension. Es gibt Anhaltspunkte für die Behauptung eines anthropologischen Grundbedürfnisses nach symbolischem Handeln in kultischen Festen und rituellen Dramatisierungen. Als ‚darstellendes Handeln' bringen Rituale mit ihren symbolischen Formen und insbesondere auch im leibhaftigen, sinnlich wahrnehmbaren expressiven Handeln spezielle Sinndimensionen von Religion zum Ausdruck, Freiheitsmomente und Spielräume wie auch Kontingenzerfahrungen, die weder in alltäglichem Reden und Handeln noch theoretisch zureichend artikuliert werden können. Deshalb sind Rituale nicht einfach als unzweckmäßiges Abrakadabra mit Placebowirkung statt wirksamer Medizin zu bewerten. Sie inszenieren und interpretieren vielmehr dramatisch ein individuelles und kollektives Krisenerlebnis, bieten damit Hilfe durch sinnliche Darstellung und durch symbolische Aktionen in der Krise.[23]

Auf dem Hintergrund solcher Einsichten ist insbesondere die ältere Abqualifizierung von Ritualen als ‚vorwissenschaftliche' und ‚primitive' Denk- und Handlungsformen als ein unhaltbares ethnozentrisches Vorurteil entlarvt worden. Während wissenschaftliches Denken unserer konventionellen Art die Welt analysiert, um Theorien zu erstellen und technisches Handeln zu ermöglichen, gehört das Ritual wie der Mythos und die Kunst in den Bereich des expressiven Handeln. Der qualitative Unterschied der Denkformen liegt darin, „daß Wissenschaft die Erfahrung analysiert, wohingegen Mythos, Magie und Religion sie dramatisieren. Der Mythenmacher (...) gehört zu den Dichtern, nicht zu den Wissenschaftlern; beide Gruppen entdecken Ordnungen unter scheinbarer Unordnung, aber die Ordnungen, die sie aufdecken, sind völlig verschieden und die Mittel, mit deren Hilfe sie sie suchen, sind ganz andere."[24]

c) Schließlich muß man insbesondere im pädagogischen Kontext fragen: Wie entwickeln Menschen die Fähigkeit zur Partizipation an Ritualen? Hier gibt es relevante Lernprozesse, auch Verlernprozesse. Insgesamt ist der Umgang mit Ritualen auch von der Entwicklung eines Menschen in biographischer Hinsicht abhängig, und dies in emotionaler wie kognitiver Hinsicht. Menschlicher Umgang mit Ritualen ist im Kontext des Lebenszyklus zu sehen.[25] Vorliebe bzw. Aversion gegenüber ritueller Praxis ist auch präfiguiert durch emotionale Grundbedürfnisse einzelner Lebensphasen, man denke an zwanghaftes Festhalten am identischen Wortlaut einer Geschichte bei kleinen Kindern, an jugendlichen Antiritualismus bei gleichzeitiger Vorliebe für Gegenrituale, schließlich an Rituale als Stütze des Alltagsablaufs für älter werdende Menschen. Bestimmte Ritualthemen wie Feste der Oralität hängen an bestimmten psychosozialen Grundkonflikten und thematisieren sie. Und umgekehrt, eine Analyse der Verbindung alltäglicher Ritualisierungen und ihres psychodynamischen Kerns macht wesentliche Charakteristika religiöse Rituale deutlich, man denke an das Abendmahl als ‚heiliges Essen'.[26]

3. Neue Aufmerksamkeit auf Rituale in Schultheorie und Religionspädagogik[27]

Auch Bildungspolitik, Schulreform und Religionspädagogik haben Rituale neu entdeckt. Das gilt zunächst im Blick auf ihre mehr oder weniger krude Funktionalisierung. In England fand im Sommer 1988 ein öffentlicher, teilweise erbittert geführter Streit darüber statt, ob die seit 1944 geltende Konzeption des multireligiösen RUs beibehalten oder zugunsten eines dominant christlichen Unterrichts verändert werden sollte. Den Hauptstreitpunkt dabei machte nicht der Unterricht selber, sondern die Feierstunde der Schulgemeinde zu Beginn der wöchentlichen Arbeit aus, also ein zivil-religiöses bzw. schulisches Ritual. In die darüber geführte Parlamentsdebatte griff schließlich die Premierministerin Frau Thatcher selbst mit dem Votum für einen deutlich restaurativen Kurs ein.
Allerdings ist auch anders gelagerte, behutsamere pädagogische Bezugnahme auf Rituale denkbar. Im Hinblick auf wissenschaftlich seriöse Auseinandersetzung notiere ich zunächst wichtige Problemstellungen.
Im Blick auf das Lernverständnis religiöser Erziehung ist zu fragen, ob Rituale (alltagsweltliche wie religiöse) eher Objekte kritischer Abarbeitung des reifen-

den Verstandes sein sollen, oder inwieweit sie auch als Medium der Identitäts-sicherung in Betracht kommen können. Wobei sie dann nicht allein unter päd-agogischen Strategien zur Manipulation gezählt werden müßten. Man kann auch anders fragen: Hilft die didaktische Bezugnahme auf Rituale, etwa in Erweite-rung der Symboldidaktik, dazu, bestimmte kognitive Verengungen religiöser Erziehung aufzusprengen – oder ist sie, wie manche dies auch von der gegen-wärtigen Mythenrezeption befürchten, der anti-emanzipatorische Sündenfall unserer Gesellschaft und deren Bildungssystem? Es muß genauer geprüft wer-den, unter welchen Bedingungen und mit welchen Intentionen welcher Um-gang mit Ritualen einen pädagogisch verantwortbaren Beitrag zu religiöser Erziehung leistet.

Hier muß neu gefragt werden, welche bisher vielleicht übersehenen Aspekte die Handlungsdimension von Lernen beinhaltet. Neben der Verständigung über ethisch angemessenes Handeln geht es im Blick auf Rituale darum, nach Reli-gion als offenem Handlungsspielraum auch in seinen ästhetischen Qualitäten zu fragen.

Für die Theoriebildung religiöser Erziehung ist die Klärung dieser Fragen direkt verbunden mit einer weitergehenden Reflexion auf das Religionsverständnis. Dabei können alte Sackgassen als Warnsignale dienen, z.B. diejenige, den RU insgesamt auf einen allgemeinen Begriff von Religion begründen zu wollen. Zur Debatte steht aber in diesem Zusammenhang eine noch viel ältere wissenschaft-liche Sackgasse. Nämlich die schon oben angesprochene, über Generationen in verschiedenen Disziplinen gepflegte Einschätzung, daß Rituale vorzugsweise zum ‚primitiven‘ unaufgeklärten, historisch elementaren Bestand von Religionen zäh-len. Wobei es dann u.a. der Erziehung zufiele, nachwachsende Generationen aus den kulturgeschichtlichen Eierschalen solcher ‚primitiven‘ Religiosität in lichte Höhen aufgeklärten Denkens und Theoretisierens zu führen.

Zu fragen ist hier, ob Religion im religionspädagogisch relevanten Sinn allein als Reflexions- bzw. Handlungswissen definiert werden soll (im Sinne von Dogmatik und Ethik also), oder ob auch ein nicht auf religiöses Wissen bzw. moralischer Orientierung reduzierbarer Anteil zweckfreien Verhaltens mit in Betracht kommen muß. Dabei sind Funktion und Bedeutung von Ritualen in den eigenen christlichen Traditionen, aber auch im Blick auf fremde Religio-nen religionswissenschaftlich neu zu klären. Ein in unseren Schulen und Erziehungseinrichtungen schon längst vorhandener ‚Gemeinsamer Markt‘ von Sinnsystemen und religiösen Überzeugungen zwingt die Religionspädagogik im Kontext des beginnenden interreligiösen Dialogs nachdrücklicher dazu, die überkommenen Schablonen zur Wahrnehmung und Verortung von Religion zu überprüfen. Allerdings scheint mir die inzwischen weit verbreitete Praxis, im

RU statt der christlichen Rituale nun diejenigen außerchristlicher Religionen zu thematisieren der Prüfung notwendig dort, wo solche unterrichtlichen Arrangements oft mit Illusionen darüber verbunden sind, sich auf rasche Weise in die Erlebniswelt einer fremden Religion hineinversetzen zu können.[28] Die bildungspolitischen Optionen einer modernen pluralistischen und säkularen Demokratie haben im Blick auf den Umgang mit verschiedenen Religionen, deren Mitglieder vielerorts faktisch einander begegnen, zu einem brisanten Dilemma geführt: Auf der einen Seite steht die Option von Schule als Einübung von Rationalität und Ideologiekritik. Dies führt im RU zwangsläufig auch zu kritischer Betrachtung bestimmter ritueller Bräuche von Religionen hinsichtlich Manipulation, Machtmißbrauch u.a. Auf der anderen Seite steht die Option von Neutralität und Toleranz gegenüber den unterschiedlichen Überzeugungen und religiösen Praktiken verschiedener Religionen. Das könnte streng genommen dann im Einzelfall auch den Respekt vor eben jenen religiösen Handlungen erfordern, die vor dem Forum der modernen westlichen Rationalität als ‚irrational' oder unsinnig erscheinen.

Nicht allein im Blick auf die Situation in der BRD zeigt sich dabei, daß vom Thema der Rituale her die Kirchlichkeit bzw. die Konfessionalität religiöser Erziehung weiter bedacht werden muß. Zielt eine Indienstnahme religiöser Rituale (wie Schulgebet oder Wochenandacht oder Jahresschlußgottesdienst) auf reaktionäre Klerikalisierung des RUs und der Schule – oder stellt gerade auch die Partizipation an solchen und anderen Vollzügen ein notwendiges Gegengewicht dar, welches insbesondere gesellschaftlich unabhängigere Gruppen wie Kirchen gegen eine herrschende Reduzierung des Lebens auf Zweckrationalität mit Gewinn in Bildungsprozesse einbringen können? Der damit angesprochene Problemzusammenhang macht die Revision jener von Th. Wilhelm zitierten reichlich plakativen Gegenüberstellung von ‚Verkündigung' und ‚Unterricht' notwendig. Aber es gibt wohl auch sinnvolle Grenzziehungen zwischen Lernprozessen und bestimmten Feiern. Jedenfalls sind Schule und Unterricht nicht identische Größen. Der Beitrag theologischer Bildungsverantwortung zur Erneuerung der Schulkultur erschöpft sich deshalb auch in Bezug auf Rituale nicht im Reflektieren unterrichtlicher Probleme.

Exkurs zum Hessischen Rahmenplan 1995

Werfen wir einen Blick auf ein Beispiel für den Versuch, sich in der Schule neu zur Dimension von Feier und Ritual ins Verhältnis zu setzen. Der neue Hessische ‚Rahmenplan Grundschule' von 1995, an dem eine ernstzunehmende Neubelebung der Schulkultur nicht ganz spurlos vorbeigegangen ist, bietet hier immerhin interessante Ansatzpunkte. Allerdings enthält er nicht nur lobenswerte Neuerungen, denn er vertut gerade mit Blick auf unser Thema mehrfach Chancen der Vernetzung von allgemeinen und fachspezifischen Zielsetzungen, übrigens ein Mangel, an dem auch die Ausführungen zum Religionsunterricht leiden. So wird in „Teil A: Übergreifende Erfahrungen" unter dem Stichwort „Grundschule als Ort grundlegender Erfahrungen" als pädagogische Intention auch „Interkulturelle Erfahrung" angesprochen. „Anknüpfungspunkte können sein: Im Unterricht und Schulalltag vielfältige Gewohnheiten und Rituale (Redewendungen, Begrüßungen usw.), Sitten und Gebräuche (persönliche und religiöse Feiern, Feste, Eßgewohnheiten usw.) und ihren Sinn kennen- und verstehen lernen".[29]

Der fachspezifische Teil zum evangelischen RU schränkt solche Bezugnahme leider qualitativ ein, wenn dort Rituale vor allem im Blickwinkel tradierter und m.E. heute weitgehend entleerter kirchlicher Feste wie Erntedank, Weihnachten, Ostern, und Pfingsten thematisiert werden sollen. Reichlich plakativ heißt es: „Durch die Einbeziehung dieser Feste in den Unterricht und das Schulleben werden Möglichkeiten zur Selbstfindung und zur Wahrnehmung anderer Menschen und fremder Kulturen eröffnet (...). Mit dieser Aufgabenstellung leistet der Religionsunterricht seinen fachspezifischen Beitrag zum Auftrag der Grundschule, nämlich im Unterricht und Schulalltag vielfältige Gewohnheiten und Rituale, Sitten und Gebräuche und ihren Sinn kennen und verstehen zu lernen."[30]

Etwas integrativer fällt dann der wiederum fachübergreifend konzipierte „Teil C: Die Grundschule als Lebensraum und Lernstätte" aus, wo von „Gestaltungsaufgaben" die Rede ist, dabei Elemente der Rhythmisierung, Kreis, Spiel- und Bewegungszeit, Wochenplanarbeit, Feste, Feiern, Regeln und Rituale aufgeführt werden, jetzt aber der Bezug auf religiöse Phänomene nicht außer acht gelassen wird. Grundsätzlich pädagogisch wird hier notiert: „Rituale sind Aktionen, die Regeln als feste Gewohnheiten etablieren. Sie entlasten den Unterricht und rhythmisieren den Tages- oder Wochenablauf. Sie reichen von kleinen Signalen zur Herstellung von Ruhe (...) über die tägliche Begrüßung und Verabschiedung (Morgenkreis. Lied, Gebet) bis hin zu wiederkehrenden Übungen (...) (Stilleübung, Geburtstagsrituale, Klassensprecherwahl)."[31]

Wie immer die Einzelkritik weiter zu führen sein wird, hier zeigt sich ein neues Grundverständnis von Schule. Und dabei – sachlich völlig zu Recht – wird mit dem Fortschritt von der Unterrichtsschule zum umfassenderen Horizont der Schulkultur offensichtlich eine unsachgemäße Polarisierung von Feiern und Lernen verabschiedet.

4. Zur theologischen Bewertung von Ritualen

Forschung über Wirklichkeit, Wirkung und Bedeutung von Ritualen weist empirische Bedingungen auch für die Wirklichkeit religiöser Erziehung auf, kann aber theologische und religionspädagogische Zielbestimmung nicht ersetzen. Beim Versuch, die soeben aufgeführten religionspädagogischen Fragen zu beantworten, auch im Bestreben, die im Titel genannte falsche Alternative mit Argumenten zu überwinden, sind nun auch theologische Kriterien zur Bewertung des Rituellen zu berücksichtigen. Hilfreich scheint mir dabei allerdings nicht eine unkritische apologetische Behauptung der Unentbehrlichkeit einer rituellen Dimension der Glaubenspraxis. Denn so etwas fiele empirisch wie theologisch hinter die Einsicht der psychische, politische, pädagogische wie religiöse Mißbräuchlichkeit des Rituellen zurück. Ausgehend von der Wahrnehmung relevanter Veränderungen in Kirche und Gesamtkultur geht es vielmehr um kritische Überprüfung und Klärung anthropologolischer Postulate überzeitlicher ritueller Bedürfnisse einerseits, um Kritik an intellektualistisch vereinseitigten sozialgeschichtlichen Postulaten über Ritualverarmung moderner Religiosität wie Kulturen andererseits. Innertheologisch wie kulturtheoretisch gilt insgesamt, „daß Religion primär kein Konglomerat von Ideen, keine theoretisch-kontemplative Weltanschauung, sondern eine Lebenspraxis ist".[32] Zu diskutieren sind nun zumindest zwei Grundprobleme.

Zunächst muß man fragen: Wie verhalten sich Kult und Kultur zueinander, welche eigenen Gestaltfindungen und Lebensformen kann Kirche in ihren Rituale dem Individuum wie der Öffentlichkeit an Lebenskrisen und Statusübergängen, aber auch in krisenfreien Ereignissen anbieten? Wahrzunehmen ist dabei verschärfte Pluralität in der Situation multikultureller Gesellschaft, wobei alte und neue kultische Pluralität nicht vergessen werden darf.

Mit dem neuen Kulturbericht der EKD möchte ich Kirche nicht im Gegenüber zur Kultur begreifen, „sondern sie ist selbst ein Teil (oder Teilsystem) der Kultur der Gegenwart. Was sie ist und was sie kulturell leistet, ist nicht ein Beitrag zu einem ihr gegenüber grundsätzlich anderen Bereich, sondern das, was sie als Teil der Kultur in die Gesamtkultur einbringt."[33]

Hier kann Kirche einerseits bei aller Kritik zunächst darauf verweisen, daß sie mit ihren Ritualen mannigfaltige Beiträge zur Formung konkreter Kulturen geleistet hat, welche von der Gesamtkultur jedenfalls bisher immer wieder gern in Anspruch genommen wurden, ob man an Beiträge zur Formung der Sprache, der Architektur oder an die adventliche Kirchenmusiken denkt. Daraus abzuleiten ist zugleich andererseits die heilsame Einsicht in Kulturabhängigkeit auch kirchlicher Feiern und Rituale. Das eröffnet Freiräume und Spielräume, von denen später die Rede sein wird. Allerdings: Wenn kirchliche Rituale in der Perspektive der meisten Nutzer dem Freizeitbereich angehören, dann tun sich angesichts der Erlebnisorientierung von gegenwärtiger Kultur als unvermeidlichem Kontext kirchlicher Rituale neue Herausforderungen auf. Denn auch Spiel ist anthropologisch ein ambivalentes Phänomen. Die Antwort des christlichen Kults auf das ‚Projekt des schönen Lebens' werden nicht in der unkritischen Verdoppelung einer säkularen ‚Kultreligion' liegen dürfen. Aber das Phänomen der Unterhaltung bedarf im Sinne einer „Dialektik von Inkulturation und Konter-Kulturation"[34] differenzierter theologischer Erschließung, nicht kategorischer Ausschließung.

Weiter ist auch deshalb nach dem Verhältnis von Ritual und Wahrheit zu fragen. Ritual als expressives, darstellendes Handeln zu verstehen provoziert die Frage: Was wird eigentlich dargestellt im Ritual und kann solche Darstellung Geltung beanspruchen, m.a. W. kann ihr Wahrheitsfähigkeit attestiert werden? Bekannt ist, daß für gewöhnlich nirgends so sehr gelogen wird, wie bei öffentlichen Übergangsritualen, ob bei der Verabschiedung eines Schuldirektors, Politikers oder einfachen Arbeitskollegen. Schon diese nüchterne Einsicht wehrt der Vergötzung von Ritualen. Wichtiger aber scheint mir etwas anderes zu sein: Wenn Rituale ästhetischer, spielerischer Praxis zugehören, dann ergäbe sich die These, daß dramatische Gestaltungen im Rituellen selbst sowie deren Rezeption wahrheitsfähig wären, dann kann hier Wahrheit nicht in bestimmten „Inhalten"' hinter den „Formen"' festgemacht werden. Wahrheit des Spiels liegt nicht in der Abbildung von Inhalten, sondern im Vermögen, den humanen Spielraum endlicher Freiheit zu betreten.

Wenn Rituale nicht zur Religionstechnik verkommen, wenn sie andererseits auch nicht zu abstrakter Belehrung verdünnt werden, dann besteht gerade mit ihrer Hilfe die Möglichkeit, daß sich Wahrheit einer Lebensgeschichte symbolisch erfahrbar darstellt. Denn die ist weder durch rationales Denken noch durch gute Taten herstellbar. In Ritualen an Krisen- und Übergangssituationen der Lebensgeschichte kann ein Angebot gegeben werden, aus dem Zeitstroms alltäglichen Handelns auszusteigen, einen temporären Verzicht auf instrumentelles Handeln zu wagen. Wahrheit einer Biographie liegt nicht in der Verfügung des eigenen Handelns, sie kann sich dort eröffnen, wo Menschen gerade auf verfügendes Handeln verzichten, wo sie in den Handlungsmodus des Spiels eintreten. Dazu können Kasualgottesdienste Raum geben. Im Unterschied zu säkularen Feiern und öffentlichen Zeremonien stehen sie nicht unter dem systemfunktionalen Druck, diese Wahrheit der Lebensgeschichte zur Verherrlichung von Individuum und Gruppe zu halbieren: Im Tauf- und Trauergottesdienst darf auch von Schuld und Abgründen der Lebensgeschichte die Rede sein.[35]

Ich halte es zur Klärung dieser beiden angesprochenen Grundprobleme wie für alle Gestaltungsfragen für nützlich, von spezifischen theologischen Grundspannungen auszugehen, die weiter profiliert werden müssen, die aber nicht einseitig aufgelöst werden dürfen.

Dazu gehört erstens *notwendige Kultkritik versus Verleiblichung des Glaubens* auch in der Partizipation an rituell geformter liturgischer Praxis. Auch in biblischer Analyse ist religiöses Ritual als ambivalent zu werten. Analog humanwissenschaftlichen Bestimmungen steht das Ritual auch theologisch in Mehrdeutigkeit und Offenheit. Gegen alles Pathos protestantischer Kultverächtung muß man sagen: Auch Jesus von Nazareth hat die jüdischen Feste seiner Zeit mitgefeiert. Im religiösen Ritual ereignet sich möglicherweise die Begegnung mit Gott. Das Ritual steht aber, worauf insbesondere die Kultkritik im Alten und im Neuen Testament verweist, andererseits in permanenter Gefahr, in Verdinglichung des Heiligen durch Verabsolutierung bedingter endlicher Formen menschlicher Religionspraxis abzugleiten.

Rituale sind einerseits als leibhaftige Formen und anschauliche Gestalten, als sinnlich wahrnehmbare Inkarnation, d.h. als Offenbarung Gottes identifizierbar. In ihnen kommt ein Vor-Schein des Reiches Gottes zum Ausdruck. Andererseits kann theologisch solches Offenbarungsgeschehen immer nur als symbolisch gebrochene Verleiblichung der Verborgenheit Gottes bezeichnet werden. Freilich sind solche Verleiblichungen unumgänglich – Menschen sind auf sie angewiesen; mit Paulus gesprochen: „Wir haben das Evangelium nur in irdenen Gefäßen". Theologisch entscheidend für die Wahrheit des Rituals bleiben vielmehr ein Gebrauch bzw. ein Verständnis, welche der Vergötzung und Verdinglichung des Unbedingten wehren.

Eine zweite Grundspannung läßt sich mit der Formel ‚*Wort versus Sinnlichkeit*' benennen. Sinnlichkeit ist kein angestammter theologischer Begriff. Der Sinnlichkeit des Rituellen hat, wie oben skizziert, reformatorischer Protestantismus die Orientierung am Sinn des Wortes entgegengestellt, und dies wohl auch aus kulturell bedingten Abwertungen des Sinnlichen als Äußerlichem, Oberflächlichen. Allerdings hilft vordergründige Polarisierung nicht weiter. Gottesdienstgeschehen als Ritual betrachtet, kann nicht zureichend als ein verbaler Kern beschrieben werden, welcher für sich und zunächst in der Studierstube von Predigern vollständig ausgedacht und formuliert werden könnte, zu dem dann sekundär formale Äußerlichkeiten im Sinne von Verpackung und Einkleidung hinzukämen, Klang der Predigerstimme, Gestik und Körperhaltung und Kleidung, Raumarrangements, Paramente, Kerzen, Farben, Gestühl etc. Gottesdienstgeschehen in der Pluralität seiner Elemente ist vielmehr das, was als Zusammenspiel von Sinnlichkeit und Sinn in einer konkreten Situation präsentiert und wahrgenommen wird, also stets das stimmige (oder merkwürdige) Ineinander von Worten, Blicken, Gesten, Klängen, Bewegungen und deren vielschichtige Resonanz in der Zuhörerschaft.

Gewiß: Theologie kann das Wort nicht entbehren. Aber die Wahrheit, die ihr vorgegeben ist, gerade auch im Gottesdienst, ist nicht ‚reine Erkenntnis' im Sinne der von Sinnlichkeit gereinigten Erkenntnis. Wahr-Nehmung des Glaubens bedarf der sinnlichen Wahrnehmung. Zwar ist Theologie gehalten, gerade auch mit menschlichen Worten auf die Fülle des Wortes Gottes zu verweisen. Dazu muß sie zugleich immer wieder sinnlich wie symbolisch den Bezug auf die Sinne und die mit ihm verbundenen Ausdrucks- und Kommunikationsprozesse jenseits der menschlichen Sprache einbeziehen. Theologie als „Sprachlehre des Glaubens" (Ebeling) ist auf ein Wortgeschehen bezogen, das – vom biblischen Begriff des Wortes her – Sprachliches übersteigt, das immer wieder auch Sinnliches umfaßt, ob es um Jahwes Antlitz und seine Kabod geht oder um Kirchenbänke als leiblich-sinnlich wahrnehmbare Formung des Verhaltens. Deshalb ist Theologie über eine Sprach-Hermeneutik hinaus unverzichtbar auch als Wahrnehmungslehre zu entfalten. Hier liegen Aufgaben für eine phänomenologisch erneuerte Theorie der Praxis des Glaubens, etwa dort, wo Verständnis und Gestaltung von Predigt und gottesdienstlichen Vollzügen neu in ihrer sinnlichen Seite bestimmt werden, etwa dort, wo sakramentale Praxis als „verbum visibile" (Augustin) nicht länger nur als externes Zeichen einer ihm sachlich vorgelagerten verbal ansagbaren Wirklichkeit zu begreifen ist.[36]

Eine dritte Grundspannung betrifft ‚Subjektivität versus Kirche'. Festhalten an der Unverfügbarkeit und Unvertretbarkeit subjektiver Glaubensentscheidung im notwendigen Spannungsverhältnis zur Einbindung in übersubjektive kollektive Überzeugungen und Formgebungen des Religiösen war das Grundproblem des Protestantismus seit der Reformation. Glaube protestantisch buchstabiert intendiert ein unverzichtbar personales Geschehen, wehrt dem Aufgehen des Subjekts im Kollektiv, sei dies religiös oder politisch bestimmt.

Aber zugleich gilt, daß der geschöpfliche Mensch endlich ist und auf Beziehung hin gedacht und angelegt ist. Gerade Rituale antworten auf beides: Sie bieten eine überindividuell vorgeprägte Formsprache an, die der Mensch mit endlicher Freiheit nicht entbehren kann – ja nur durch kollektive Vorgaben von Handlungsmustern während des gesamten Lebens kann er dazu kommen, ‚ich' zu sagen, und individuell verantwortete Handlungsentscheidungen treffen.

Wie alles menschliche Verhalten werden auch alle Prozesse der Gestaltung und der Rezeption von gottesdienstlichen Ritualen an einem dritten Kriterium zu messen sein. Nämlich dem, wie sehr oder wenig sie der Bestimmung des Menschen Ausdruck verleihen, im Sinne Herders und Moltmanns „Freigelassene

40

der Schöpfung" zu sein. D.h. nicht instinktprogrammierte Wesen, deren Verhalten nach vorbestimmten Mustern verläuft, zugleich aber solche, denen endliche Freiheitsspielräume eröffnet sind, die sie betreten können. In diesem Sinne könnte man christliche Rituale als Spielräume benennen, als Versuche zum Entwurf von „symbolischen Beziehungshandeln in einer gemeinsamen Modellszene gelingenden Lebens"[37] nennen.

5. Rituale in Bildungsprozessen

Auch von den theologischen Überlegungen her käme nun für die Frage nach der Relevanz von Ritualen in Bildungs- und Lernprozessen sicherlich ein sehr viel weiterer Horizont in Betracht als allein das Ritual des Abhaltens von Schulstunden. Ich beschränke mich aber jetzt aus Raumgründen vorrangig auf unterrichtliche Perspektiven.

Ich gehe hinsichtlich des RUs generell von einer dreifachen Aufgabenstellung religiöser Erziehung aus, die jetzt nur thesenhaft genannt werden kann. Religiöse Erziehung hat erstens einen Beitrag zu leisten zur intellektuellen Bildung, hat Angebote zu machen über das, was Wahrheit genannt werden kann, Überzeugungen, für die es sich lohnt zu streiten. Das hat mit Argumenten, auch mit theologischer Glaubenslehre zu tun, kann sich auch in der öffentlichen Schule aber nicht im Rezitieren von unbefragt für wahr gehaltenen Dogmen erschöpfen. Denn hier geht es um zuweilen harte Konkurrenz mehrerer Wahrheiten, um das Beziehen alter Wahrheitsangebote auf alten und neuen Unsinn. Und hier geht es um das Einüben von Regeln für das Aushandeln von Wahrheit.

Religiöse Erziehung muß zweitens ihren Beitrag leisten zur ethischen Orientierung von Menschen. Sie muß gerade in einer Zeit des postmodernen Wertepluralismus und der immer beliebiger werdenden Werte in der Gesellschaft ohne reaktionären und fundamentalistischen Versuchungen zu erliegen, differenzierte Orientierungen für humane, verantwortliche und menschenwürdige Lebensgestaltung anbieten. Das kann sie allerdings glaubwürdig nur tun, wenn sie nicht allein vollmundig und einäugig Ideale doziert, sondern wenn sie auch den Blick für real existierende doppelte Moral schärft. Und es gehört ebenso Einsicht in die Freiheit hinzu, im konkreten Fall im Interesse anderer wie im eigenen Interesse geltende Regeln übertreten zu müssen.

Religiöse Erziehung hat schließlich drittens Anteil an der Aufgabe der ästhetischen Bildung.[38] Dieser Bereich ist im Zeichen der curricularen Reform, aber genauso im Zeichen protestantischer Wortzentriertheit lange vernachlässigt worden. Zu menschlicher Bildung zählt neben Wissen und Handeln auch der

Bereich zweckfreien Feierns und Genießens der Welt, zählt schließlich persönliche ‚Ein-Bildung' in Welten, die wir in der Realität so noch gar nicht antreffen. Man kann auch dies als das tiefste Interesse des jüdischen und des christlichen Glaubens an einen ‚neuen Himmel und eine neue Erde' bezeichnen. Es geht hier darum, gerade in Zeiten, da Fernsehen, Kino, Werbung und andere Anbieter von kommerzialisierter Ästhetik der elektronischen Massenmedien unsere Sinne total zu beherrschen drohen, den alternativen Blick entwickeln zu lernen.

In diesen bildungstheoretischen Rahmen religionspädagogischer Grundaufgaben kann man nun auch didaktische Aspekte unseres Themas einzeichnen.

Aus einer Reihe von Gründen ist die dritte Dimension religiöse Bildung, Bildung ästhetischer Kompetenz im evangelischen RU alter und neuer Prägung, über alle Verstehensbemühungen und allen Aktionismus bisher vernachlässigt worden und bedarf deshalb besonderer Beachtung. Ich setzte mit ihr ein. Hier hat verkopfte Schule großen Nachholbedarf, weil man Feiern und Lernen lange Zeit unfruchtbar gegeneinander ausgespielt hat, weil Schere und Kleber, Rollenspiel und Musik lange Zeit in falscher Bildungsüberheblichkeit als Kinderkram abgetan worden sind. Gerade angesichts religiöser Desozialisation wird die Aufgabe ritueller und auch liturgischer Bildung nicht nur als Information über, sondern zugleich als Einübung in symbolisches Handeln neu relevant. Vielleicht geht es heute zunächst einmal darum, daß wir mit geschärfter Aufmerksamkeit das wahrnehmen, was aus dem einen oder anderen Grund an symbolisch-expressivem Handeln nicht in der Schule seinen primären Ort hat: die Innigkeit der Poesie mancher Beatle-Lieder; die gekonnte Körperdynamik im Tanz, bei dem man spüren kann, daß man nicht nur Kopf ist, sondern wesenhaft Leibsubjekt; das zweckfreie gesammelte Beisammensein einer Meditationsgruppe. Und vielleicht sind pädagogische Schritte hier am schwersten zu gehen, weil die Gefahr der Verzweckung und pädagogischen Kolonialisierung solcher Vollzüge wiederum lauert. Mir scheinen sie aber im Blick auf Jugendliche heute ganz besonders nötig. Denn die artikulieren doch Bedürfnisse nach zweckfreiem symbolischen Ausdruckshandeln in Liturgischen Nächten und auf Kirchentagen, genauso aber in den sinnlich wahrnehmbaren alltäglichen Inszenierungen, in dem, was D. Baacke als „Feier der Oberfläche" umschrieben hat.

Die Bedeutung expressiv-ästhetischer Anteile von Religion verlangt weitere Schritte: Einmal diejenige, Rituale als Dimensionen des elementaren Lernens neu zu berücksichtigen, und zum anderen diejenige, Rituale als elementare Formen des Lernens neu zu verstehen. Hier wären die angeführten Beispiele mit Gewinn durchzubuchstabieren. Theaterspielen ist bspw. ein sehr attraktiver Bestandteil des schulischen Lebens geworden. Es kann durch Hervorhebung von Raum und Zeit ein ritualisiertes Medium dafür werden, Abstand von alltäglicher Sicht auf die Dinge zu gewinnen, die Welt und die eigene Person ‚in Fluß' zu bringen.[39] Und im dramatischen Ritual sind lernende Subjekte mit mehr beteiligt als mit Gedanken und Sprache, mit allen Sinnen und mit ihrem Körper. Hier führt der Weg vom „szenischen Verstehen" (A. Lorenzer) als elementarem Bestandteil aller Verstehensprozesse zurück zum Inszenieren, zum sinnlich erfaßbaren Durcharbeiten.

Inhaltlich muß man solche Vollzüge und Verfahren keineswegs auf idyllische Gegenwelten beschränken. Mit G. Durka bin ich der Meinung, daß die kreative Imagination, die dort zum Ausdruck kommen kann, keineswegs die Zwiespältigkeit, Widersprüchlichkeit und Zerrissenheit alltäglicher Wahrnehmung ausblenden darf.[40] In der Praxis religiöser Erziehung folgt daraus auch eine neue Aufmerksamkeit auf Feier und Meditation, dies jedoch ohne naive Rückkehr zu ehemals gepflegter nahtloser Verschmelzung von Gottesdienst und Unterricht.

Mit alledem geht es also keineswegs um eine Verabschiedung des kritischen Denkens aus dem Religionsunterricht. Mit anderen halte ich deshalb an bekannten pädagogischen Intentionen fest, etwa derjenigen, Einsicht in die entlastenden und möglicherweise identitätssichernden Funktionen auch des religiösen Rituals zu gewinnen. Aber mit gleicher Entschiedenheit auch an der Zielsetzung, gerade aus dem Mißbrauch politischer, kirchlicher, schulischer und anderer Rituale zu lernen.[41]

Im weiteren Verfolgen der intellektuellen Dimension geht es im Blick auf unser Problem dann nicht nur um den oben bereits genannten Zusammenhang von Ritual und Wahrheit, sondern um Einsicht in Wesen und Eigenart von Religion. Die Möglichkeiten tradierter religiöser Formsprache des symbolischen Handelns, der Mehr-Wert ritueller Formsprache unter Einbeziehung menschlicher Leiblichkeit gegenüber rein diskursiver Religionspraxis kann und sollte neben aller experimentellen Praxis auch ein Stück weit begriffen werden. Einsichten in Funktionszusammenhänge, Sinndimensionen und Wirkungs- und Mißbrauchsmöglichkeiten von religiösen Ritualen im Kontext alltäglicher Ritualisierungen erweitern die Urteilsfähigkeit in Sachen Religion, machen zudem wahrnehmungs- und sprachfähig im Blick auf nichtchristliche Religionen.

Schließlich ergibt sich auch im Bereich ethischer Bildung Lernbedarf in Sachen Ritual, der gerade auch heranwachsende Menschen mit Orientierungsbedürfnissen ansprechen dürfte, jedoch bislang nicht abgedeckt ist.[42] Rituale dramatisieren nicht nur Erfahrungen humanen Lebens und helfen (wie im ersten Beispiel), inhumane Erlahrungen zu verarbeiten, sondern sie bieten auch Ordnungsmuster für gelingendes Leben. Und Jugendliche haben hier ein besonderes Sensorium, wie gerade ihre emphatische Mitfeier von politisch und ethisch brisanten Großveranstaltungen belegt.[43]

Herkömmliche kirchliche Passageriten (Taufe, Konfirmation und Trauung) orientieren sich jedoch an einer konventionellen Normalbiographie, dies mit der wachsenden Gefahr, daß veränderte Lebensmuster aus dem Blick geraten oder gar in ethischer Hinsicht abgewertet werden. Weltweit von wachsenden inner- und außerkirchlichen Gruppen gefordert, aber gerade wegen grundsätzlicher ethischer Probleme heftig und kontrovers diskutiert, wird ein Bedarf an neuen Riten an bisher ausgeblendeten Übergängen des Lebenszyklus. Das betrifft etwa die Einführung von neuen kirchlichen Ritualen wie eine öffentliche symbolische Handlung der Gemeinschaft anläßlich einer Ehescheidung[44] ferner die Einsegnung homosexueller Lebensgemeinschaften. Von beiden Konfliktfeldern sind Jugendliche in ihrem Lebensalltag ausweislich der Statistiken nachhaltig betroffen.

Daß es hier um Lernen am Konfliktfall geht, wird am Fall von ritueller Feier anläßlich einer Ehescheidung rasch greifbar: Ist hier rituelle Ausgestaltung als helfende Begleitung, als symbolische Akzeptanz einer neuen individuellen und sozialen Situation angezeigt – oder geht solche Praxis den Weg theologisch unerlaubter Feier/Demonstration eines nicht wünschbaren, aber tolerierbaren menschlichen Versagens? Es ist nicht Spezialaufgabe für Pfarrerinnen und Pfarrer, hier nach Leitfiguren oder Metaphern zu suchen, die die Erfahrungen im Umfeld einer Scheidung aufnehmen und auf die ein entsprechendes kirchliches Ritual seine Antwort geben könnte.[45]

Einübung ethischer Urteilsbildung bemüht also keine fiktiven Dilemmageschichten á la Kohlberg, sondern kann auf reale Erfahrungen rekurrieren. Es gibt keinen Grund dafür, daß auf Dauer solche Themen aus dem RU wie dem Ethikunterricht ausgeblendet bleiben. Denn sie betreffen Fragen der Lebensgestaltung. Soweit einige Hinweise zur Thematisierung von und vor allem experimenteller Praxis mit Ritualen in den grundlegenden Dimensionen von Bildungsprozessen, wie sie für den RU relevant werden. Manches davon knüpft an bekannte Verfahren an, etwa vom Bibliodrama und von Gestaltpädagogik ist hier bei allen Übertragungsproblemen zu lernen.

Bei alledem ist selbstverständlich der Lernort ‚Schule' nicht zu übersehen. Aber wie dieser für kommende Generationen als Raum und Zeit humaner Bildung angemessen zu entwickeln sei, ist eine offene Frage, über die zu streiten sich lohnt. Im Verfolgen ritueller Dimensionen und Themen gewinnt RU nicht nur entscheidende Elemente religiöser Praxis zurück. Zugleich leistet er einen Beitrag zur Erneuerung der Schulkultur, wenn er das Problemfeld in der Verschränkung von religiösen und alltäglichen Ritualen ernstnimmt und wenn er Feiern als Element humaner Lebensgestaltung auch lernenden Bemühungen nicht vorenthält.[46] Daß daraus einer Erneuerung der Lernkultur nicht nur im RU entspringt, ist meine Überzeugung.

1. Der vorliegende Text stellt die wesentlich erweiterte Fassung des Beitrags „Lernen oder Feiern? Wider die falschen Alternativen. Rituale in religionspädagogischer Perspektive", in: Braunschweiger Beiträge 1/1997 dar.
2. Fr. STAAL, De zinloosheid van het ritueel, in: ders., Over zin en onzin in filosofie, religie en wetenschap, Amsterdam 1986, 295-322.
3. M. LUTHER, WA 6, 349ff.
4. Ebd. 305.
5. „Nee necesse est ubique similes esse traditiones humanas seu ritus aut cerimonias ab hominibus institutas; sicut inquit Paulus: Una fides, unum baptisma, unus Deus et pater omnium etc." BSLK 61.
6. W. STECK, Transformation der Sinnlichkeit. Die Bedeutung der rituellen Erfahrung für die neuzeitliche Frömmigkeit, in: WzM 39 (1987), 262-280.
7. G. HARBSMEIER, Das Problem des Kultischen im Evangelischen Gottesdienst, in: FS R. Bultmann zum 65.Geburtstag, Stuttgart Köln 1949, 111.
8. Ebd. 105
9. Ebd. 116.
10. H.M. MÜLLER, Die Einheit der Praktischen Theologie im Verhältnis ihrer Disziplinen: Homiletik und Seelsorgelehre, Pastoraltheologische Information 2/1988, 349.
11. Th. WILHELM, Theorie der Schule, Stuttgart 1969.
12. J.M. HULL, Worship and and Education, (1971), in: ders., Studies in Religion and Education, London New York 1984, 23.
13. Vgl. R. SAUER, Liturgische Bildung heute aus religionspädagogischer Sicht, in: RpB 9/1982, 149-175; ders, Sakramentenpastoral, in: W. Böcker u.a. (Hg.), Handbuch religiöser Erziehung, Bd. 2, Düsseldorf 1987, 379-390.
14. M. DOUGLAS, Ritual, Tabu und Körpersymbolik, Frankfurt a.M. 1986, 11 ff.
15. Dies beschreibt sachkundig R.L. Moore, Contemporary psychotherapy as ritual process: an initial reconnaissance, Zygon 1983, 283-294; vgl. auch E.R. CANDA, Therapeutic Transformation in Ritual, Therapy and Human Development, in: Journal of Religion and Health 27 (1988), 205ff.
16. R.L. MOORE, Ministry, Sacred Space, and Theological Education, in: The Legacy of Victor Turner, TE 20 (1984) 92.
17. M. KOIJCK-DE BRUIJNE,; Vrouwenliturgie staat midden in het dagelijks leven, Hervormd Nederlend 44 (1988), Nr. 19/20.
18. Vgl. O. VAN DER HART, Overgang en bestending: Over het ontwerpen en voorschrijven van rituelen in psychotherapie, Deventer 1978.

19. Vgl. H.G. SOEFFNER, Die Ordnung der Rituale. Die Auslegung des Alltags, Frankfurt a.M. 1992; ferner Th. LUCKMANN, Riten als Bewältigung lebensweltlicher Grenzen, in: Schweiz. Zschr f. Soziologie 3 (1985), 535ff.

20. S.K. LANGER, Philosophie auf neuem Wege. Das Symbol im Denken, im Ritus und in der Kunst. (1942), Frankfurt a.M. 1984, 57.

21. E.H. ERIKSON, Kinderspiel und politische Phantasie. Stufen in der Ritualisierung der Realität, Frankfurt a.M. 1978, 35.

22. A.v. GENNEP, Übergangsriten (1909), Frankfurt 1986.

23. Vgl. V.TURNER, Das Ritual. Struktur und Anti-Struktur, Frankfurt a.M. 1989.

24. J.H.M. BEATTIE, Uber das Verstehen von Ritualen (1970), in: H. Kippenberg/B. Luchesi (Hg.), Magie. Die sozialwissenschaftliche Kontroverse über das Verstehen fremden Denkens. Frankfurt 1978. 203.

25. Vgl. zusammenfassend H.-G. HEIMBROCK, Eigengeschichte und Fremdgeschichte: Rituelles Handeln und Biographie, in: W. SPARN (Hg.), Wer schreibt meine Lebensgeschichte? Biographie, Autobiographie, Hagiographie und ihre Entstehungszusammenhänge, Gütersloh 1990, 248ff.

26. Vgl. dazu M. JOSUTTIS/G.M. MARTIN (Hg.), Das heilige Essen. Kulturwissenschaftliche Beiträge zum Verständnis des Abendmahls, Stuttgart 1980.

27. Ich greife im Folgenden frühere Überlegungen in weiterführender Absicht auf; vgl. H.-G. HEIMBROCK, Ritual als religionspädagogisches Problem, in: JRP Bd. 5/ 1988, Nenkirchen-Vluyn 1989, 45-81.

28. Vgl. dazu kritisch H.-G. HEIMBROCK, Identifikation oder Differenz. Wie weit und wohin kommt man in den Mokkassins eines Fremden ? in: K. Goßmann/Chr. Th. Scheilke (Hg.), Religionsunterricht im Spannungsfeld von Identität und Verständigung, Münster (Comenius-Institut) 1995, 105-123.

29. Hess. Kultusministerium (Hg.), Rahmenplan Grundschule, Wiesbaden 1995, 17.

30. Ebd. 40.

31. Ebd. 291.

32. E. ARENS, Religion und Ritual, in: Theologische Revue 91 (1995), 114.

33. H. SCHRÖER u. H. DONNER, Kirche und Kultur – alte Spuren und neue Wege, in: H. Donner (Hg.), Kirche und Kultur der Gegenwart, Hannover 1996, 12.

34. K.-H. BIERITZ, Erlebnis Gottesdienst. Zwischen ,Verbiederung' und Gegenspiel: Liturgisches Handeln im Erlebnishorizont, in: WzM 48 (1996), 497; vgl. ferner G.M. MARTIN, Ausverkauf oder armes Theater. Unser Kultus im Kontext gegenwärtiger Kultur, in: ZGP 8 (1990), 31ff.

35. Vgl. dazu ausf. H.-G. HEIMBROCK, Eigengeschichte und Fremdgeschichte: Rituelles Handeln und Biographie, in: W.Sparn (Hg.), Wer schreibt meine Lebensgeschichte? Biographie, Autobiographie, Hagiographie und ihre Entstehungszusammenhänge, Gütersloh 1990, 248ff. sowie H. LUTHER, 48ff. Identität und Fragment, ThPr 20 (1985), 317ff.

36. So noch CA XIII.

37. H. WAHL, Glaube und symbolische Erfahrung. Eine praktisch-theologische Symboltheorie, Freiburg 1994, 504.

38. Vgl. grundlegend P. BIEHL, Religilonspädagogik und Ästhetik, in: JRP Bd.S 1988, Neukirchen-Vluyn 1989, 3ff.
39. Vgl. dazu V. TURNER, Vom Ritual zum Theater. Der Ernst des menschlichen Spiels, Frankfurt 1989.
40. G. DURKA, Imagination, Worship and Learning, in: Lumen Vitae, (Washington XLII (1987), 72-81.
41. Die Verschränkung von rationaler Bearbeitung und ganzheitlicher Begegnung mit Ritualen insbesondere fremder Religionen in religiöser Erziehung behandelt auch K. Davies, Symbolic Thought and Religious Knowledge, in: Brit. Journal of Religious Education 8 (1985), 76-80.
42. Zum Beitrag von Ritualen für die moralische Entwicklung vgl. A.COMBE, Wie tragfähig ist der Rekurs auf Rituale?, in: Pädagogik 1/1994, 22-25.
43. Vgl. K.Helmut REICH, Rituals and social structure: The moral dimension, in: H.G. Heimbrock/B.Boudewijnse (Ed.), Current Studies on Rituals. Perspectives for the Psychology of Religion, Amsterdam Atlanta 1990, 121-134.
44. Vgl. A.L. GOERTZEN, Falling Rings: Groups and Ritual Process in a Divorce, Journal of Religion and Health 26 (1987), 219ff.
45. Die US-amerikanische methodistische Theologin E. RAMSHAW hat in ihrem kirchlichen Kontext gängige Denkfiguren überprüft, vgl. dies., Ritual and Pastoral Care, Philadelphia 1987.
46. Vgl. dazu ausf. H.-G. HEIMBROCK, Gelebte Religion im Klassenzimmer? Sinnlichkeit und Ein-Bildung als Fundamente religionspädagogischer Bildungstheorie, in: W.E. Failing/H.-G. Heimbrock, Gelebte Religion wahrnehmen. Lebenswelt – Alltagskultur – Religionspraxis. Beiträge zu einer phänomenologisch aufgeklärten Praktischen Theologie, Stuttgart 1997.

Christian Grethlein

Rituale im Schulleben – religionspädagogische Überlegungen zu Chancen und Grenzen[1]

1. Rituale im Schulleben – ein religionspädagogisches Thema

'Schulleben' als ein „über den bloßen Unterricht hinausreichendes, erzieherisch bedeutsames Zusammenleben in der Schule" (E. Weber) ist ein in der Schulpädagogik nicht unumstrittener Begriff. Und auch ‚Ritual' als geregelte, gemeinschaftliche Kommunikations- und Handlungsweise mit symbolischer Bedeutung ist ein theologisch nicht unproblematischer Begriff. Zwar haben beide Termini zur Zeit wieder eine gewisse Konjunktur. Doch dürfen darüber die kritischen Anfragen nicht vergessen werden, die gegen beide Begriffe und die mit ihnen verbundenen Konzepte geltend gemacht wurden.

1.1. ‚Schulleben' wurde in den sechziger Jahren in drei Hinsichten so kritisch befragt, daß dieser Begriff eine Zeit lang in schulpädagogischen Handbüchern und Lexika gänzlich fehlte:
– Mit dem Begriff ‚Schulleben' hatte sich in der Nachkriegszeit so etwas wie eine ‚volkstümliche' Bildung vor allem im Grundschulbereich etabliert, die den Leistungsan-forderungen der modernen Gesellschaft nicht mehr zu genügen schien. Erlebnis- und lustorientiertes Unterrichten in reformpädagogischer Tradition schien damals dazu zu führen, daß das Leistungspotential der Kinder nicht hinreichend ausgeschöpft wurde.
– Dem widersprach die Tendenz der damaligen Zeit, Schule wissenschaftsorientiert zu konzipieren. Allgemein beachtet hatte Theodor Wilhelm in seiner 1967 erschienenen „Theorie der Schule" (1969 überarbeitet in zweiter Auflage) versucht, Schule für das „Zeitalter der Wissenschaften" zu entwerfen. Das Schulleben, dessen Beiträge etwa im Bereich der Schülermitverantwortung Wilhelm durchaus wichtig waren, wurde hier den allgemein wissenschaftlich ausgewiesenen Erziehungszielen unterworfen.
– Schließlich wurden – und werden – ideologiekritische Einwände gegen das Konzept ‚Schulleben' vorgetragen. Man argwöhnt(e) Verschleierung von Interessengegensätzen und Unterlaufen wichtiger kritischer Ansätze. Vor allem die politische Dimension von Schule drohe hier in Gemeinschaftsformen unterzugehen. Z.T. wurde diese Kritik sehr pauschal vorgetragen, z.T.

wurde aber zu Recht historisch auf Mißbräuche von ‚Schulleben' im Nationalsozialismus – heute würde man ergänzen auch in der DDR-Schule – erinnert. Gerade die Mßbräuche wichtiger Gestaltungsformen des Schullebens,
wie Fahrten, Feiern und Andachten im Dritten Reich und in der SED-Dikta-
tur, aber auch schon in der Bismarck-Ära, verhindern ein unreflektiertes
Anknüpfen an frühere Konzepte des Schullebens. Die Frage nach den Inhalten des Schullebens ist seither unhintergehbar.

1.2 'Rituale' sind traditionell kein Thema moderner Pädagogik. Auch für den
Religionsunterricht, zumindest am Gymnasium, scheint vielerorts noch die
Ansicht Wilhelms zu gelten: „Während die kirchliche Verkündigung von der
frohen Botschaft der Andacht und der Öffnung der Herzen für die Offenbarung Gottes dient, geht es im Religionsunterricht der Schule darum, die Welt
als religiöse Vorstellung zu denken und diese religiöse Vorstellungswelt kritisch zu ordnen und mit profanen Weltbildern zu kontrastieren." Auch theologisch waren 'Rituale' wenigstens auf protestantischer Seite lange eher etwas,
von dem man sich kritisch abgrenzte. Entscheidend schien ‚das Wort'; rituelle Gestaltungen hatten das Odium des Magischen. Evangelische Christen
sollten so etwas, was außerdem irgendwie katholisch erschien, nicht nötig
haben. Zwar hatten im Religionsunterricht der Evangelischen Unterweisung,
jener in die Zeit der Bekennenden Kirche zurückreichenden, die Unterrichtspraxis in (west)deutschen Schulen bis in die siebziger Jahre hinein prägen-
den Konzeption Andacht, Singen von Chorälen, Gebet und Schulgottesdien-
ste ihren festen Platz. Doch wurden sie nicht als Rituale begriffen. Vielmehr
waren sie ‚homiletisiert', also lediglich von der Predigt und Unterricht gemeinsamen Aufgabe der Verkündigung bestimmt. Im Hintergrund dazu stan-
den Äußerungen der Reformatoren, die in kritischer Auseinandersetzung mit
dem reichen und von den meisten Menschen unverstandenen Zeremoniale
der Altgläubigen im 16. Jahrhundert das ‚Wort' als allein ausschlaggebend
hervorgehoben hatten.

1.3. Die kritischen Anfragen gegen beide Begriffe, Schulleben und Rituale,
konnten nicht verhindern, daß mit den siebziger und verstärkt den achziger Jahren sowohl diese Begriffe als auch die damit verbundenen Vorstellungen in Pädagogik und Theologie bzw. Religionspädagogik neuen Aufschwung erfuhren.
In Nordrhein-Westfalen gab der Kultusminister 1988 sogar den Entwurf „Gestaltung des Schullebens und Öffnung von Schule" heraus, der viel diskutiert
wurde; ähnliche Vorstöße in anderen Bundesländern folgten. Drei konzeptionelle Vorschläge wurden hier miteinander verbunden:

- in der Unterrichtsgestaltung sollten handlungs- und projektorientierte Verfahren gefördert,
- das Schulleben im Sinn der „Schule als Lebensraum" reicher gestaltet,
- die Schule für Zusammenarbeit mit nichtschulischen Institutionen geöffnet werden.

Studiert man die vielen interessanten Vorschläge des Papiers genauer, fällt auf, daß sie inhaltlich unverbunden nebeneinander stehen. Es bleibt offen, in welcher Richtung Schule „Lebensqualität, Perspektiven und Lebenssinn" der an ihr Beteiligten prägen soll. Dies liegt wohl daran, daß ein (erzieherisches) Schulleben nicht wertneutral konzipiert und realisiert werden kann. In diesem Zusammenhang ist bemerkenswert, daß der religiöse und kirchliche Bereich fast vollständig in dem Entwurf des nordrhein-westfälischen Kultusministers ausgeblendet ist.

Inzwischen sind wieder vereinzelt solche reformpädagogischen Bemühungen zurückweisenden Stimmen in der Pädagogik zu hören. Sie plädieren dafür, Schule nicht mit letztlich sozialpädagogischen Zielen zu überfrachten. Betrachtet man allerdings den Anfang der begrifflichen Formulierung von ‚Schulleben' im letzten Jahrhundert, kommt man schnell auf andere, religionspädagogisch interessante Spuren.

1.4. Schon ein kurzer Blick in die Begriffsgeschichte von ‚Schulleben' hätte solche Verkürzungen, wie sie der nordrhein-westfälische Entwurf sowohl hinsichtlich der (mangelnden) Integration einzelner Vorschläge als auch der Ausblendung religiöser und kirchlicher Bezüge enthält, zumindest erschwert. Das erste konzeptionelle Vorkommen von ‚Schulleben', gewiß der Reflex auf eine zunehmend als unbefriedigend empfundene Schulsituation, findet sich in deutlich religionspädagogisch relevanten Zusammenhängen. Soweit ich sehen kann, findet sich ‚Schulleben' erstmals programmatisch in Friedrich Fröbels „Menschenerziehung, die Erziehungs-, Unterrichts- und Lehrkunst, angestrebt in der allgemeinen deutschen Erziehungsanstalt zu Keilhau"(1826). Schule wird von dem Pfarrerssohn Fröbel – nach § 56 dieses Werks – folgendermaßen bestimmt: „Schule ist das Streben, das Wesen und innere Leben der Dinge und seiner selbst den Schüler erkennen und bewußt zu machen, die inneren Verhältnisse der Dinge zu- und untereinander, zu dem Menschen, Schüler, und zu dem lebendigen Grund und der sich selbst klaren Einheit aller Dinge, zu Gott, kennen zu lehren und bewußt zu machen." Gegen den damals üblichen Frontal-unterricht wendet Fröbel ein: „Wollen wir denn nie aufhören, unsere Kinder, Knaben und Schüler gleich Münzen zu prägen und sie mit fremder Aufschrift und fremdem Bildnisse prangen zu sehen, statt sie als ein Gebilde aus dem von

Gott, dem Vater, in sie gepflanzten Gesetz und Leben, mit dem Ausdruck des Göttlichen und als Bild Gottes unter uns wandeln zu sehen?" Fröbel fordert dagegen die Vereinigung von Schule und Leben, eben das Schulleben. Dies wird dann inhaltlich als Integrationsmittel für Schule empfohlen, und zwar mit religiösem Gehalt: „Beleben, Nähren, Stärken und Ausbildung des religiösen (...) Sinnes, welche die lebendige, notwendige Einheit aller Dinge bei aller Verschiedenheit der Erscheinung ahnet und festhält, und welcher durch seine Lebendigkeit und Kräftigkeit den Knaben dieser Einheit gemäß lebend und handelnd macht."

Das zweite, allgemeiner bekannte Auftreten von ‚Schulleben' findet sich in des Schuldirektors Carl Gustav Scheibert „Das Wesen und die Stellung der höheren Bürgerschule" (1848). Auch hier spielt Religion eine zentrale Rolle. Über die schon genannte Integrationsfunktion hinaus tritt bei Scheibert auch die hierarchiekritische, die Institution Schule transzendierende Funktion religiöser Praxis zutage: „sie (sc. die Lehrer, die die jeweilige Andacht halten) erheben sich und ihre Schüler hier aus dem Schulstaube auf die reine Tenne, wo man mit jeder Handlung einen Gottesdienst tuth; ermuthigen sich und ermuntern die Laschen und Ermüdeten mit der Ueberzeugung, daß es mehr als Lernen gibt, und daß es ein höheres Ziel giebt, als eine Versetzung und ein gutes Zeugniß zu erstreben. Sie decken auf, wie der Fleiß und gutes Betragen und alle die gerühmten Schultugenden nur dann den rechten Werth haben, wenn sie in der rechten Gesinnung wurzeln."

Es ist interessant, daß bereits bei den beiden ersten, soweit wir sehen können, Vorkommen von ‚Schulleben' im konzeptionellen Sinne zwei Grundfunktionen von christlicher Religion, ihre letztlich im Gottesbegriff begründete einheitsstiftende Integrationsfunktion und ihre im Schöpfungsglauben ruhende Destruktion menschliche Hierarchien, im Vordergrund stehen. Allerdings muß jetzt noch genauer präzisiert werden, welche religiösen Vollzüge diese beiden Funktionen erfüllen können. Es sind die Rituale.

2. Rituale als notwendige menschliche Ausdrucksformen

Erfahrungswissenschaftliche Forschungen machen auf die Unersetzlichkeit von Ritualen in verschiedenen Zusammenhängen aufmerksam:

2.1. Wissenssoziologisch fällt auf, daß die Weitergabe von besonders wichtigem Wissen eigener, den verbalen Bereich übersteigender Ausdrucksformen bedarf. So ist z.B. die Bedeutung des Gleichheitszeichens im Mathematikunterricht gut verbal zu demonstrieren. Das Wissen darum, daß ich in dieser Welt geborgen bin, übersteigt aber das verbal Formulierbare. Ein Ritus wie z.B. die christliche Taufe kann wissenssoziologisch als Versuch verstanden werden, solches komplizierte ‚Wissen' um Geborgenheit wachzuhalten und an die nächste Generation weiterzugeben. Gerade weil Rituale der Weitergabe von solch tiefgehendem, sich der nur verbalen Formulierung entziehenden Wissen dienen, ist die Gefahr groß, daß sie sich inhaltlich entleeren. Da Rituale sehr tief in den Menschen und in ihrer Praxis verankert sind, kommt es dann entweder zu inhaltsleeren Vollzügen oder zu einer inhaltlichen Neubestimmung. Die gegenwärtigen Bemühungen um die Jugendweihe im Osten Deutschland sind ein gutes Beispiel hierfür.

2.2. Ebenfalls funktional betrachtet die Sozialpsychologie Rituale. Hier wurde schnell deren stabilisierender Charakter erkannt. Gerade in Situationen der Verunsicherung kann man sich in ein Ritual zurückziehen, das quasi von selbst funktioniert. Dieser stabilisierenden Funktion entspricht, daß Rituale häufig an Übergangssituationen begangen werden; z.B. bei der Geburt, der Geschlechtsreife, der Partnerwahl oder dem Tod. Aber auch beim Begehen weniger einschneidender Übergangsereignisse sind Rituale hilfreich. V. Turner hat auf dem Hintergrund von ethnologischem Material die „liminality" als Zentrum des Rituals herausgearbeitet, also die Zwischenzone zwischen Ablösung und Wiedereingliederung. Sogar im privaten Leben helfen wir uns an vielen kleinen Übergängen im Alltag mit Ritualisierungen, etwa zwischen dem morgendlichen Aufstehen und dem Aus-dem-Haus-Gehen. Das berühmte ‚Mit-dem-linken-Fuß-Aufstehen' besagt nichts anderes, als daß diese privaten Ritualisierungen am Morgen irgendwie durcheinander gekommen sind, der Übergang vom Schlaf zum morgendlichen Alltag nicht so reibungslos verlief wie sonst.

2.3. Allerdings beobachteten schon bald Forscher, wie z.B. Émil Durkheim, daß nicht alle Rituale den beiden genannten Funktionen zuzuordnen sind. Es gibt offensichtlich auch in der Kulturgeschichte der Menschheit immer wieder Rituale, die nur ‚Spaß' machen, aber keiner tieferen Funktion dienen. Erst Erik Erikson half bei der Erklärung dieser Phänomene weiter, indem er das Ritualisierungsvermögen des Menschen grundsätzlich vom Spielbegriff herleitete. Es gehört offensichtlich zur Grundkonstitution des Menschen, daß er mit seiner Phantasie bestimmten Objekten symbolische Bedeutung zueignen kann und diese in einer imaginierten Szene zur Darstellung bringt, ohne unmittelbar etwas bezwecken zu wollen. Ja, offensichtlich ist solches Spielen für die Identitätsbildung des Menschen von großer Bedeutung. Erikson macht darauf aufmerksam, daß Rituale in der Spannung zwischen triebhaftem Überschwang und zwanghafter Begrenzung der Sicherung des Subjekts vor dem drohenden Chaos dienen. Hier tritt die religiöse Dimension jedes Rituals zum Vorschein, insofern dieses eine Ordnung verbirgt, die der Mensch sich selber nicht geben kann.

3. Rituale in der Schule

Betrachtet man die drei eben genannten Zugänge zum Ritual vor dem Hintergrund von Schule als einem Ort langdauernden gemeinschaftlichen Lebens vieler Menschen, legt es sich nahe, ein doppeltes zu vermuten:
– Rituale sind in einer Schule nicht vermeidbar,
– Rituale sollten in der Schule auch Gegenstand kritischer Reflexion sein.
Ich will dies für die drei genannten Auffassungen zum Ritual skizzieren:

3.1. Eine Schule, die nur kognitiv erfaßbare Wissensbestände vermitteln will, benötigt anscheinend keine Rituale. Aber, wie wir nicht zuletzt aus der Diskussion um das ,hidden curriculum', den geheimen Lehrplan, wissen, ist das Ziel einer solchen Schule realitätsfern. Vielmehr geht es bei einer Gemeinschaft, in der Menschen so viel Zeit gemeinsam verbringen, immer auch um andere als kognitive Lernprozesse. Es ist nicht zu vermeiden, daß Schülerinnen und Schüler im Sinne einer ,peer-group' ihre eigenen Lernerfahrungen miteinander machen, manchmal auch in einer den Zielen der demokratischen Schule entgegengesetzten Hinsicht. Jedoch sollte dieses Feld vor allem sozialen Lernens nicht allein dem Zufall und dem freien Spiel der manchmal recht groben Kräfte überlassen bleiben. Die Schule kann nicht auf Rituale verzichten, sie kann sie nur aus der erzieherischen Reflexion ausblenden. Dies ist angesichts von deren Bedeutung und deren Gefährlichkeit pädagogisch unverantwortlich. Von daher ist auch der mancherorts wieder auflebende Streit zwischen den Konzeptionen Unterrichts- und Erziehungsschule müßig. Im Raum Schule findet beides statt; es ist nur die Frage, ob reflektiert und pädagogisch verantwortet oder nicht. Es geht darum, angemessene Gestaltungsformen von Ritualen zu finden, die das Erreichen der grundsätzlichen pädagogischen Ziele am besten fördern und unterstützen. So sind z.B. Wahlen zum Amt des Klassensprechers keineswegs Veranstaltungen, um möglichst lange geordneten Unterricht zu vermeiden. Vielmehr können hier sinnvolle Strukturen zu einem Ritual führen, das dem Ziel des Einübens von demokratischen Vollzügen entspricht. Dazu müssen aber solche Vollzüge pädagogisch gut reflektiert und methodisch sorgfältig geplant werden – eher sorgfältiger als Unterrichtsstunden.

3.2. Die sozialpsychologischen Erkenntnisse zur Funktion von Ritualen lassen sich unschwer auf die Schule übertragen. Denn hier gibt es wie in jedem sozialen Raum immer wieder Situationen, in denen Stabilisierung auf Grund von Übergängen erforderlich ist. Jeder Schuljahresanfang und jedes Schuljahresende sind solche quasi natürlich gegebenen Übergänge für eine Schule, der Abgang von Abschlußklassen und auch Beginn und Ende von Ferien. Hier treten Unsicherheiten auf, die von den einzelnen sehr individuell als Freude oder Ängste oder andere Gefühle erlebt werden. Ein Ritual an diesen Stellen kann aus der Vereinzelung führen und die Bedeutung des Übergangs auch für die Schulgemeinschaft ausdrücklich machen. Es ermöglicht ein intensiveres Zeiterleben und damit eine bewußtere Lebensführung.

Allerdings macht uns hier die Geschichte von Schulfeiern, etwa im Dritten Reich oder in der DDR auf mögliche Gefahren aufmerksam. In der demokratischen Schule werden in solchen Zusammenkünften die Sorgen und Freuden der einzelnen Menschen im Vordergrund stehen, nicht etwaige ideologische Botschaften. Doch: Woher werden Mut und Zuversicht angesichts mancher schwerwiegender Übergänge gewonnen?

Noch mehr auf klare inhaltliche Bestimmung dringen andere Übergänge im Schulleben, etwa durch schwere Krankheit oder Tod von Lehrern/Lehrerinnen und Schülern/Schülerinnen. Ihr Wegbleiben verändert Schule. Der Abschied von ihnen ist nicht individuell zureichend zu vollziehen. Gerade im Umgang mit Sterben und Tod sind wir Menschen offensichtlich auf rituelle Formen angewiesen, um einerseits unsere Trauer, Ängste, Schuldgefühle nicht zu unterdrücken, aber auch nicht von ihnen weggerissen zu werden. In einer Zeit, in der die Begrenztheit menschlichen Lebens und der Tod weithin verdrängt werden, ist es eine wichtige Aufgabe einer am Menschen und seiner Bildung interessierten Schule, Modelle für einen verantwortlichen Umgang hiermit bereitzustellen. Wenn es stimmt, daß uns Menschen von anderen Lebewesen wesentlich das Wissen um den eigenen Tod unterscheidet, so muß dieses Wissen auch Gestalt gewinnen in einer Institution, die entwicklungsfördernd zum Begreifen der Welt und zur Übernahme von Verantwortung anleiten will. Spätestens an solchen Stellen, an denen wir mit der Grundkonstitution von uns Menschen, der Endlichkeit, unausweichlich konfrontiert sind, ist die religiöse Dimension erreicht. Alles Reden von Pluralismus und Neutralität o.ä. greift hier zu kurz. Junge Menschen sind in solchen Situationen auf Orientierung, ja letztlich das Angebot sinnstiftender Vollzüge in symbolischer Gestalt angewiesen. Dies wird angesichts der erreichten Tiefendimension nur in einem Ritual erreichbar sein.

3.3. Hinter Ritualen steht – wie gezeigt – der Anspruch, daß alles seine gute Ordnung hat und wir in ihr geborgen sind – trotz allem was zerrissen und abgebrochen erscheint. Deshalb ist es nicht nur eine Besonderheit religionspädagogischer Reflexion, daß das Thema Ritual in religiöse Fragen und zu religiösen Gestaltungsformen führt. Es liegt in der Logik des Gegenstandes selbst begründet. Der tragfähige Grund hinter und unter den Ritualen ist nur zu ertasten – und die Vielzahl der Konfessionen und Religionen ist ein Beleg für die letztlich auch unseres Alltags, von uns Menschen nicht überwindbare Ungewißheit.

In der öffentlichen Schule kann nun nicht so getan werden, als ob es diese Differenzen nicht gäbe. Aber es darf den Schülerinnen und Schülern auch nicht die ,Sprache der Religion', die sich wesentlich in Ritualen vollzieht, verschwiegen werden. Sonst würde ein in die Oberflächlichkeit führender Trend unserer heutigen Gesellschaft unterstützt, der versucht, nur Wohlbefinden und schönes Erleben als für menschliches Leben wichtig zu propagieren. Eine Schule, die sich dem Bildungsauftrag verpflichtet weiß, wird hier Wege suchen müssen, um einerseits ihre Schülerinnen und Schüler und übrigens auch Lehrerinnen und Lehrer nicht zu indoktrinieren, aber andererseits auch nicht entscheidende Bereiche des Lebens auszublenden. Bei dieser allgemein schulpädagogischen Aufgabe, die ihren Grund in der allgemeinen menschlichen Konstitution und in der allgemeinen Bildungsaufgabe hat, kann Religionspädagogik und auch der von ihr reflektierte Religionsunterricht wichtige Hilfestellungen geben.

4. Religionspädagogisch verantwortete Beiträge zu Ritualen im Schulleben

Wie auch an anderen Stellen im Überschneidungsfeld von Verantwortungen, die im Laufe der Zeit in staatliche Obhut übergingen, und grundlegenden menschlichen Fragen und Problemen, deren Lösung gerade nicht staatlich vorgeschrieben werden darf, gilt es zu einer Kooperation zu kommen, konkret zur Kooperation von Schule und Gemeinde bzw. Kirche. Für diese Kooperation von Schule und Gemeinde gibt es schon zahlreiche Projekte, nicht zuletzt die am RPI Loccum erarbeiteten, aber es gibt auch den Religionsunterricht als ein gemeinsam von Staat und Kirche verantwortetes Unterrichtsfach. Es wird auf die konkrete Situation vor Ort ankommen, welche dieser beiden grundsätzlichen Möglichkeiten stärker zum Tragen kommen soll. In Gegenden, in denen die große Mehrzahl der Schülerinnen und Schüler am Religionsunterricht teilnimmt und Kirchenmitglieder sind, kann der Religionsunterricht für die Rituale im Schulleben größere Bedeutung haben als in Schulen, in denen viele Schülerinnen und

Schüler keine Kirchenmitglieder sind und bzw. oder sich vom Religionsunterricht abgemeldet haben oder familiär anderweitig religiös gebunden sind. In letzterem Fall fällt der Gemeinde vor Ort stärker die Aufgabe zu, der Schule einen Raum für die Gestaltung von Ritualen anzubieten, die im Vertrauen auf Gott (im christlichen Verständnis) begründet sind. Auch wird von Bedeutung sein, wie die Zuordnung von Kirchengemeinde und Schule im Einzelfall ist. Sie wird dort anders aussehen, wo etwa ein Gymnasium im Gebiet einer Kirchengemeinde liegt als dort, wo eventuell drei oder vier große Schulen in einer Parochie angesiedelt sind. Ich kann deshalb im folgenden nur einige Vorschläge machen, die hoffentlich für die Unterrichtspraxis vor Ort anregend sind, diese aber nicht bestimmen können. Deshalb stellte ich bewußt explizit christliche Rituale in den Vordergrund, weil hier die in der ordnungsstiftenden Funktion letztlich jedes Rituals inhärente Frage nach dem sachlichen Grund des Vertrauens in Ordnung am deutlichsten hervortritt. Dies soll aber keinesfalls alltägliche kleine Rituale – bis etwa hin zum Gruß – abwerten, aber darauf aufmerksam machen, daß auch solche Rituale, auf ihren Grund befragt, in religiöse Fragen führen. Wie oder was begründet z.B. den zumindest in der wörtlichen Formulierung sehr weitreichenden Gruß: „Guten Morgen"?

4.1. Wolfgang Neuser nannte in seiner Monographie zum Schulgottesdienst diesen „das vernachlässigte Kind aus der längst geschiedenen Ehe von Schule und Kirche". Mancherorts mag dies zutreffen, anderenorts scheint man zunehmend die Chance von Schulgottesdiensten für die Gestaltung des Schullebens zu erkennen. Die Feier eines Schulgottesdienstes oder einer Schulandacht hat – wie schon bei Fröbel und Scheibert zu sehen – eine integrative und eine Hierarchie relativierende Funktion. Ich kenne kein anderes Ritual, das beide Funktionen für Schule in gleicher Weise erfüllen kann. Dazu gibt es genügend Beispiele, daß auch das spielerische Element des Rituellen angemessenen Ausdruck finden kann.
Der Schulgottesdienst kann das aber nur, wenn er sich zum einen auf konkrete schulische Anliegen, etwa die besonderen Übergänge im Schuljahr und auch aktuelle Themen, bezieht, aber diese zum anderen zugleich in eine weitere nichtschulische Perspektive, nämlich die des Evangeliums rückt; wobei Perspektive im doppelten Sinn wörtlich als ‚kritisch durchschauen' und auf Zukunft hin ‚durchsehen' verstanden ist. Eine Schule, die solch einen Schulgottesdienst pflegt, bringt für ihre Schüler und Schülerinnen, aber auch Lehrerinnen und Lehrer deutlich zum Ausdruck, daß sie sich selbst nicht genügt, sondern auch um ihre Begrenztheiten weiß, dieses Wissen aber gestalten will und kann.

In Schulen, in denen ein großer Teil der Schüler und Schülerinnnen sich zu einer nichtchristlichen Religion, in der Regel dem Islam bekennt, wird zu überlegen sein, ob eine Möglichkeit der Zusammenkunft der Schulmitglieder denkbar ist, in der Schule in eine umfassendere religiöse Perspektive gerückt wird. Interessant sind hier die ‚assemblies' der englischen Schulen, vor allem in multireligiösen Zentren wie London oder Birmingham. Gewiß gibt es auch hier große Probleme, wie nicht zuletzt die scharfe, noch nicht abgeschlossene Diskussion um den „Reform Education Act" von 1988 zeigt. Doch ist das Bemühen an manchen englischen Schulen bewundernswert, regelmäßig für alle in und mit der Schule lebenden Orte der gemeinsamen Besinnung zu schaffen, in denen Perspektiven zur Sprache kommen und auch rituell etwa in Zuhören und Schweigen, aber auch Gebet vollzogen werden, die die menschliche Grundsituation der Endlichkeit und Bedürftigkeit zum Ausdruck bringen. Dabei wird im jeweiligen Ritual sorgfältig nach aktiver Beteiligung am Eigenen und Dabeisein beim Fremden zu differenzieren sein. Ein Christ kann z.B. nicht in den Lobpreis Allahs einstimmen; aber er kann dabei sein, wenn dies seine islamische Klassenkameradin und Freundin tut.

4.2. Allerdings setzen Schulgottesdienst und -andachten Verhaltensweisen voraus, die manchen jungen Menschen nicht mehr geläufig sind:
– Schweigen als für religiöse Praxis wohl grundlegende Kommunikationsform,
– Zuhören auf etwas nicht unmittelbar mit eigenen Fragen Verbundenes,
– sorgfältiges Wahr-nehmen mit allen Sinnen im doppelten Wortsinn,
– gemeinsames Singen als Ausdruck gemeinschaftlicher Lebensbejahung,
– Beten als Versuch, das eigene Leben in einer umgreifenderen Perspektive zu betrachten.
Alle hier genannten Kommunikationsformen haben sowohl allgemeine als auch spezifisch religiöse Bedeutung. Sie gehören zu den kommunikativen Möglichkeiten des Menschen und bedürfen der Pflege, pädagogisch formuliert: der Bildung. So erfordert nicht nur das Angebot des Schulgottesdienstes ihre Übung, sondern auch der allgemeine Bildungsauftrag. Menschliches Leben, das nicht mehr im Schweigen zur Ruhe kommt, immer wieder auf nicht unmittelbar Betreffendes hört und sich so den Horizont weiten läßt, das sich nicht um ganzheitliche Wahrnehmung bemüht, in gemeinsamem Gesang Lebensglück ausdrückt und immer wieder versucht, das eigene Leben in eine umfassendere Perspektive zu rücken, droht zu verkümmern. Deshalb hat nicht nur der Religionsunterricht gleichsam ritualpropädeutische Aufgaben. Auch andere Schulfächer, wie Musik, die Philologien oder auch die Naturwissenschaften können und müssen hier Beiträge leisten.

4.3. Doch darf Schule, die die anfangs genannten kritischen Stimmen gegenüber dem Konzept ‚Schulleben' und den ‚Ritualen' nicht vergessen hat, bei solchen Angeboten zur Einübung und Erprobung rituellen Verhaltens nicht stehen bleibt. Sie muß auch Orte zur kritischen Reflexion von Ritualen zur Verfügung stellen. Hier kommt dem Religionsunterricht oder auch seinem Ersatzfach große Bedeutung zu. Die Spannung zwischen der in der menschlichen Konstitution begründeter Notwendigkeit von Ritualen und deren Gefährdung und Anfälligkeit für ideologischen Mißbrauch ist hier zu bearbeiten. Das kann allgemein, quasi in Verfremdung, anhand von Beispielen geschehen, die nicht aus der Schülerwelt stammen, aber auch durch Vor- und Nacharbeit von Ritualen im Schulleben. In diesem Zusammenhang wird man notwendigerweise immer wieder auf die Wahrheitsfrage stoßen. Es ist die Aufgabe des Religionsunterrichtes, diese Frage auch in einer ‚Erlebnisgesellschaft', in der die Gegenwart die Vergangenheit und Zukunft aufzusaugen droht, offenzuhalten, und den Schülerinnen und Schülern die christlichen Einsichten und Erfahrungen mit dieser Frage nahe zu bringen. Ob die Schülerinnen und Schüler sich heute oder später vom Evangelium Jesu Christi her zur Wahrheit befreien lassen oder diese Sicht nicht übernehmen können, ist schulpädagogisch zweitrangig. Daß sie aber vor diese Frage gestellt werden und damit auch Rituale als die Sprache kennenlernen, in der Menschen allein sachgemäß, weil den kognitiven Bereich übersteigend und in Ansehung der eigenen Begrenztheit diese Fragen nach der Wahrheit stellen, erscheint mir bildungstheoretisch unabdingbar.

Verwendete Literatur:

BERGER, P. L., LUCKMANN, Th., Die gesellschaftliche Konstruktion der Wirklichkeit, Frankfurt 1969
BROWNING, R. L., Reed, R. A., The Sacraments in Religious Education and Liturgy, Birmingham/Al. 1985
DOUGLAS, M., Ritual, Tabu und Körpersymbolik, Frankfurt 1986
DURKHEIM, É, Die elementaren Formen des religiösen Lebens, Frankfurt 1986
Erikson, E., Kinderspiel und politische Phantasie, Stuttgart 1968
FRÖBEL, F., Die Menschenerziehung, die Erziehungs-, Unterrichts- und Lehrkunst, angestrebt an der allgemeinen deutschen Erziehungsanstalt zu Keilhau (1), Keilhau 1826
GRETHLEIN, Chr., Schulleben und Religionsunterricht. Vorwiegend allgemein-religionspädagogische Überlegungen zu einem schulpädagogischen Thema, in: Berliner Theologische Zeitschrift 6 (1989) 193-206
GRETHLEIN, Chr., Hermelink, J., Religionsunterricht im Kontext „multi-faith". Religionsdidaktische Anregungen aus Birmingham, in: J. Henkys, B. Weyel, Hg., Einheit

und Kontext. Praktisch-theologische Theoriebildung und Lehre im gesellschaftlichen Umfeld, Würzburg 1996, 111-133

HEIMBROCK, H.-G., Ritual als religionspädagogisches Problem, in: Jahrbuch für Religionspädagogik 5 (1988) 45-81

KAUFMANN, H. B., Nachbarschaft in Schule und Gemeinde, Gütersloh 1990

Der Kulturminister des Landes Nordrhein-Westfalen, Rahmenkonzept Gestaltung des Schullebens und Öffnung von Schule. Entwurf, Düsseldorf 1988

NEUSER, W., Gottesdienst in der Schule, Stuttgart 1994

RICOUEUR, P., Die Interpretation. Ein Versuch über Freud, Frankfurt 1974

SCHEIBERT, C. G., Das Wesen und die Stellung der höheren Bürgerschule, Berlin 1848

SCHULZE, G., Die Erlebnisgesellschaft. Kultursoziologie der Gegenwart, Frankfurt u.a. 1992

TURNER, V., The Ritual Process, Ithaca 1987

WEBER, E., Das Schulleben und seine erzieherische Bedeutung, Donauwörth 1979, 11-44

WILHELM, Th., Theorie der Schule, Stuttgart 21969

---

1. Vortrag anläßlich der Konferenz der niedersächsischen Gymnasialdirektorinnen und -direktoren des RPI Loccum am 14./15.10.1996.

Michael Meyer-Blanck

Religion und Reflexion
Zur Frage liturgischer Elemente und religiöser Praxis im Klassenzimmer[1]

1.Wiederkehr der Religion?

Seit der Ablösung der sogenannten ‚Evangelischen Unterweisung' durch den ‚Thematisch-problemorientierten Religionsunterricht'[2] besteht in der evangelischen Religionspädagogik im Hinblick auf liturgische Formen äußerste Skepsis. Liturgische Formen stehen für die überwundene Klerikalisierung des RU, und die Schülerorientierung wird in diesem Zusammenhang gegen die Traditionsorientierung immer wieder ins Feld geführt. „Lebenswelt contra Liturgie" könnte man diese Sicht verkürzt beschreiben.

Die Formulierung dieses Gegensatzes hat zunächst durchaus ihre Berechtigung. Denn die Liturgik denkt in großen Zeiträumen und Zusammenhängen. Die individuellen und aktuellen Fragen treten in den Hintergrund, und an erster Stelle steht generell nicht die Haltung des Fragens, sondern diejenige des Schauens und Einstimmens, des Mitvollziehens des heiligen Geschehens, welches in der liturgischen Form gegenwärtig ist. Zwar muß auch die Liturgie gelernt werden und man lernt gewiß auch etwas aus der Liturgie. Aber die Liturgie ist eben „Religion pur" und gehört von daher nicht ins Klassenzimmer – so ein gewisser Konsens in der gegenwärtigen Religonsdidaktik[3]. Ist aber diese verbreitete Entgegensetzung von Religion und Reflexion noch sinnvoll unter den gegenwärtigen didaktischen Bedingungen? Folgt aus der Orientierung an der Lebenswelt der Schülerinnen und Schüler nicht vielmehr umgekehrt, daß die religiöse Praxis im Klassenzimmer notwendig wird, wenn diese vielen kaum mehr bekannt ist? Muß es nicht zuerst um eine „originale Begegnung"[4] in Sachen Religion gehen?

Dementsprechend scheint in der Religionspädagogik der Gegenwart eine Neubesinnung auf liturgische Formen stattzufinden. Wenn es keine gelebte Religion mehr gibt, die im Klassenzimmer kritisch zu reflektieren wäre, dann muß offensichtlich erst einmal erlebt werden, was dann reflektiert werden kann. Die Symboldidaktik[5] ist eben typisch für diesen Weg, typisch allerdings auch gerade darin, daß der Begriff des ‚Symbols' so wohltuend vieldeutig ist, daß man nicht von christlichen Formen als Lernchancen zu reden braucht, sondern eher unbestimmt von einer wie auch immer gearteten religiösen Praxis im Klassenzimmer. Symbol – ja, aber Liturgie – nein; Ganzheitlichkeit – ja, aber eine

60

konkrete christliche Religion im Klassenzimmer dann doch eher wieder nein. Dies dürfte das Spezifikum einer Didaktik sein, welche die ‚Problemorientierung' als reine Reflexion hinter sich lassen will, sich dabei aber doch sehr unsicher nach hinten umschaut und sich vorsichtig durch das symbolisch vernebelte Gelände vorwärts tastet.

Seit kurzem jedoch ist ein Buch auf dem Markt, welches diese Zögerlichkeit nicht mehr an sich hat. In Manfred Josuttis' neuem Buch „Die Einführung in das Leben" heißt es:

> „Unterricht in der Religion umfaßt immer die Ausrichtung der Person auf die Macht und die Wirklichkeit, der alle Handlungen gelten. Religionsunterricht ist Initiation, Einweihung in das Heilsgeheimnis, das zum kollektiven und individuellen Leben gehört."[6]

Mit dieser Maxime ist der Gegensatz von Religion und Reflexion festgehalten, aber nun genau andersherum akzentuiert. Unterricht in der Religion soll nicht Reflexion sein, sondern Ausrichtung auf eine Macht. Es handelt sich nicht um eine Rückkehr zur ‚Evangelischen Unterweisung', denn nicht das Kirchlich-Liturgisch-Kerygmatische der christlichen Religion steht hier im Mittelpunkt des religionspädagogischen Interesses, sondern das Faszinosum und Tremendum der Religion als *Macht* im religionsphänomenologischen Sinne. Weder die (kirchliche) *Liturgie* noch die (jugendliche) *Lebenswelt*, sondern die religiöse Macht wird zum Ausweg aus der Gefangenschaft der Religion aus den schulischen Fesseln, die alles zum reflektierten Unterrichtsstoff erstarren läßt. Mir scheint dieses wiederum zu weit zu gehen, und die Entgegensetzung von Religion und Reflxion scheint mir nicht sachgemäß für eine *schulische* Religionsdidaktik, aber eben auch für eine schulische *Religions*didaktik zu sein. *Religionsunterricht in der Schule kann der Reflexion so wenig entraten wie der Religion.* Überschaut man die religionsdidaktische Konzeptionsdebatte nach dem 2. Weltkrieg bis heute, dann wird man vielmehr sagen müssen: Die Zuordnung von Religion und Reflexion im Klassenzimmer ist die jeweils zu bewältigende Aufgabe, und die Spannung zwischen den beiden Bezugspunkten macht die Religionsdidaktik erst praxisfähig.

Dies meint dann weder eine Rückkehr zur ‚Evangelischen Unterweisung' noch ein Durchstarten hin zu erlebter religiöser Unmittelbarkeit. Denn solche Unmittelbarkeit entspräche gerade auch nicht dem evangelischen Verständnis des Gottesdienstes, da dieser als solcher starke selbstreflexive Anteile hat. Der spezifisch protestantische Umgang mit der Religion und der eigenen Religiosität ist gerade der *reflexive und selbstreflexive Umgang.* Kurz: Mir scheint das *Ineinander von Religion und Reflexion* nicht nur didaktisch anschlußfähig zu sein, sondern auch typisch für das protestantische Verständnis von Liturgie und religiöser Ausdrucksform. Insofern ist ein solcher Umgang keine Entwertung, sondern evangelische religiöse Praxis ist so durchaus bei sich selbst. Der protestantische Weg, Religion reflexiv vermittelt zu behandeln (wofür in vorzüglicher Weise Friedrich Schleiermacher steht) hat nicht vor allem die oftmals beklagten Schwächen, sondern auch seine spezifischen Chancen. Die folgenden Ausführungen sind damit ein Plädoyer für die liturgische Form, aber in ihrer reflektierten Brechung und nicht in reiner Unmittelbarkeit.

Christoph Bizer hat in seinem Aufsatz „Liturgik und Didaktik" schon 1988 den Gedanken ins Spiel gebracht, daß der Begriff *Form* „sowohl eine pädagogische als auch eine liturgische Kategorie" ist.[7] Ich knüpfe daran an und spitze noch etwas zu: Wer die christliche Religion lehrt, muß diese „in Form bringen", weil die religiöse Form ein Potential in Sachen religiöser Bildung enthält.[8] Ich konfrontiere meine These zunächst mit einigen Stimmen aus der gegenwärtigen religionspädagogischen[9] Diskussion und unterrichtlichen Praxis.

2. Zwischen Ablehnung und Überschwang: Religionspädagogische Stimmen zur liturgischen Form

Viele Lehrerinnen und Lehrer sind mißtrauisch gegenüber der Liturgie, mindestens was die Schule betrifft. Einer Befragung niedersächsischer Religionslehrerinnen und Religionslehrer von 1985 ist zu entnehmen, daß damals die Ablehnung von Schulgottesdienst wie von „Evangelischer Unterweisung" eindeutig korrelierte.[10]

Eine schriftliche Befragung von Religionslehrerinnen und Religionslehrern der Oberstufe in Hamburg im Jahre 1985 ergab, daß die Vorgabe „Anregungen zur Frömmigkeitspraxis" im RU bei zehn vorgeschlagenen Themen für Fortbildungen an letzter Stelle rangierte.[11] Bei den Vorgaben über das Selbstverständnis von Religionslehrern an letzter Stelle landete das Item: „zu religiöser Erfahrung anleiten".[12] Durch die Symboldidaktik könnte sich an dieser Einschätzung in den letzten zehn Jahren partiell etwas geändert haben. Dennoch wird man vermuten können, daß auch heute die meisten Kolleginnen und Kollegen nicht „Religions-Lehrer"(im Sinne des Lernens aus religiöser Praxis) sein wollen, sondern eher „Identitäts-Lehrer" oder „Sozialitäts-Lehrer". Den Spitzenzielen „Anregung für individuelle Bewußtseinsprozesse"[13] bzw. „Widerstand gegen Unmenschlichkeit, Religiöse und politische Toleranz"[14] dürfte auch heute wesentlich mehr zugestimmt werden als der Formulierung „die christliche Religion lehren" oder gar einer daraus folgenden liturgischen Praxis im Religionsunterricht.[15]

Doch wird man urteilen müssen: Der Verzicht auf liturgische Elemente ist nicht nur eine Befreiung von klerikalem Formzwang, sondern hat auch die Reduktion von Religion auf Bewußtseinsphänomene und auf Innerlichkeit verstärkt. So beklagt der (katholische) Münsteraner Pastoraltheologie Dieter Emeis:

> „Die Rücknahme dressierender Maßnahmen in Elternhaus, Schule und Kirche ist nicht einhergegangen mit Bemühungen um psychomotorische Lernprozesse, in denen innere Einstellungen (...) leibhaftigen Ausdruck finden bzw. auch über den leibhaftigen Vollzug aufgebaut und gestützt werden."[16]

Überblickt man die religionsdidaktische Diskussion, dann läßt sich konstatieren: Der Gottesdienst wird religionsdidaktisch in der Regel nicht einmal einer Auseinandersetzung gewürdigt.[17] Wenn er aber thematisiert wird, dann leicht mit dem Überschwang, als sei die geprägte Form des Gottesdienstes Ziel, Inhalt und Methode religiösen Lernens zugleich. So formuliert Klaus Meyer zu Uptrup, wenn auch vor allem im Hinblick auf den Konfirmandenunterricht:

> "Lobpreis Gottes ist die ursprüngliche Katechese; alle nachträgliche Katechese im Gespräch zwischen Menschen kann hier nur das Ziel haben, daß die Angesprochenen mit in das Gotteslob einstimmen."[18]

Die Liturgie ist hier nicht Lernchance, sondern Lernbedingung. Für eigene Lernwege bzw. -umwege scheint kaum Platz zu sein, Lernen, Lehren, Liturgie fallen zusammen – die Form macht's, jedenfalls die die Sache des Evangeliums bergende Form. Auch die Religionspädagogik von Günter Rudolf Schmidt berücksichtigt den Gottesdienst derart, daß vor allem der Anpassung an vorgegebene Formen das Wort geredet wird. Schmidt definiert die liturgische Bildung als „die Fähigkeit und das innere Verlangen, den Gottesdienst mitzufeiern."[19] Der Aufwachsende soll in die Kirche hineinwachsen.

> „Er findet ihr Leben in seiner gegebenen Gestalt einfach vor und steht vor der Aufgabe, sich in sie einzuleben. Er hat den christlichen Symbolbestand einschließlich kirchenüblicher Interpretationen zu übernehmen."[20]

Christliche Erziehung bedeutet in diesem Konzept „nicht so sehr Erziehung durch den Gottesdienst wie für ihn",[21] und das Ziel kirchlicher liturgischer Erziehung ist „die Fähigkeit und die Bereitschaft, sich verstehend und einwilligend am Gottesdienst zu beteiligen".[22]
Liturgische Bildung erscheint als Affirmation kirchlicher Form, und es wundert nicht, daß Lehrerinnen und Lehrer demgegenüber sehr zurückhaltend sind. Es dürfte der falsche Weg sein, vom Religionsunterricht die ‚Liturgiefähigkeit' des

Menschen zu erwarten.[23] Ich denke, nur umgekehrt kann ein Schuh daraus werden: Die liturgische Form in ihrer konkreten, aber experimentierfähigen Gestalt erschließt erst die Möglichkeit christlicher Religion. Die liturgische Form dürfte nicht Ziel, sondern Ausgangspunkt christlicher Bildung und Religionspädagogik sein. Nicht so sehr das ‚Was' bestimmter Formen, sondern das ‚Daß' des Werdens einer liturgischen Form enthält Lernchancen.

3. Die bildende Gemeinschaft oder: nur Religion in Form ist formulierbar

Inhalte gibt es nicht ohne Formen, und Formen sind nicht beliebige Gefäße für an sich extrahierbare Inhalte. Der Glaube muß mitgeteilt und dargestellt werden, und die interessanteste Frage ist oft die, warum wer den Glauben gerade in dieser und in keiner anderen Form mitteilt und darstellt. Die Form allein tut's freilich nicht, aber ohne Form geht nichts. „Forms are the food of faith"[24] – diese von Arnold Gehlen geprägte Sentenz gilt trotz unserer traditionellen protestantischen Formalismusphobie, trotz religiöser Innerlichkeitskultur und Authentizitätspräferenz.

Es ist in diesem Zusammenhang ein wenig kurios, daß sich die Religionsdidaktik von der allgemeinen Schulpädagogik darüber belehren lassen muß, daß Rituale notwendig sind, um der Schule und dem Unterricht Gestalt zu geben.[25] Ist es das Ritual, welches liturgische Elemente wieder hoffähig für den Religionsunterricht machen könnte?[26] An diesem Punkt ist es sinnvoll, von vornherein um terminologische Klarheit bemüht zu sein und Ritual, Liturgie und Form möglichst präzise zu unterscheiden. Hier können wir bei Christoph Bizer anknüpfen, der „Ritual und Liturgie wie Religionswissenschaft und Theologie" unterscheiden will. Liturgie ist nach Bizer das auf den christlichen Gott bezogene Ritual.[27]

So kann ich definieren:
- Rituale sind Handlungsgewohnheiten einer Gemeinschaft,[29] die wiederkehrenden Situationen Wiedererkennbarkeit geben;
- Liturgien sind sinnlich wahrnehmbare Hinwendungen von Christenmenschen zu dem dreieinigen Gott, vor allem solche, die wiedererkennbare Formen haben;[30]
- Formen sind Handlungselemente von Ritual wie Liturgie, die verschieden, aber nicht beliebig gestaltbar und kombinierbar sind.

Liturgie wie Ritual sind damit an eine Gemeinschaft gebunden, welche Ritual und Liturgie herausbildet und gleichzeitig von Ritual und Liturgie gebildet wird. Eine bildende Gemeinschaft braucht Rituale. Eine christliche Gemeinschaft braucht Liturgien. Lassen Sie mich den drei Begriffen noch etwas weiter nachgehen.

Didaktisch besonders fruchtbar ist die *Form als Handlungselement von Ritual und Liturgie*, weil diese dadurch unterrichtlich handhabbar werden, analysierbar und synthesierbar. Die Eröffnung einer Stunde, die Präsentation einer Gruppenarbeit, das sorgfältige Inszenieren eines Streitgespräches – dies sind Formelemente didaktischen Handelns. Sie stehen nicht fest, sondern können in der unterrichtlichen Gemeinschaft verändert werden. Solche Formen sind nicht alles, aber ohne solche Formen ist alles nichts. Analoges gilt für Formelemente liturgischen Handelns. Sie sind gemeinsam gestaltbar und gestaltungsbedürftig. Das Singen eines Liedes, die Inszenierung eines biblischen Spiels, die Analyse der Eröffnung eines Gottesdienstes, das gestalterische Experimentieren mit dem Körper beim Sprechen liturgischer Texte, unterschiedliche Formen, einen Psalm[31] zur Sprache zu bringen – dies sind Formelemente liturgischen Handelns, die im Unterricht gebraucht, gestaltet, analysiert und neu synthetisiert werden können.

An diesem Punkt ist die religionsdidaktische Unterscheidung von Ritual und Liturgie mit Hilfe des *Formbegriffes* möglich. *Rituale* können und müssen im Unterricht inszeniert werden. Die Formen solcher Rituale sind didaktisch immer wieder zur Disposition zu stellen.[32] *Liturgien* als Hinwendungen einer schulischen Gemeinschaft zu dem dreieinigen Gott werden – mindestens im öffentlichen Schulwesen – eher die Ausnahme sein. Liturgische *Formen* hingegen als *Handlungselemente* von Liturgie sind unterrichtlich verwendbar, gestaltbar und damit im nicht nur affirmativen Sinne lernbar. Entscheidend sind solche didaktischen Formen und Rituale, die die Zuwendung zu Gott als fundamentale Hypothese, aber eben als Hypothese ins Spiel bringen. Die christliche Religion sollte weder auf Traditionen noch auf Probleme reduziert, aber auch nicht um einer vermeintlichen Unmittelbarkeit willen direkt in Szene gesetzt werden. Das eine würde nicht der Religion, das andere nicht dem Unterricht gerecht. Die genannten sind demnach keine Möglichkeiten für den Religionsunterricht. Die Schule hat es immer mit Versuchsbedingungen zu tun. Liturgische Formen behalten in der Schule etwas Künstliches – und das ist nicht schlimm, wenn es alle Beteiligten wissen. Heuristisch sinnvoll ist der Vergleich mit einem physikalischen oder chemischen Experiment.[33] Auch die liturgische Form im Unterricht ist der Analyse und Synthese zugänglich. Es handelt sich um Spiel, aber nicht um Spielerei. Ein schlecht vorbereitetes chemisches Experiment kann schlecht ausgehen, wenn man die dabei wirkenden Kräfte nicht ernstnimmt. Und auch wer die christliche Religion unterrichtet, sollte nicht leichtfertig damit hantieren.

Wer das tut, erzieht nicht vorrangig zum Gottesdienst (auch nicht unbedingt zum Schulgottesdienst), so wenig wie die Chemielehrerin vorrangig zum eigenen chemischen Forschen und Arbeiten erzieht. Es geht vielmehr um ein der Sache selbst angemessenes, handlungsorientiertes Verstehen von Religion. Das Lernen der liturgischen Form ist insofern auch ein notwendiger Beitrag zur allgemeinen Bildung, wenn klar wird, wie christliche Religion funktioniert. Und dies dürfte für die interreligiöse Gegenwart inzwischen Konsens sein: Nur wer sich auf eine konkrete Religion versteht, der versteht auch die Menschen mit anderen Religionen. Wenn Rituale für eine Kultur des Zusammenlebens[34] stehen, so steht die liturgische Form für eine Kultur der Ehrfurcht vor der Religion, der fremden wie der eigenen.

Das Experimentieren mit der liturgischen Form ist an die Gemeinschaft gebunden und macht damit auch fähig, andere Gemeinschaften zu verstehen.[35] Nur so kann auch die oft nur verbal eingeschärfte Einsicht erschlossen werden, daß Religion nicht in individuellen Praxen aufgeht, sondern gebunden ist an die bildende Gemeinschaft,[36] die sich im Ringen um die Form abmüht. „Forms are the food of faith" – Liturgie und Didaktik müssen die Religion in Form bringen, um sie formulierbar zu machen.

4. Formen von christlicher Religion in der Schule

Insgesamt denke ich an eine im Sinne des Gebrauchs christlicher und anderer religiöser Formen geweitete Symboldidaktik, die ich lieber eine Didaktik christlicher und anderer religiöser Zeichenprozesse nennen möchte.[37] Der Gebrauch christlich-religiöser Zeichen, nicht ihr Inhalt ‚an sich' sollte im Vordergrund eines solchen Unterrichts in der christlichen Religion stehen. Texte, Lieder, Bilder, Bewegungen und Begehungen sind probeweise, quasi experimentell zu inszenieren, damit ihr Gebrauch verstehbar, nachvollziehbar und kritisierbar wird. In diesem Konzept haben auch liturgische Formen einen notwendigen Platz. Denn die christliche Religion ist nun einmal – trotz der protestantischen Tradition der Innerlichkeit – vor allem in liturgischen Formen sinnlich wahrnehmbar.[38]

Als Beispiel nenne ich das unterrichtliche Sprechen eines Psalms. Fundamental ist und bleibt dabei die Haltung des Experimentierens. Um einen Psalm im Unterricht zu sprechen, bin ich nicht verpflichtet, die darin zum Ausdruck gebrachte Daseins- und Weltdeutung persönlich anzunehmen. Aber ich setze mich der Möglichkeit aus, daß dieses Ereignis der Einstimmung eintreten könnte. Vor allem aber bin ich daran interessiert, die darin verdichtete Einstimmung zu begreifen, mich ihr interessiert und distanziert, neugierig auszusetzen. Das unterrichtliche Sprechen eines Psalms ist nicht notwendig eine Form des Schulgebets, sondern ein Experiment, um das Phänomen Gebet in seiner Eigenart überhaupt zu verstehen. Was bedeutet es, wenn wir alle den Psalm im Chor sprechen – Vergewisserung oder Uniformierung? Was ändert sich beim Sprechen im Wechsel, oder wenn einzelne Verse in die Stille gesprochen werden? Wie können wir mit der Stimme oder Lautstärke experimentieren (etwa Zustimmung, Skepsis oder Fragen gegenüber dem Wortlaut zum Ausdruck bringen)? Was macht die Wiederholung mit solchen Worten, was Verfremdung und Vertonung? Kurz: Wir können bestimmte Textgattungen nur in bestimmten Verwendungsformen verstehen – eine Erkenntnis, die durch den exegetischen Ansatz der Formgeschichte vertraut sein dürfte. Wer alle Texte nur mit Lesen, Unterstreichen, Diskutieren behandelt, verschenkt den Überschuß der Form. Freilich setzt sich diese Erkenntnis wahrscheinlich eher in anderen Fächern als im Religionsunterricht durch, einfach weil die Furcht vor dem Rückfall in die ‚Evangelische Unterweisung' immer noch so groß ist (wobei man oft den Eindruck hat, daß diese Konzeption im nachhinein für viel wirksamer erklärt wird, als sie es in der schulischen Praxis jemals war).

Aber ich könnte mir auch einen ganz anderen Zugang vorstellen, der von denjenigen leiblichen Vollzügen ausgeht, die den Jugendlichen vertraut sind. Auch von dorther kann die christliche Religion und ihr gottesdienstlicher Zeichengebrauch in ein neues Licht gestellt werden. Ich habe kürzlich vorgeschlagen, den Zeichengebrauch des Gottesdienstes und den Zeichengebrauch des jugendkulturellen Phänomens ‚Techno' miteinander im Unterricht zu vergleichen. Wie könnte das praktisch aussehen?

Die erste Aufgabe könnte sein, Medien zum Thema zu sammeln und gemeinsam zu sichten, um das Geeignete für eine gemeinsame Analyse zu finden. Dabei ist neben CD's und Zeitungsberichten vor allem an Teilnehmerberichte und Fernsehberichte bzw. Videos von Techno-Veranstaltungen wie Mayday/Dortmund oder Love-Parade/Berlin zu denken.[39]

Sodann wäre eine Techno-Party nach den unterschiedlichen Zeichensprachen zu untersuchen. Dazu müßte so wenig wie möglich wertend und möglichst streng analytisch, nicht insgesamt analysiert werden. Auf diese beiden Regeln hätte der/die Unterrichtende zu achten. Fragen dazu könnten sein: Welche Rolle spielt der Raum: Beschreibt die Bewegung im Raum und die Nähe/Distanz der Raver! (Dazu wäre es gut, ein Stück Video ohne Ton anzusehen und in mehrfacher Wiederholung auf die Körpersprache zu achten.) Welche Körpersinne sind angesprochen und in welcher Weise? (Geruch, Tastsinn, Eigenkörpergefühl) Welche Rolle spielt die Zeit und die Wiederholung?

Was macht Techno-Musik mit uns? Hier könnten Experimente gemacht werden – vergleichbar dem Experimentieren mit Psalmen und doch in charakteristischer Weise ganz anders: Wir hören allein, über Walkman wie viele Jugendliche im Alltag, Techno-Musik und tun verschiedene Dinge dabei: Malen, einen Brief schreiben, ein Gebet formulieren für den nächsten KU-Gottesdienst, ‚Bravo' lesen, Rechenaufgaben lösen oder die Augen schließen. Dann hören wir die Musik gemeinsam, aber ohne uns zu bewegen; wir überlegen, was wir gemeinsam tun können beim Hören. Wir schreiben sorgfältig unsere Eindrücke in den verschiedensten Phasen auf. Wir gliedern unsere Mitschriften nach den unterschiedlichen Zeichensprachen Raum, Körper, Musik sowie nach den unterschiedlichen individuellen und gemeinschaftlichen Gebrauchssituationen. Ziel soll sein, den Zeichengebrauch bei Techno zu studieren und zu probieren und das Kritisieren vorzubereiten.

Dazu sind dann unterschiedliche Bewertungen und Lesarten heranzuziehen: die begeisterte Lesart der Raver, die distanziert-interessierte der Walkman-Hörer in der U-Bahn, die kulturkritische von Erwachsenen und die neuigkeitsorientierte der Medien. Schließlich könnte dann eine Kirchenvorstandssitzung gespielt werden zum Thema: Kann in unserer Kirche eine Techno-Party stattfinden, wie es eine Veranstaltergruppe beantragt hat?

Um diese Frage zu beantworten, müßte geklärt werden, was denn in einer Kirche möglich ist, was ein Gottesdienst ist und ob es Gemeinsamkeiten zwischen einer Techno-Party und einem Gottesdienst geben könnte oder sogar die Möglichkeit der Verbindung beider Veranstaltungen. Dazu könnte dann das an Techno erarbeitete Instrumentarium an Zeichengebrauch auf das Formular eines Sonntagsgottesdienstes angewendet werden oder besser noch auf den Ablauf eines Gottesdienstes mit Taufe und/oder Abendmahl, weil auch hier *leiblich* kommuniziert wird und gerade dieses das für Jugendliche Schwierige darstellt.

In dieser Weise wäre nicht nur das Phänomen Techno zu kritisieren – und das vor allem nicht in vorschnell-kulturpessimistischer Weise – , sondern auch die Sprachen des Gottesdienstes könnten klarer bewußt werden.

Doch kehre ich noch einmal zum evangelischen Gottesdienst als solchem zurück. Mein zweiter Gedankengang für die Praxis des schulischen Religionsunterrichts betrifft den Gottesdienst als ganzen. Das Ensemble liturgischer Formen in Gestalt eines Schulgottesdienstes dürfte, wenn gut vorbereitet auf inhaltlicher und institutioneller Ebene,[40] eine hervorragende Möglichkeit zum Lernen der christlichen Religion sein – und falls er von der Schule als ganzer[41] getragen ist – auch eine große Bereicherung des Schullebens. Dennoch dürfte dies – zumal in den östlichen Bundesländern, aber auch in den Großstädten im Westen – kaum die Regel sein.

Der Gottesdienst als ganzer scheint mir jedoch über das bisher Gesagte hinaus stärker in den Reflexionszusammenhang grundlegender didaktischer Strukturen[42] zu gehören. Der Eingangs- und Gebetsteil des Gottesdienstes führt den Menschen als auf Kommunikation mit seinem Ursprung und seiner Gegenwart angewiesenen Menschen vor Augen. Der Verkündigungsteil konfrontiert mit den Gotteserfahrungen anderer Menschen. Der Mahlteil inszeniert die leibliche Bedürftigkeit und damit die umfassend zu verstehende Sozialität des Menschen. Entlassung und Segen zeigen den Menschen auf dem Weg vom Heiligen zum Alltag und gerade dort von der Wirklichkeit Gottes umgeben und getragen. Was unser Personsein vor Gott und den Menschen ausmacht, ist im Gottesdienst als anthropologischem Konzept der christlichen Religion in vorzüglicher Weise abzulesen.

Der Gottesdienst enthält demnach nicht nur ein Potential an christlicher Religion und ihrer Reflexion, sondern er ist gleichzeitig die inszenierte christliche Anthropologie. Im Gottesdienst wird mitgeteilt und dargestellt, wie und was der Mensch in der Sicht der christlichen Religion ist. Diese Mitteilung und Darstellung kann in neue Mitteilung und Darstellung übergehen, aber sie kann auch wiederum zum Ausgangspunkt anthropologischer Reflexion werden. Dieser Gedankengang knüpft erkennbar bei Friedrich Schleiermacher an. Er definierte: „Der Zweck des Cultus ist die darstellende Mitteilung des stärker erregten religiösen Bewußtseins."[43] Gerade Schleiermacher, der in der Tradition protestantischer Innerlichkeit aufgewachsen war und damit immer noch exemplum für gegenwärtiges protestantisches Christsein ist, gerade er wußte, daß die neuzeitlich im Innern des Menschen verortete Religion mitgeteilt und dargestellt werden muß, ja daß es die christliche Religion nicht anders geben kann als in den Formen von Darstellung und Mitteilung des Glaubens,[44] welche im Gottesdienst in vorzüglicher Weise anschaubar wird.

Dadurch wird der Gottesdienst der schulischen Reflexion zugänglich, und die Schule wird der christlichen Religion zugänglich. Auf jeden Fall aber sollten sich Liturgik und evangelische Religionsdidaktik auf das ihnen gemeinsame Spannungsfeld von Religion und Reflexion verständigen. Das wäre schon viel, und ihrer beider Anliegen dürfte damit gedient sein.

---

1. Vortrag bei der Tagung der Referendarinnen und Referendare im RPI Loccum am 29.Oktober 1996. Eine frühere Fassung wurde beim Symposium anläßlich des 60. Geburtstages von Christoph Bizer vorgetragen und ist veröffentlicht in: Wilhelm Gräb (Hrsg.): Religionsunterricht jenseits der Kirche? Wie lehren wir die christliche Religion? Neukirchen-Vluyn 1996, 83-93. – Den Referendarinnen und Referendaren danke ich für die anregende Diskussion, die mir einige Ergänzungen und Präzi-

sierungen meines Vortragsmanuskripts ermöglicht hat. Die Diskussionsanregungen sind in diese schriftliche Fassung eingegangen.

2. Dazu vgl. die klassischen Texte von Helmuth KITTEL: Vom Religionsunterricht zur Evangelischen Unterweisung, Wolfenbüttel/Hannover 1947 und dann Hans Bernhard Kaufmann, Muß die Bibel im Mittelpunkt des Religionsunterrichts stehen?, in: G.OTTO./H.STOCK, (Hrsg.), Schule und Kirche vor den Aufgaben der Erziehung. FS Martin Stallmann, Hamburg 1968, 79ff.

3. Vgl. etwa: Godwin LÄMMERMANN, Grundriß der Religionsdidaktik, Stuttgart 1991, der von „der Annahme eines Primats der Didaktik" ausgeht (11) und im Rahmen einer „konstruktiv-kritischen Religionsdidaktik" den Glauben definiert „als eine Form der Reflexion, mithin als denkenden, kritischen Glauben. Aufgabe des RU's ist deshalb, das Denken im Glauben anzuleiten und nicht zu einer neuen naiven Unmittelbarkeit zu führen,..." (169, Hervorhebungen dort).

4. Dazu erinnere man sich an Heinrich ROTH, Pädagogische Psychologie des Lehrens und Lernens, Hannover [7]1963, 111: „[…] das originale Kind, wie es von sich aus in die Welt hineinlebt, mit dem originalen Gegenstand, wie er seinem eigentlichen Wesen nach ist, so in Verbindung zu bringen, daß das Kind fragt, weil ihm der Gegenstand Fragen stellt, und der Gegenstand Fragen aufgibt, weil er eine Antwort für das Kind hat."

5. Dazu vgl. Peter Biehl, Symbole geben zu lernen. Einführung in die Symboldidaktik anhand der Symbole Hand, Haus und Weg, Neukirchen-Vluyn 1989 und ders., Symbole geben zu lernen II. Zum Beispiel: Brot, Wasser und Kreuz. Beiträge zur Symbol- und Sakramentendidaktik, Neukirchen-Vluyn 1993; Hubertus Halbfas, Das dritte Auge. Religionsdidaktische Anstöße, Düsseldorf [5]1992 [1982] sowie kritisch dazu Michael Meyer-Blanck, Vom Symbol zum Zeichen. Symboldidaktik und Semiotik, Hannover 1995.

6. Manfred JOSUTTIS: Die Einführung in das Leben. Pastoraltheologie zwischen Phänomenologie und Spiritualität, Gütersloh 1996, 135.

7. Chr. BIZER, Liturgik und Didaktik, in: JRP 5/ 1988, 83-111,108.

8. Betreffs des Bildungsbegriffs als zentrale religionspädagogische Kategorie scheint sich gegenwärtig fast ein Konsens abzuzeichnen: vgl. etwa G. LÄMMERMANN, a.a.O. (s.o.Anm.3),166-171; Karl Ernst Nipkow, Bildung als Lebensbegleitung und Erneuerung. Kirchliche Bildungsverantwortung in Gemeinde und Schule und Gesellschaft, Gütersloh [2]1992, bes.25-61 und: LOCCUMER THESEN des Kollegiums des Religionspädagogischen Instituts Loccum. Religion, Bildung und Religionspädagogik, in: Loccumer Pelikan 1994/3,35-39.

9. Ich bezeichne mit dem Begriff „religionspädagogisch" das religiöse Lernen in Schule und Gemeinde, welches begrifflich von der „Religionspädagogik" zu reflektieren ist, welche in „Religionsdidaktik" (Schule) und „Gemeindepädagogik" zu gliedern ist.

10. Andreas FEIGE, Christliche Tradition auf der Schulbank, in: A.FEIGE/ K.E.NIPKOW, Religionslehrer sein heute. Empirische und theoretische Überlegungen zur Religionslehrerschaft zwischen Kirche und Staat, Münster 1988,5-61, dort

20: „Wer gegen Schulgottesdienst votiert, tut dies auch überdurchschnittlich häufig gegen das Konzept ‚Evangelische Unterweisung' und vice versa."Die „Einübung in den christlichen Glauben" fand zwar bezüglich des Konfirmandenunterrichts, nicht aber bezüglich des schulischen Religionsunterrichts hohe Akzeptanz (a.a.O.,27). Weiter wurde festgestellt, daß Schulgebet und Schulgottesdienst von denjenigen Lehrerinnen und Lehrern positiver gesehen werden, welche mit dem Pfarrer der Ortsgemeinde Kontakt haben (a.a.O.,30: dies waren knapp 40% der Befragten).

11. Klaus LANGER, Warum noch Religionsunterricht? Religiosität und Perspektiven von Religionspädagogen heute, Gütersloh 1989,210.

12. A.a.O.,247

13. Das am meisten gewählte Item („RU sollte sein...") von 15 vorgegebenen bei Feige, a.a.O., (s.o.Anm.6),22.

14. Die am meisten gewählten Items („Ziele des RU in Schlagworten: Intentionen und Inhalte") von 17 vorgegebenen bei Langer, a.a.O. (s.o.Anm.7),220.

15. Ich habe ich im folgenden vor allem die schulische Religionsdidaktik im Blick. Daß die Fragen bezüglich des KU anders liegen (also die Liturgie als Lernchance wesentlich positiver gesehen wird), dürfte sich von selbst verstehen.

16. D. EMEIS, Liturgiekatechese als Leibeserziehung, in: Katechetische Blätter 109/ 1984,722-727,S.722.

17. Heinz SCHMIDT, Leitfaden Religionspädagogik, Stuttgart 1991 nennt im Grundsatzteil nur sehr kurz Gebet und Gottesdienst als „grundlegende Interaktionen christlicher Religiosität", plädiert aber im Kapitel über den schulischen Religionsunterricht immerhin für ein eigenes Lernfeld, für das er den Titel „Formen religiösen Ausdrucks und Denkens" vorschlägt (196) und in dem ein „dem jeweiligen religiösen Zusammenhang angemessenes Verständnis der religiösen Ausdrucksformen" zu entfalten wäre (ebd.).

18. K. MEYER ZU UPTRUP, Liturgie und Katechese, in: Jahrbuch für Liturgik und Hymnologie 26/1982,1-19, 2.

19. Günther R. SCHMIDT: Religionspädagogik: Ethos, Religiosität, Glaube in Sozialisation und Erziehung, Göttingen 1993,240.

20. A.a.O.,172

21. Ebd.

22. Ebd.

23. Die Liturgiefähigkeit als Bildungsziel begegnet in der katholischen Diskussion und wird dort zusammen gesehen mit der „Symbolfähigkeit": „[...] wir müssen wieder symbolfähig werden" (Romano GUARDINI, Liturgische Bildung. Versuche (1923), in: ders., Liturgie und liturgische Bildung, Mainz/Paderborn ²1992 (=Würzburg 1966), 19-110, 43); „ohne Symbolfähigkeit wird man nicht liturgiefähig" (Ralph Sauer, Liturgische Bildung – ein religionspädagogisches Stiefkind, in: KatBl 107/ 1982,257-267, 261). Zu Recht bemerkt Sauer, a.a.O.,262: „Höchst bedenklich wäre es, wollte man von einem fest umrissenen Begriff der Liturgie ausgehen und dabei das Wesen der Liturgie als unveränderlich betrachten. Muß man nicht auch nach der ‚Menschenfähigkeit' der Liturgie fragen?" Ebenfalls zu Recht fordert Sauer die

„liturgische Kompetenz" (a.a.O.,265, dort kursiv) auch für die Religionslehrerausbildung. Was oben skeptisch im Hinblick auf den Religionsunterricht als „Initiation" gesagt wurde, gilt entsprechend auch für Sauers Bemerkung, Lehrer(innen) seien „Mystagogen", welche „andere in die heiligen Geheimnisse einführen wollen" (ebd.).

24. A. GEHLEN, Urmensch und Spätkultur. Philosophische Ergebnisse und Aussagen, Frankfurt/Bonn 1964,24. Darauf rekurriert auch Hans-Georg SOEFFNER, Zu den Stichwörtern „Kollektivsymbol" und „Ritual", in: Rainer Bürgel (Hrsg.), Raum und Ritual. Kirchbau und Gottesdienst in theologischer und ästhetischer Sicht, Göttingen 1995, S.139-149,144. Soeffner definiert das Ritual als „die Form, die den Stoff zum Inhalt werden läßt und dabei selbst zum Inhalt wird." (A.a.O.,143).

25. S. das Themenheft 1 (Januar 1994) der Zeitschrift „Pädagogik" unter dem Titel: „Rituale. Schule und Unterricht Gestalt geben." -Thomas Ziehe plädiert für die Neuentdeckung schulischer Rituale, die er aber wegen des belasteten Sprachgebrauchs (Ritual als leere Äußerlichkeit) lieber als „inszenierte Ereignisse" bezeichnet. Die Inszenierung im Schulalltag soll „eine Bereicherung gegen den Zeitbrei" sein. Die Inszenierung in diesem Sinne ist eine formgebende öffentliche Darstellungstechnik mit Ereignischarakter (Thomas ZIEHE. Zeitvergleiche. Jugend in kulturellen Modernisierungen, Weinheim 1991,112-116).S. auch seinen Beitrag in diesem Band, 121ff..

26. Vgl. dazu Hans-Günter HEIMBROCK, Ritual als religionspädagogisches Problem, in: JRP 5/1988,45-91. Das Lernen in Ritualen habe die Dimensionen Strukturierung der Zeitlichkeit, Einübung eines Körperkonzepts und dramaturgische Selbstdarstellung (a.a.O.,78). S.auch seinen Beitrag in diesem Band, 25ff.

27. Chr. BIZER, Liturgik und Didaktik (s.o.Anm.7), 98.

28. Ebd. Entsprechend definiert Christian GRETHLEIN: „Demnach heißen in einem qualifiziert christlich-theologischen Sinn alle menschlichen Ausdrucksformen ‚liturgisch', in denen sich gemeinschaftlich der Glaube an den Vater Jesu Christi ausdrückt." (Liturgische Elemente? in: G.Adam/R.Lachmann (Hrsg.), Methodisches Kompendium für den Religionsunterricht, Göttingen 1993,377-393, 379). Um Formen wie das Kyrie und die Epiklese einzubeziehen, sollte m.E. besser vom Ausdruck des Glaubens an den *dreieinigen Gott* gesprochen werden.

29. Es gibt auch Rituale des einzelnen (wie die Gestaltung des Aufstehens am Morgen), welche zur Unterscheidung von den anderen Ritualen „individuelle" Rituale genannt werden sollten.

30. Dazu vgl. mein Buch: Leben, Leib und Liturgie. Die Praktische Theologie Wilhelm Stählins, Berlin/New York 1994, 224.

31. Dazu vgl. das Themenheft „Psalmen" des „Evangelischen Erziehers": EvErz 47/ 1995, 1-100; besonders eindrücklich der „Psalm" eines Schülers in dem Beitrag von Desmond BELL, Elementar verständliche Texte. Psalmen als Thema biblischer Didaktik, 45-55, 54: „Hilf mir aus dem Dreck, /sonst ersticke ich noch/ drin. Bitte Herr du mein/ Gott ich brauche dich./ Ich höre auch auf zu /klauen und ich/ fange noch mal neu an./ Mein Gott".

32. Dazu s. Otto SEYDEL, Die Postmütze. Oder: Rituale sind klüger als Menschen, in: Pädagogik 46/ 1994 Heft 1,18-21, 20f.: „Rituale in einer Schule müssen angenommen werden. Erwachsene können wohl versuchen, sie einzuführen. Wenn die Kinder sie aber nicht nach einiger Zeit von sich aus – durchaus heiter und kreativ – einfordern, werden sie ‚Krampf', Disziplinierungsmittel oder lächerlich."

33. Diesen Vergleich als anregende Idee verdanke ich Frau Studienrätin Bärbel Husmann aus Sehlde.

34. Dazu s. Enja RIEGEL, Rituale. Oder: Die Kultur des Zusammenlebens, in: Pädagogik 46/1994 Heft 1,6-9.

35. Fulbert STEFFENSKY, Rituale als Lebensinszenierungen, in: Pädagogik 46/ 1994 Heft 1,27-29 entfaltet u.a. die Thesen „In der Form grenzen wir Welt ein und werden so erst fähig, in ihr zu leben", „Die Form reinigt und konturiert unsere Lebenswünsche", „Die Form drängt in die Sozietät und stärkt sie." S. auch seinen Beitrag in diesem Band, 101ff.

36. Gerade an diesem Punkt hat die schulische Religionspädagogik eine allgemeinbildende Aufgabe, wenn denn die plausibel erscheinende These des britischen Sozialanthropologen Victor Turner zutrifft, daß unter den Bedingungen von Industrialisierung und Arbeitsteilung das als verbindlich geachtete Ritual zu privatem Vergnügen aufweicht, so daß das heilige Drama degeneriert zum „fun". (Nach H.-G. Heimbrock, s.o. Anm. 26,70f). „Religions-Pädagogik" müßte ihre aufklärerische Funktion demnach gerade im nachvollziehbaren Aufweis der so gearteten Depravation von Religion zeigen, indem das Miteinander religiöser Gemeinschaft vor Gott ins Spiel kommt. Damit ist die Einsicht unausweichlich, daß auch der schulische Religionsunterricht ekklesiologische Aspekte haben muß. Vgl. dazu die LOCCUMER THESEN: Religion, Bildung und Religionspädagogik des Dozentenkollegiums des Religionspädagogischen Instituts Loccum, in: Loccumer Pelikan 1994, 3,35-39 (bes. These 5) und meinen Aufsatz: Identität und Gemeinde. Einige Randbemerkungen zur EKD-Denkschrift „Identität und Verständigung" aus Sicht der „Loccumer Thesen", in: Loccumer Pelikan 1993, Nr. 1, 23-26.

37. Dazu s. mein Buch: Vom Symbol zum Zeichen. Symboldidaktik und Semiotik, Hannover 1995.

38. In der vertrauten Terminologie muß selbstverständlich ergänzt werden: In Liturgie und *Diakonie* wird christliche Religion anschaubar. Die spezifisch religiöse Hinwendung zu Gott jedoch macht die Liturgie zur vorzüglichen Lernebene für christliche Religion, während es sich bei der Diakonie um die Konsequenz handelt, welche zudem auch ganz anders (etwa: humanistisch) motiviert sein kann.

39. So etwa der ZDF-Bericht über die Mayday-Party in Dortmund: Doppelpunkt vor Ort: „Im Rausch der Sinne". Ein Film von Andreas KLINNER und Dietmar WESTENBERGER am 22.6.1994.

40. Diesen Aspekt beschreiben gut Elsbe GOSSMANN /Reinhard BÄCKER, Schul-Gottesdienst. Situationen wahrnehmen und gestalten, Gütersloh 1992; vgl. auch das sehr sorgfältige und ausführliche Buch von Wolfgang NEUSER, Gottesdienst in der Schule. Grundlagen – Erfahrungen – Anregungen, Stuttgart 1994.

41. Interessant ist, daß gegenwärtig Nicht-Religionspädagog(inn)en wieder von einer „Schulgemeinde" sprechen, so Enja Riegel (s.o.Anm.34),9.
42. In Anlehnung an Werner JANK /Hilbert MEYER, Didaktische Modelle, Frankfurt/ M. ²1993,69ff, wo die Prozeßebene von Unterricht, die Ebene der Analyse und Planung sowie die Ebene grundlegender didaktischer Strukturen unterschieden werden.
43. F.SCHLEIERMACHER, Die praktische Theologie nach den Grundsätzen der evangelischen Kirche, Berlin 1983 (¹1850), 75, dort hervorgehoben.
44. Die gegenseitige Mitteilung, bei der alle Beteiligten zugleich Mitteilende und Empfangende sind, faßt Schleiermacher unter dem „Begriff einer lebendigen Circulation" (a.a.O., 50).

Bernhard Dressler

Leben! Handeln! –
Der Religionsunterricht im „Haus des Lernens"[1]

Non scholae, sed vitae discimus .... – So hieß es während meiner Schulzeit
immer dann, wenn ein besonders langweiliger Unterricht die Frustrationsschwel-
le der Klasse auf den Nullpunkt abgesenkt hatte. Der hinsichtlich der Lernmo-
tivation ziemlich hilflose Appell an die ungewisse Zukunft einer vielleicht in
10 bis 20 Jahren denkbaren Ingebrauchnahme toten Lernstoffs konnte natürlich
nie recht überzeugen: Ein leicht durchschaubarer Entlastungsversuch des Lehrers, die Verantwortung für langweilige Lebensferne aufs Leben selbst abzu-
schieben – „Ihr sollt doch nicht *meinetwegen* lernen, sondern *euretwegen*; allerdings nicht für jetzt, sondern für viel später". Dabei tobte doch ringsherum,
auch in der Schule selbst, das Leben durchaus, wenn nicht gerade unterrichtser-
zeugte Langeweile herrschte. Ich wäre gern bereit gewesen, *für die Schule* zu
lernen, statt für das ferne Zukunftsleben, und zwar durchaus „extrinsisch" –
wenn entsprechende Gratifikationen methodisch fruchtbar gemacht worden
wären: Die Lernfreude, die Lust am Moment einer zündenden Einsicht bei-
spielsweise hing doch nicht von der Nähe oder Ferne des Themas zu einem
(welchem?) „Leben" ab, sondern mindestens ebenso sehr vom Selbstgenuß der
eigenen Schlauheit, vom anerkennenden Lächeln der herzklopfend verehrten
Banknachbarin, gewiß auch von der Genugtuung über die gute Zeugnisnote.
Ganz zu schweigen davon, daß oft gerade die *Fremdheit* eines Gegenstandes
Neugier erzeugte, jenseits aller Verwertbarkeit.
Viel später las ich dann einmal, ich glaube, der Gedanke stammt von Rousseau,
der Gütemaßstab von Schulunterricht habe sich an der Frage zu bewähren, ob
er auch für *den* Schüler seinen guten Sinn gehabt habe, der morgen überraschend stürbe. Im Zeitalter der Curriculum-Theorien und Lernziel-Taxonomi-
en erschien mir das ein seltsam tröstlicher und menschenwürdiger Gedanke.
Gegenwärtig geraten der Eigensinn von Schule und der Ruf nach Lebensorien-
tierung in andere Konstellationen. Da wird die Schule als ein Ort eigenen sozialen Lebens neu in den Blick genommen,[2] auch wenn es noch entschiedene Ver-
fechter der Auffassung gibt, die Schule werde in erster Linie zum Zweck von
Unterricht veranstaltet.[3] Unter dem gemeinsamen Begriffsdach eines „Haus des
Lernens"[4] werden sich vielleicht beide Konzeptionen einrichten können. Unter
den Praktikern, die dieses Haus bevölkern – ob auch in der Praxis selbst, bleibe

dahingestellt –, erfreut sich der Ruf nach Handlungsorientierung einer hohen Wertschätzung. Wer dem zu widersprechen wagt, wird es schwer haben, nicht als konservativ-verstaubt oder unkreativ-ausgebrannt zu gelten. Aber wie immer, wenn bestimmte Leitkonzepte ohne weiteres mit positiver Voreingenommenheit rechnen können, ist genauer hinzusehen und differenzierter zu fragen, von *welchem* Handeln denn dabei die Rede ist: Soll der Unterricht selbst als Handlung verstanden werden? (das klingt tautologisch); soll er möglichst die ganze Lerngruppe über rezeptiv-kognitive Lernhaltungen hinaus in beobachtbares Handeln verwikkeln (welche Qualität hat das als Indikator von Lernprozessen)?; soll Handlungskompetenz über den Unterricht hinaus erworben und entbunden werden (für welche Situationskontexte, innerhalb welcher Evaluationsgrenzen)?

Auch wenn in diesem Zusammenhang nicht gleich mit anti-kognitivem Ressentiment der „Bauch" gegen den „Kopf" ausgespielt wird – ein glücklicherweise rückläufiges Regressionsmotiv, mit dem in den 80er Jahren Lernanstrengungen unterlaufen wurden –, so verbindet sich der Ruf nach Handlungsorientierung doch immer noch häufig mit der Forderung nach „Ganzheitlichkeit". Oft spiegelt dieser Begriff nichts weiter als die inzwischen obligat gewordene Einsicht, daß der Kognitionsbegriff nicht mehr ohne eine methodische *Vielfalt* zu denken ist, die alle Sinne anspricht, ästhetische und leibliche Erfahrungsdimensionen in Lernprozesse einbindet. Dennoch befördert die Rede von der Ganzheitlichkeit immer noch auch pädagogische Allmachtsphantasien, mit denen die Schule sich therapeutisch-moralisch ermächtigt, den Zugriff auf die Kinder und Jugendlichen zu totalisieren, statt „intelligente Selbstbegrenzung" gegen die subjektiven Selbstüberlastungsansprüche zu fördern und eine „Kunst der Trennung" für die Entwicklung von Unterscheidungs- und Urteilsvermögen fruchtbar zu machen.[5]

Für den Religionsunterricht ist die Frage nach Handlungsorientierung in dieser Situation auf besondere Weise zu präzisieren. Allein mit der Abgrenzung gegen die Vermittlung toten Lernstoffes läßt sich religionspädagogisch kein reformerischer Funke mehr schlagen. Spätestens mit der „empirischen Wende" am Ende der 60er Jahre ist die lebensweltliche Orientierung des Religionsunterrichts zu selbstverständlich geworden, als daß sich damit noch sein Profil schärfen ließe. Andererseits: In der Religion geht es auf besondere Weise immer um „das Ganze" des Menschen und der Welt. Zugleich aber ist dieses Ganze in der jüdisch-christlichen Tradition unter dem Aspekt des Bilderverbotes dem begrifflichen und handelnden Zugriff entzogen; der Mensch als Geschöpf und Ebenbild Gottes ist in der christlichen Religion sich selbst zu seinem eigenen Besten entzogen. „Leben", „Handeln", „Ganzheit" sind also hinsichtlich des Religionsunterrichts noch einmal genauer zu bedenken, als es für das schulische Lernen ohnehin gilt.

Schwundformen der Schulreligion und die Wiederkehr des Religiösen

Es ist noch nicht lange her, daß die Mehrheit der Religionslehrerschaft den Begriff „Säkularisierung" als Schlüsselbegriff nannte, wenn das gesellschaftliche Umfeld des Religionsunterrichts ausgeleuchtet werden sollte. Die Kälte einer religionslos werdenden Welt: Unter dieser Prognose konnte die Religionspädagogik – sei es offensiv, sei es defensiv – auf Dietrich Bonhoeffers These vom religionslosen Christentum zurückgreifen, auf seine Aufforderung, den Glauben an Gott in eine Welt hineinzubuchstabieren, in und mit der auch die Christen zu leben hätten „etsi deus non daretur – als wenn es Gott nicht gäbe". So hatte man sich also vor allem des Beitrags zu erinnern, mit dem die Wirkungsgeschichte des christlichen Glaubens selbst in die neuzeitliche Säkularisierungsdynamik verstrickt war – jenes Beitrags zur profanen Verweltlichung der Welt, der sich schon auf den ersten Seiten der Bibel ankündigt, wenn der altantiken Kosmosfrömmigkeit nüchtern entgegengehalten wird, daß es sich bei Sonne, Mond und Sternen keineswegs um Gottheiten, sondern um Lampen handelt.

Unter diesen Voraussetzungen wurde unter Religionspädagogen kaum noch von *Religion* gesprochen – jedenfalls nicht von Religion, die sich der Begegnung mit Manifestationen des Heiligen verdankt, nicht von jenen leiblich-konkreten Formen der Religion, in denen Lob und Klage, Bitte und Dank uns *gestaltet* überliefert werden und die bei uns neue *Gestaltungen* evozieren können.[6] Gerade diese Gestalten von Religion lassen sich nicht restlos und gar verlustfrei ins Medium argumentativer Rede, in die Plausibilitätsmuster reflexiver Rationalität übersetzen. Ästhetik und Liturgie blieben weitgehend aus der Religionspädagogik ausgeblendet – damit aber auch jene Erfahrungsdimensionen, aus denen religiöse Lebensformen erwachsen können, in denen allererst der kognitiv-distanzierte, gleichsam ethnologische Umgang mit Religion als einem bestenfalls interessanten, mehr oder weniger disponiblen Traditionsfundus aufgesprengt werden könnte. Es drohte das Bewußtsein dafür verloren zu gehen, daß nicht einfach wir die Religion ergreifen können, sondern daß wir uns von der Religion ergreifen lassen müssen,[7] wenn sie denn mehr sein soll als ein steriles Bildungsgut im Ensemble anderer kulturhistorischer Bildungsgegenstände.

Vor diesem Hintergrund gediehen geschrumpfte Reduktionsformen des Religiösen. Die kritische Intention funktionalistischer Religionstheorien wurde ins Positive gewendet. Konservativ, indem unter dem Vorzeichen eines angeblichen Werteverfalls religiöse Traditionsbestände daraufhin befragt wurden, was sie denn vielleicht doch noch an gesellschaftlichen Integrationsmechanismen zu bieten hätten. Dieser funktionale Zugriff setzt sich bis heute fort, wenn unter dem allenthalben grassierenden Stichwort „Werteerziehung" Religion als Sinnressource und als Lieferant sozialen Kitts verwertet werden soll. Die progressive Variante einer Ethisierung des Christentums unterscheidet sich davon allerdings weniger, als ihren Vertretern lieb sein kann[8], auch wenn sie ihr Interesse auf Emanzipation und Selbstverwirklichung abstellen. Für den Religionsunterricht lag hierin freilich eine Verlockung. Insofern er als Ethikunterricht konzipiert wurde, schien er ja einem grundsätzlichen Dilemma entgehen zu können; dem Dilemma nämlich, unter den Bedingungen eines scheinbar weitgehenden Schwundes von Transzendenzerfahrungen dennoch religiöse Motive soweit als möglich im Medium von Reflexion und argumentierender Rede zu thematisieren.

Jedoch: Ein Religionsunterricht, der den christlichen Glauben wie jedwede Religion auf Ethik reduziert, blendet den einfachen und sogar aus der distanzierten religionswissenschaftlichen Perspektive erkennbaren Sachverhalt aus, daß Religion *vor* aller Ethik Apokalyptik ist[9], Aufdeckung eines Weltverhältnisses, in das wir Menschen gestellt sind. Ohne eine Welt*deutung* stehen moralische Regeln appellativ im leeren Raum. Dies ist ja die – durchaus auch philosophisch nachvollziehbare – Kritik des christlichen Glaubens an den Illusionen neuzeitlicher Ethiken, die da meinen, den Anspruch des Unbedingten ohne die Erfahrung des Unverfügbaren geltend machen zu können. Diese Kritik läßt sich übrigens einsichtig machen, auch ohne vorschnell und steil den Unterschied zwischen Evangelium und Gesetz in Anschlag zu bringen – eine Unterscheidung, ohne die aber immerhin eine christliche Religionspädagogik grundsätzlich nicht wird auskommen können. So viel läßt sich an dieser Stelle schon sagen: Wenn von Handlungsorientierung im religionspädagogischen Zusammenhang geredet wird, muß damit *mehr* ins Spiel gebracht werden als ein ethisches Verhaltenskonzept, mehr als die handlungspraktische Einübung von Verantwortungsregeln.

Nun stößt die Wirksamkeit eines moralisierenden Religionsunterrichts, je lauter der Ruf nach Werteerziehung mit dieser Wirksamkeit rechnet, heute auf noch engere Grenzen als schon bislang. Wir werden seit einigen Jahren Zeugen einer Verschiebung der eingangs genannten Problemkonstellationen. Der analytische und prognostische Gehalt des Säkularisierungstheorems erweist sich gegenwärtig als – zumindest – differenzierungsbedürftig und als – zumindest – ergänzungsbedürftig. Ich spreche die in doppeltem Wortsinn unübersehbare „Renaissance des Religiösen" an. In überraschenden Kontexten kursiert heute das Wort „Spiritualität". Die raffinierte Ästhetik der Werbeclips bedient sich eines breiten Repertoires religiöser Symbole, von denen man doch annehmen durfte, sie seien für die große Mehrzahl der Konsumenten ohne jeden Bedeutungsgehalt. Im Katalog der „colours of Benetton" wird jedenfalls traditionellen religiösen Zeichen der gleiche provokative Reiz zugerechnet wie dem blut-verschmierten Hemd des gefallenen bosnischen Soldaten. Die Lektüre von Klein-anzeigen in bunten Großstadtmagazinen ähnelt mehr und mehr einem lexikali-schen Durchgang durch die Welt der Meditationspraktiken und Geistheilungs-techniken. Die Texte der Pop-Musik bieten religiösen Stoff in einer Fülle, wie sie kaum ein Religionslehrer seinen Schülern mehr zuzumuten wagte. Die Re-gale der Buchhandlungen bersten vor esoterischer Literatur und kaum noch überschaubaren Folgen der unendlichen Geschichte der Wahrheit über die Qum-ran-Texte. Kaum ein Politiker gleich welcher Couleur spricht bei ökologischen Themen nur von der Natur – es muß mindestens die Floskel von der „Bewah-rung der Schöpfung" bemüht werden. Aber auch jenseits des Trivialen: Vor unseren Augen werden die Physiker wieder fromm und basteln an den hölzer-nen Eisen erbaulicher naturwissenschaftlicher Theorien. Wenn Stephen Haw-king über den Urknall und die schwarzen Löcher nachdenkt, tut er es nicht unterhalb des Anspruchs, den Gedanken Gottes auf die Schliche kommen zu wollen. In den nüchternen Diskursen der soziologischen Kommunikationstheo-rien ist ein neuer hoher Tonfall vernehmbar – das Verständigungsapriori wird in der Konfrontation mit religiösen Erlösungsmotiven begründet und zugleich hin-sichtlich seines Heilsversprechens begrenzt – unter „eschatologischen Vorbe-halt" gestellt. Und selbst das Feuilleton der „Frankfurter Rundschau", einst eine Bastion religionskritischer Hardcore -Aufklärung bietet – nicht immer, aber immer öfter – unter dem Signum „negative Theologie" Aufschluß über die jü-disch-christlichen Wurzeln der Kritischen Theorie. Ich lasse es einmal bei die-sen Andeutungen, die natürlich genauerer Ausführung bedürften. Es sollte aber deutlich geworden sein, daß sich die „Renaissance des Religiösen" nicht auf bestimmte Subkulturen und Milieus eingrenzen läßt, daß sie sich facettenreich und auf höchst unterschiedlichen intellektuellen Niveaus darstellt, jedenfalls *nicht nur* als kulturelle Regression abwerten läßt.

Zeitdiagnostisch scheint mir die „Renaissance des Religiösen" höchst aufschluß-reich zu sein. Schon der mit dem Datum 1968 gekennzeichnete kulturelle Um-bruch verband ja eine letzte Spätblüte des modernen Fortschrittspathos' auf höchst widersprüchliche Weise mit dem Bewußtsein, daß eine auf instrumentelle Ratio-nalität und auf Projekte technischer Machbarkeit gegründete Moderne nicht nur an ihre Grenzen stößt, sondern mit bislang ungekannter Barbarei schwanger geht. Was in der ersten Hälfte des 20. Jahrhunderts noch den Einsichten der avancier-testen Denker vorbehalten blieb – ich nenne nur Max Webers schwarzen Befund vom „stählernen Gehäuse der Hörigkeit" und die nicht minder düstere „Dialektik der Aufklärung" von Horkheimer und Adorno – drang nach 1968 im Angesicht der ökologischen Krise ins allgemeine Bewußtsein ein. Durchs Ozonloch fällt ein scharfes Licht auf die moderne Zivilisation; dem kann sich insbesondere die nachwachsende Generation nicht entziehen, die ohne sentimentale Jugenderinnerungen an das „Projekt Moderne" auszukommen hat. Wenn Friedrich Kambartels prägnante Formel von der Religion als der „Kultur des Verhaltens zum Unverfügbaren" richtig ist, kann unter den kurz dargestellten Prämissen die „Renaissance des Religiösen" nicht überraschen. Für eine das Christentum *als Religion* thematisierende Theologie verschieben sich damit ihre Problemkonstellationen: Im Vordergrund kann nicht länger die Bemühung stehen, die Anschlußfähigkeit des christlichen Glaubens an das moderne Bewußtsein nachzuweisen, indem der christliche Glaube selbst als eine der wesentlichen Inspirationsquellen der modernen Freiheits- und Emanzipationsgeschichte reflektiert wird. Vielmehr muß die christliche Religion ist zeitkritisches Potential zur Geltung bringen, indem sie die Gründe der Krise der Moderne aufzudecken hilft – aber ohne sich einfach auf die andere Seite zu schlagen und auszublenden, wie weit sie selbst in jene Hoffnungsgeschichte involviert bleibt, die mit dieser Krise nicht einfach aufzukündigen ist. In dieser Ambivalenz befände sich der christliche Glaube übrigens in guter Nachbarschaft zu den selbstaufklärerischen Strömungen der Aufklärung, die – wie bei Kant – immer schon die *Grenzen* menschlichen Denk- und Handlungsvermögens stark zu machen versuchten, ohne als Preis dafür die Subjekte schwach zu machen. Für die Religionspädagogik wäre damit der Blick auf die Ambivalenzen der „Renaissance des Religiösen" geschärft: *Weder* kann sie die jugendlichen Sehnsüchte nach neuer Spiritualität einfach als esoterische oder gar sektenhafte Regressionen pauschal denunzieren, *noch* darf sie die neoreligiösen Aufbrüche kurzerhand für sich selbst in Beschlag nehmen. Denn es bleibt ja unübersehbar: Die „Renaissance des Religiösen" lebt bei Jugendlichen – und nicht nur bei Jugendlichen – von Elementen und Motiven frei vagabundierender Religiosität, die zu rasch wechselnden Collagen verbunden werden. Das Interesse richtet sich dabei vornehmlich darauf, welche religiösen Deutungsmuster nach der Entzauberung der modernen Mythenentzauberung – im Anschluß an Max Weber kann die Moderne selbst als Entzauberungsmythos bezeichnet werden – Wiederverzauberungsbedürfnisse befriedigen. Die religiösen Traditionslinien verschwinden weitgehend hinter den frei kompilierten Versatzstücken aus unterschiedlichsten Traditionen. Insofern bleibt der mit der Säkularisierungsdiagnose verbundene Befund vom Traditionsabbruch weiterhin unter veränderten Vorzeichen aktuell. Das Christentum bleibt weitgehend eine Fremdreligion, auch wenn seine Hintergrundthematik neu präsent und damit neu thematisierbar ist.

Die Analyse dieser neuen Problemkonstellation, mit der der Religionsunterricht zu rechnen hat, erhält eine weitere Kontur, wenn wir sie mit den seit Ulrich Becks „Risikogesellschaft" in die öffentliche Aufmerksamkeit gerückten Individualisierungsprozessen in Zusammenhang bringen. Ich greife hier nur zwei Aspekte heraus: Zum einen den wachsenden Zwang zur *Wahl*biographie, der auch im Hinblick auf religiöse Welt- und Selbstdeutungen ein reflexives Wahlverhalten nach sich zieht. Zum anderen die Auflösung traditioneller sozialer und kultureller Milieus und der diese Milieus zusammenhaltenden unhinterfragbaren Selbstverständlichkeiten. Selbstverständlich gültig ist heute nichts mehr, alles ist der Reflexion und der Wahl unterworfen – an diesem Faktum kommt schon gar nicht der christliche Glaube vorbei und jede Predigt und jeder Religionsunterricht muß sich daran messen lassen.

Der Gegenstand des Religionsunterrichts ist die Erschließung von Religion

Zwischen den beiden Polen *individuellen* Glaubens und *kirchlichen* Christentums – darauf laufen die Individualisierungstheorien hinaus – wird zunehmend die *lebensweltliche Mitte* zerrieben. Es versiegt der überindividuelle und nichtinstitutionelle Traditionsfluß, weil die sozialen Felder der Familie und der kulturellen und konfessionellen Milieus keine traditionsgenerierende Kraft, auch nicht mehr die Kraft zur personalen Verinnerlichung aufbieten. Das Pendant zur *Individualisierung* des Glaubens ist also – nicht als vormodernes Relikt, sondern gerade als religionssoziologisches Signum der Spätmoderne – die drohende *Klerikalisierung* des Glaubens. In der liberalen Variante: Die Kirchen werden zu Anstalten zur Pflege der religiösen Kulturtradition; in der fundamentalistischen Variante: Die Kirchen werden zu Hütern eines Bestandes an Wahrheiten, die auf keine außerkirchlichen Resonanzen mehr treffen.
Nun wird der Religionsunterricht an öffentlichen Schulen diese Erosion der lebensweltlichen Mitte auch nicht annähernd kompensieren können. So viel aber läßt sich schon sagen: Obsolet wird die – in dieser Form wahrscheinlich immer schon problematische – Arbeitsteilung, wonach es in der Kirche und der sog. „Gemeindepädagogik" um gelebte Religion und um die Vermittlung existentieller religiöser Erfahrungen zu gehen habe, das Ganze im Modus der Verkündigung, und der Schule dann deren reflexive Aufarbeitung zufalle.[10] Wenn heute noch gelegentlich von eher älteren Religionslehrern zu hören ist, sie würden sich im Religionsunterricht darum bemühen, „religiöse Verkrustungen" aufzubrechen, sind dahinter in der Regel Projektionen der eigenen biographischen Befreiungserlebnisse zu vermuten, mit denen während des Theologiestudiums die binnenkirchlichen oder familiär erworbenen rigiden Frömmigkeits-

formen „entmythologisiert" wurden. Mit solchen Sozialisationsmustern ist aber heute kaum noch zu rechnen. Umso wirkungsloser wird ein sich von Text zu Text, von Arbeitsblatt zu Arbeitsblatt schleppender Relgionsunterricht. Der dann oft gewählte Ausweg aus den damit verbundenen Frustrationserlebnissen führt nur noch tiefer ins Dilemma – wenn nämlich unter Berufung auf das Prinzip der Schüler- und Erfahrungsorientierung die *Themen* der Text- und Arbeitsblätter sich so weit verschieben, daß die berühmt-berüchtigte Schülerfrage, was das alles denn mit Religion zu tun habe, ihre Berechtigung findet. Indem der Überschuß religiöser Formen verschenkt wird, werden zugleich die Inhalte unkenntlich.

Dem Religionsunterricht, das ist meine These, stellt sich heute die Aufgabe, Zugänge zu Phänomenen der Religion allererst zu erschließen. Angesichts des diffusen religiösen Interesses bei einer wachsenden Zahl von Kindern und Jugendlichen stellt sich damit zugleich die Aufgabe, religiöse Phänomene bearbeitbar und explikationsfähig zu machen – und zwar nicht nur textlich und sprachlich. Denn das religiöse Interesse richtet sich heute immer schon auf religiöse Vollzüge, in wie auch immer rudimentären und depravierten Formen: Von okkulten Praktiken über ästhetisierende (Selbst)inszenierungen bis zu den quasigottesdienstlichen Feiern und Ritualen der Popkultur. Es versteht sich von selbst, daß dabei eine kognitiv-religionskritische Bearbeitungsperspektive nicht ausgeschlossen bleiben darf. Bloße Affirmation verbietet sich schon aufgrund der leichtgläubigen positiven Voreingenommenheit für die bizarrsten Praktiken und absurdesten Vorstellungen, sofern sie sich nur möglichst stark von dem unterscheiden, was – immer noch – unter religiöser Konvention verstanden wird. Es muß also beides zusammengehen: Der Aufbau religiöser Entfaltungen und der Aufbau einer elementar-theologischen Urteilsfähigkeit gegenüber dem religiösen Kitsch, den Inkohärenzen der Patchworkreligionen, aber auch gegenüber den ebenfalls erstarkenden rigiden Fundamentalismen. Hierher gehört dann auch die Aufklärung, die nicht nur religionswissenschaftlich, sondern vom Evangelium her an den Selbstmißverständnissen zu leisten ist, denen die „Renaissance des Religiösen" unterliegt. Denn so sehr sie als Reaktion auf den elementaren Mangel an einer „Kultur des Verhaltens zum Unverfügbaren" zu verstehen ist, bleibt sie doch noch viel zu häufig in den Selbsterlösungsvorstellungen befangen, die das religiöse Pendant der modernen Machbarkeitsphantasien sind.

Der Religionsunterricht, so kann man meine These wenden, hat verstärkt mit Problemen zu tun, „die da entstehen, wo der Glaube nur mehr ausgelegt und 'verteidigt', aber nicht mehr gemeinschaftlich gelebt wird".[11] Religiöses Bekenntnis geht nicht in Diskursen auf, sondern bedarf des Rückhalts von Lebensformen. Ohnehin ist die Wirksamkeit von Diskursen ohne solchen Rückhalt sehr begrenzt – das zeigt sich etwa an der Folgenlosigkeit appellativen Redens über die Probleme der ökologischen Ethik. Es geht aber nicht nur um die Reichweite von Wirkungen, sondern um ein *hermeneutisches* Problem. Das Evangelium ist ja nicht nur ein bewußtseinsphilosophisch beschreibbares Phänomen. Es bedarf der gestalteten Form, der – um mit Schleiermacher zu reden – Darstellung und Mitteilung des Glaubens. Begreifbar wird christliche Religion nur als kommunizierte, gestaltete, gefeierte Religion. Und weil der *Gebrauch* von Symbolen und Zeichen ihrer kritischen Reflexion *vorausgehen* muß[12], läuft die Erschließung der thematischen „Gegenstände" des Religionsunterrichts auf ein abstraktes reduktionistisches Verfahren hinaus, wenn man sich nicht in ihren *Vollzugssinn* hineinbegibt. Musik ist ein Geräusch, solange ich mich nicht in ihren Vollzugssinn stelle. Liebe ist eine Funktion der Drüsensekretion, solange ich sie nicht erlebe und erleide. In vollzugsfremder Einstellung verschwindet die Musik, die Liebe, die Religion.

Die Konkretion religiöser Vollzüge schärft die Einsicht, daß es außerhalb der Grenzen empirischer Religion keine allgemeine Religiosität gibt, es sei denn als abstraktes religionswissenschaftliches Konstrukt. So wenig der Religionsunterricht Religion in einem geschlossenen, materialen Bildungskonzept objektivieren, also reduktionistisch behandeln darf, so sehr ist die religiöse Bildung andererseits „nur im Hinblick auf die Gestalt einer empirischen Religion möglich. Nur so gewinnt sie überhaupt bildende Funktion."[13]

Der Religionsunterricht soll zum Gebrauch von Religion befähigen

Angesichts der schwindenden Bindungskräfte der empirischen Religion – im Hinblick auf das Christentum: der konfessionell verfaßten Kirchentümer – ist auf den ersten Blick der Gedanke naheliegend, Konfessionalität und schulischen Religionsunterricht zu entkoppeln, also einen allgemeinen Religionsunterricht für alle Schüler einzurichten, ohne Abmelderecht und ohne Ersatzfach. Wenn aber die Kritik an den kognitiven Verengungen des herkömmlichen Religionsunterrichts auch nur im Ansatz berechtigt ist, dann ist dieser Ausweg sogleich wieder verstellt – und ich lasse an dieser Stelle einmal alle anderen Aspekte, die im Zusammenhang mit der Konfessionalität des Religionsunterrichts und der Geltung des Art. 7,3 GG zu erörtern wären, außer acht. Denn ein allgemeiner Religionsunterricht könnte seinen Gegenstand gar nicht anders als unter religionskundlichem Blickwinkel bearbeiten, in objektivierend-distanzierter Neutralität. Und zwar nicht nur aus wissenschaftstheoretischen und didaktischen Gründen, sondern weil eine allein staatlich verantwortete Religionskunde aufgrund Art. 4 GG enge Grenzen im Hinblick auf die Glaubens- und Bekenntnisfreiheit zu respektieren hätte. Das ändert sich auch dann nicht, wenn in diesem Zusammenhang für eine Mitverantwortung aller, also nicht nur der christlichen Religionsgemeinschaften plädiert wird, und zugleich auf die wachsende Notwendigkeit eines interreligiösen Dialogs verwiesen wird. Denn ein explikationsfähiger Gegenstand käme auf diese Weise nicht zustande, ganz zu schweigen davon, daß im Hinblick auf den interreligiösen Dialog die Schule als *Unterrichtsschule* heillos überfordert wäre. Nicht nur aus pädagogisch-didaktischen Gründen kann die Schule nicht etwas leisten, was es in der Gesellschaft noch gar nicht gibt. Vor allem kann der Dialog kein Medium der Wahrheitsfindung sein. „Interreligiöser Dialog setzt nicht nur prozedural 'Dialogfähigkeit' voraus, sondern jeweils Überzeugungen, die in den Dialog eingebracht werden und in denen der Dialog mündet. Diese Überzeugungen stehen aber nicht zur Disposition eines Konsenses".[14] Dialoge sind nicht ohne die Möglichkeit *bleibender* Differenzen denkbar. Nicht der Konsens, sondern die Anerkennung der Differenz ist der Ernstfall der Toleranz. Gerade wenn man nicht von einem doktrinären Wahrheitsverständnis der Religion ausgeht, geschieht auch die theoretische Erfassung der Wahrheit auf zweierlei Weise, als Lebensregel und als Bekenntnis, also nicht jenseits religiöser Vollzüge.[15]

Handlungsorientierung als ein Prinzip des Religionsunterrichts an öffentlichen Schulen läßt sich nun etwas grundsätzlicher bestimmen. Ich wechsele dazu die Perspektive und argumentiere vom Standpunkt des Staates und seiner Verfassung: „*(1) Die Freiheit des Glaubens, des Gewissens und die Freiheit des religiösen und weltanschaulichen Bekenntnisses sind unverletzlich. (2) Die ungestörte Religionsausübung wird gewährleistet.*" *(*Art. 4 GG) Diese Grundrechte begrenzen den Staat auf die Rolle weltanschaulicher Neutralität. Sie begrenzen damit aber *nicht* die Religion auf den Status einer Privatangelegenheit, schon gar nicht – wie in der ehemaligen DDR – mit der Absicht, sie als Privatsache öffentlich wirkungslos zu machen. Die aktive Inanspruchnahme dieser Grundrechte zielt vielmehr auf die Konstitution eines zwischen Staat und Privatsphäre ausgespannten Raumes pluraler Öffentlichkeit, in dem es um mehr geht als um den Austrag politisch-pragmatischer Sachkontroversen und um deren formale Verfahrensregeln. Zwar haben Absolutheitsansprüche im öffentlichen Raum der res publica nichts zu suchen. Doch schließt die Bildung politischer Partizipationsfähigkeit die Einsicht ein, daß die pluralistische Demokratie ihre regulativen Ideen und Grundwerte aus sich selbst weder hervorbringen noch garantieren kann. Sie sind zwar weltanschaulich neutral formuliert, ihre jeweilige Anerkennung durch die einzelnen Staatsbürger verlangt aber mehr als Klugheitserwägungen, denn die Gründe der Selbstachtung und der moralischen Integrität verlangen, die Motive dieser Anerkennung an den je eigenen Selbst- und Weltdeutungshorizont anschließen zu können, und zwar ohne den Zwang eines öffentlichen Konsenses.

Von historisch-politischer Bildung ließe sich sagen, sie ziele ab auf Urteilsfähigkeit und Partizipationsfähigkeit in öffentlichen Angelegenheiten, im Bewußtsein der gegenüber Absolutheits- und religiösen Unbedingtheitsansprüchen gezogenen Grenze. Aber auch hier sind unsere Fragen an der Grenze nicht zum Verstummen zu bringen. Man muß dazu gar nicht nur an Extrembeispiele wie den § 218 denken. Es ist nun ein Unterschied, ob Schüler im Bedenken dieser Grenze für den angemessenen Umgang mit den über die Grenze hinausreichenden Fragen gebildet werden – das sollte auch jeder demokratischen politischen Theorie gelingen – oder ob ihnen der angemessene Ausdruck eines religiösen Bekenntnisses erschlossen werden soll. Eben dies ist im Vergleich mit der historischpolitischen Bildung eine zentrale Aufgabe des Religionsunterrichts an öffentlichen Schulen: Er soll die Möglichkeit öffnen, Religion *in Gebrauch nehmen* zu können, also zur aktiven Inanspruchnahme der in Art. 4 garantierten Grundrechte befähigen und damit gleichsam einen Beitrag für die Ressourcenquelle und den Resonanzkörper leisten, die der öffentlichen Debatte über politische Fragen vorausliegen und sie überwölben. Wenn das zu funktionalistisch klingt, läßt sich auch anders sagen: Der Religionsunterricht leistet damit einen Beitrag dafür, daß die Menschen die sie bewegenden persönlichsten Fragen nach Maßstäben und Kraftquellen gelingenden Lebens nicht dem Forum demokratischer Debatte und Abstimmung ausliefern, sie aber gleichwohl zu ihren politischen Überzeugungen und Aktivitäten als Staatsbürger in Beziehung setzen können. Angesichts der bedrückenden Vision, demokratische Mehrheitsbeschlüsse könnten elementare Menschenrechte abschaffen, droht es zur Überlebensfrage zu werden, wie eine aufgeklärte Gesellschaft jenen Anspruch der Wahrheit in Erinnerung und aufrecht erhält, der sich politischer Meinungsbildung entzieht.[16] In der Überschreitung religionskundlicher Distanz muß der Religionsunterricht auch Anwalt der Wahrheitsfrage sein – und als Anwalt des Unverfügbaren wird er das können, ohne damit Absolutheitsansprüche zu befördern.

Es ist entscheidend für die Befähigung, das Grundrecht der Bekenntnisfreiheit wahrzunehmen, daß damit *mehr* als die Teilnahme am öffentlichen Räsonnement über Religion intendiert ist. Dafür würde die distanzierte, objektivierende Sicht einer allgemeinen Religionskunde durchaus genügen. Diese Dimension kommt im Religionsunterricht *auch* zu ihrem Recht, und insofern schließt er selbstverständlich die kognitiv-reflexive Ebene der Überprüfung von Argumenten ein. Überhaupt wird das religionspädagogische Proprium als die *Perspektive*, unter der Themen und Problemkonstellationen bearbeitet werden, nicht dadurch wirksam, daß es unablässig explizit thematisiert wird. Und die Erschließung religiöser Praxis wird sich nicht daran messen lassen dürfen, wie weit sie den Religionsunterricht quantitativ-zeitlich dominiert. Es geht, wie gesagt, um die Veränderung einer Perspektive, in der dann auch die jetzt schon üblichen Themen und pädagogischen Praxisformen in ein anderes Licht rücken werden. Jedenfalls würde ohne die Bemühung um Plausibilität die Kritikfähigkeit, von der gegenüber den neo-religiösen Suchbewegungen die Rede war, gar nicht zum Zuge kommen. Aber Bekenntnis, confessio, schließt mehr ein. Es ist nicht gleich an die prophetische Aura des „Hier stehe ich ich kann nicht anders ..." zu denken. Kein Authentizitäts- und Betroffenheitskult soll gepflegt werden, sondern der Glaube soll expliziert werden, und zwar mit Leib, Seele und Verstand.

Religionsunterricht als Feld religiösen Probedenkens und Probehandelns

Was bedeuten diese Überlegungen nun für den Religionsunterricht an einer Schule, die zunehmend weniger über die Inhalte und die Gestaltung von Unterricht allein definiert werden kann, die immer stärker zum Aufenthaltsort der Kinder und Jugendlichen geworden ist, ohne bereits in ausreichendem Maße ein gestalteter sozialer Lebensort geworden zu sein? Ich wende den Blick nicht kurzerhand öffnend nach außen und schließe nicht an jene Konzepte an, die im Extrem auf die romantische Abschaffung der Schule hinauslaufen. Das emphatische „Leben", dem die Schule sich nach manchen reformpädagogischen Konzepten öffnen soll, ist so unschuldig ja auch nicht. Und schulisches Lernen wird immer darauf angewiesen bleiben, daß die Unmittelbarkeiten des Lebens durch Moratorien unterbrochen werden. Nur durch die reflexive und ästhetische Brechung der Alltagsrealität sind Lernprozesse denkbar, die sich nicht affirmativ „dem Leben" ausliefern. Bildung bleibt ein kontrafaktisches Unternehmen. Sie hat ihre Lerngegenstände nicht in und an der Wirklichkeit von alleine, sondern bedarf des Umwegs, der Verfremdung, der kognitiven Dissonanz. Das vermeintlich Vertraute wird erst gesehen, wenn es unvertraut gemacht wird. So muß der Lehrer *auch* der Repräsentant des Andersartigen, Fremden sein und die „Welt" entkonventionalisieren, bevor sie vermittelt werden kann.[17] Das sind allgemeine lerntheoretische und didaktische Standards, die im lauten Ruf nach der Öffnung der Schule nicht überhört werden sollten. „Lebensnähe, freiere Sozialformen, Ganzheitlichkeit gehören ... selbst bereits ... zum 'progressiven Alltag' der meisten Normalschulen. Lebensnähe, freiere Sozialformen, Ganzheitlichkeit sind ironischerweise keine erfrischenden Gegenprinzipien mehr, die man heute noch triumphierend-fordernd der Schulrealität entgegenhalten könnte. Sie sind selbst insoweit kalt gewordener Kaffee, als sie von kulturellen Modernisierungstendenzen längst eingeholt, überholt und damit trivialisiert worden sind. Alles schon zu kennen, alles zu zerstreuen, alles auf sich zu beziehen ist bereits das Gewohnte".[18] Unterricht, der Lernchancen eröffnen soll, hat sich als künstlich-kunstvolles Inszenierungsgeschehen gerade von der Formlosigkeit des Alltagslebens zu unterscheiden. Es ist ja gerade die Pointe didaktischer Strukturen, daß Lerninhalte im Gegensatz zur traditionellen Hermeneutik nicht einfach mitgeteilt, aber auch nicht einfach in einem unstrukturierten Erfahrungsraum herausgefunden werden. Sie müssen vielmehr allererst *dargestellt* werden; in der relationalen Struktur des „didaktischen Dreiecks" zwischen Lehrenden, Lernenden und Lerngegenständen werden die Gegenstände jeweils *neu erschaffen*.[19] Das traditionelle Modell des Lesers, der einen Text so versteht, wie dieser verstanden wissen will – als existiere eine Textintention unabhängig von jeweils unterschiedlichen Rezeptionen –, hat didaktisch ausgedient. Darstellungsformen sprechen eigene Sprachen: Damit muß bewußt, *inszenatorisch*, umgegangen werden. Unterrichtsinhalte gibt es nicht anders als in bestimmten Präsentationsformen. Wahrscheinlich gibt es keine langweiligen Inhalte, sondern nur langweilige Inszenierungstechniken. Unterrichtsgegenstände müssen signifikant gemacht werden – fraglich, auffällig, streitbar gestaltet werden –, statt daß von ihnen Antworten auf nicht gestellte Fragen erwartet werden.[20] Zudem entsteht die Inszenierung von Unterricht nicht so sehr durch die Zergliederung von Lernstoff, sondern dadurch, daß Schüler die Chance erhalten, von Statisten zu Hauptdarstellern zu werden, und zwar nicht, indem sie sich selbst spielen, sondern in Rollen neue Erfahrungen erschließen. Dabei werden Tätigkeiten entbunden und Produkte hergestellt, nicht aber Gegenstände lediglich reproduziert.[21] Bildende Lernprozesse sollen die Subjekte unterstützen, der sozialen und psychischen Faktizität etwas entgegenzusetzen, und eben deshalb ist der höchste Realitätsdruck selten der günstigste Lernkontext.[22] Das gilt auch für die Forderung nach Motivation durch „Betroffenheit". Wo nur das interessiert, was mich betroffen macht, geht mit dem Reiz des Fremden zugleich die kritische Distanz zur Realität verloren. Betroffenheit stellt die Schüler mit dem Rücken an die Wand. Wir dürfen nicht nur *sozialisationstheoretisch* danach fragen, was Jugendliche im Leben „brauchen", um sie dann dem Sog der Modernisierungsprozesse auszuliefern. Wir müssen *bildungstheoretisch* danach fragen, wie mit den Ambivalenzen der kulturellen Modernisierungen verfahren werden kann, ohne daß die regressiven Sicherheitsbedürfnisse die Oberhand gewinnen.[23] Es liegt auf der Hand, daß mit dieser allgemeinen Fragestellung

unmittelbar jene spezifischen Phänomene berührt werden, die religionspädagogisch zu bedenken sind. Als Anwalt des Unverfügbaren hat der Religionsunterricht kontrafaktisch jener Realität etwas entgegenzusetzen, die am Ende der
modernen Machbarkeitsphantasien menschliches Denken und Handeln nur im
engen Rahmen selbstgemachter Sachzwänge zuläßt. Der Religionsunterricht
hat sich an der Gestaltung der Schule als einer „Proberealität" zu beteiligen,
einem Raum für „Probedenken" und „Probehandeln".

Eine solche „Proberealität" trägt der Tatsache Rechnung, daß Religion nicht
allein aus einer Außenperspektive verstanden werden kann. Natürlich: Als ge-
bildete, also zu Reflexivität befähigte Menschen nehmen wir immer zugleich
auch Außenperspektiven ein, können uns selbst auch im Vollzug zum Beispiel
einer liturgischen Handlung betrachten wie der Ethnologe die Regentänzer. Die
Fähigkeit und die Nötigung zur Selbstdistanz gehören zur Gewinn- und Ver-
lustbilanz kultureller Modernität und Pluralität. Niemand von uns – bei Lichte
besehen auch nicht der Fundamentalist – kann noch allein binnenperspekti-
visch eine Religion wahrnehmen. Aber niemand von uns kommt ohne eine reli-
giös-weltanschauliche Binnenperspektive aus. So könnte das Ziel religiöser
Bildung in der Fähigkeit zum situativ angemessenen Wechsel zwischen Außen-
und Binnenperspektive, gar zur lebensgeschichtlichen Gleichzeitigkeit von
Außen- und Binnenperspektive gesehen werden.

Der Soziologe Niklas Luhmann hat für beide Perspektiven eine prägnante Formulierung gefunden: Im Reden *über* Religion wird beobachtet, so Luhmann,
wie Religion die Welt beobachtet – die Außenperspektive. Im Vollzug einer
Religion *als* Religion wird die Welt beobachtet – die Binnenperspektive; aber
nicht als borniertes Schmoren im eigenen religiösen Saft, sondern als ein besonderer Blick auf die Welt, der neben andere Blicke auf die Welt treten oder
mit ihnen konkurrieren kann. Religiöse Bildung ohne Beachtung dieser welter-
schließenden Dimension von Religion ist wertlos. Sie bliebe für die Welt- und
Selbstdeutungsfähigkeit und damit für das Orientierungswissen von Schülerinnen und Schülern in der kulturellen Pluralität belanglos. Freilich ist der Vollzug
einer Religion in der Schule und in unterrichtlichen Lernprozessen wiederum
nicht *unmittelbar* möglich, nicht ohne reflexive Distanzspielräume. Sonst wäre
Religionsunterricht eben doch Kirche in der Schule, abgesehen davon, daß Lernprozesse nicht ohne kognitive Dissonanzen denkbar sind, Handlungsvollzüge
dabei immer wieder reflexiv unterbrochen werden müssen, gewissermaßen nach
dem Prinzip beobachtender Teilnahme – weder nur Teilnahme mit Haut und
Haaren, noch nur Beobachtung aus sterilem Abstand. Religiöse Bildung wäre
dann beschreibbar als ein Lernen durch Probedenken und Probehandeln. Dieser Lernprozeß kennt keinen Gesinnungs-numerus-clausus, keine Zugangsbe-

schränkung durch die vorab verlangte Zustimmung zu einem Glaubensbekenntnis. Der Satz „deus datur", es gibt Gott, hat in diesem Lernprozeß weder als Voraussetzung noch als Kriterium des Lernerfolges etwas zu suchen. Religiöse Bildung setzt sich aber ebensowenig der in den modernen Wissenschaften obligatorisch gewordenen Prämisse eines methodischen Atheismus aus: „Etsi deus non daretur" – als wenn es Gott nicht gäbe. Religiöse Bildung eröffnet vielmehr einen Blick auf die Welt unter einer Hypothese, gewissermaßen als Weltbetrachtungsexperiment: Wie könnte ich mich und die Welt neu sehen und verstehen, „etsi deus daretur" – als wenn es Gott gäbe. Unter dieser Perspektive ordnen sich die Konfigurationen von Ich, Leben und Welt neu und anders. Bestimmte Selbstverständlichkeiten geraten ins Wanken, werden verlernt. Solches Lernen öffnet Möglichkeiten des Glaubens; ob diese Möglichkeiten ergriffen werden, liegt nicht im Vermögen der Lehrenden.

Um ein Beispiel aus dem Schulalltag zu geben: In einer Unterrichtsstunde zum Thema „Okkultismus" in einer 8. Klasse projiziert der Religionslehrer ein Bild, auf dem Jugendliche beim Gläserrücken dargestellt sind. Nach einem kurzen Gespräch wird die Aufgabe gestellt, für die abgebildeten Jugendlichen Sprechblasen zu beschriften, auf denen die Fragen nach ihrer Zukunft formuliert sind, die sie beim Gläserrücken vermutlich beschäftigen. Die Klasse arbeitet zunächst durchaus lebhaft mit. Spätestens als die Sprechblasen an der Wand hängen, macht sich Leerlauf breit. Es entwickelt sich ein redundantes Gespräch, in dem nur noch einmal verdoppelt wird, was ja als eigener Erfahrungs- und Bewußtseinshorizont der Schüler schon schriftlich fixiert vorliegt. Auch die Frage, ob man denn wirklich wissen wollen solle, was die Zukunft an Unerwartetem bereithalte, gibt dem Gespräch keinen „Kick". Beunruhigung durch Kontingenz verschafft sich gegen die Schulalltagsroutine im Setting von Reden, Schreiben, Drüber-Reden gar keine Geltung.

In einer anderen Klasse verläuft die Stunde zunächst nach dem gleichen Plan. Nach einer ersten kurzen Gesprächsrunde über die Sprechblasen mit den Zukunftserwartungen erhält der weitere Fortgang aber durch eine ganz unspektakuläre kleine Drehung eine unerwartete Wendung. Nach dem Arbeitsauftrag „Formuliert jetzt die aufgeschriebenen Fragen an die Zukunft *in Bitten um*", entdecken die Schüler, daß die nun entstehenden Sprechblasentexte „eigentlich" Gebete sind. In einem ersten kurzen Gesprächsgang wird ansatzweise deutlich, was ich kurz auf sprachtheoretischer Ebene reformuliere: Der illokutionäre Gebrauch der Gebetssprache, also der Versuch, Gott zu einem bestimmten Handeln zu veranlassen, würde sich von der magischen Praxis, ein bestimmtes Zukunftsereignis herbeizuzwingen zu versuchen, kaum unterscheiden; aber schon in der Sprachform der Bitte scheint eine andere Umgangsweise mit Kontingenz auf, wodurch das perlokutionäre Selbstverständnis der Sprechenden das Gesagte im Vollzug des Gebetes wahr werden läßt – zwar nicht im Sinne einer garantierten Erfüllung der Bitten, wohl aber in dem Sinne, daß eine vertrauensvolle Beziehung zu Gott die *Einstellung* zur verborgenen Zukunft verändert. Es taucht dann am Ende der Stunde der Vorschlag auf, ein Gebetstext bedürfe doch einer besonderen sprachlichen Gestaltungsform. Denkbar wäre nun eine Fortsetzung der Arbeit mit den von der Klasse entwickelten Gebetsformularen im Sinne einer liturgischen Erprobung[24]: Was bedeutet gemeinsames Sprechen der Texte im Unterschied zum stillen, individuellen Murmeln? (Vergewisserung oder Uniformierung?); Welche Körperhaltung, welche Lautstärke und Stimmodulation paßt zum Text? (und wie drückt sich dabei Zustimmung oder Skepsis aus?); Wie ändert sich der Text durch Untermalung mit Rhythmusinstrumenten oder durch Vertonung? usw.

Diese Arbeit ist strikt zu unterscheiden von dem liturgischen Akt eines gemeinsamen Schulgebets. Aber mittels dieser probeweise Ingebrauchnahme einer religiösen Sprachform können die Schüler sich für die Möglichkeit religiöser Erfahrungen öffnen, ohne daß ihnen der Weg zurück in die skeptisch-analytische Distanz verbaut wäre. Religiöse Gestaltungsformen haben ihre eigenen Dynamiken, evozieren nicht nur bestimmte Atmosphären, sondern sind auch gesättigt mit Vor-Erfahrungen, aus denen heraus sie tradiert werden. Es ist weniger wahrscheinlich, daß ein über eine intellektuelle Einsicht oder eine existentielle Betroffenheit angestoßener religiöser Überzeugungsinhalt mittels religiöser Ausdrucksformen Mitteilbarkeit und Konstanz erhält. In dem Sinne, daß religiöses Lernen von außen nach innen verläuft, über Gewohnheiten und Gestaltungen schrittweise an religiöse Tiefendimensionen heranführt, kann man eher sagen: Wie das Sprachsystem allererst kognitive Erfahrungen konstituiert, konstituiert in analoger Weise das Religionssystem allererst religiöse Erfahrungen und verleiht ihnen nicht nur nachträglich Ausdrucksformen. Wer den Gebrauch religiöser Zeichen lernt, *wird* darüber – der Möglichkeit nach – religiös.

Handeln in der Schule als öffentlichem Raum

Mit der emphatischen Forderung nach einer Öffnung der Schule richtet sich der Blick in der Regel nach *außen*. Ich möchte nun stattdessen den Blick nach *innen* öffnen, und zwar auf das, was Thomas Ziehe „die Sozialität"[25] der Schule jenseits der Grenzen von Unterricht und Klassenzimmer genannt hat, einen öffentlichen Raum sui generis. Es stellt sich eine ganz ähnliche Konstellation dar, wie sie für die Erosion der lebensweltlichen Mitte des religiösen Glaubens zwi-

schen Individualisierung und Klerikalisierung erkennbar ist. Ziehe hat schon Mitte der 80er Jahre einen „Auraverlust" der Schule beschrieben, den Verlust eines gewissermaßen gratis vorhandenen Settings von institutionellen und kulturellen Regeln und Rollenarrangements, die *vor* jedem Unterrichtsgeschehen galten. Es ist höchst anstrengend, wenn demgegenüber Unterrichtsbedingungen jeweils neu *situativ* ausgehandelt und hergestellt werden müssen. Daß eine Weile alles, was an der Schule geschah, durchs Nadelöhr versprachlichter Subjektivität gezwängt werden zu müssen schien, ist ja vermutlich einer der Gründe für die seit den späten 80er Jahren begonnene pädagogische „Rituale"-Diskussion, der dieser Band gewidmet ist. Andererseits aber wurde die Schule im gleichen Zeitraum mehr und mehr ein institutionalisierter Apparat. Formen bürokratischer Verrechtlichung trocknen das kommunikative Handeln aus, auf das gerade Pädagogik doch angewiesen bleibt. So wird nach der Beobachtung von Ziehe die Sozialität von Schule zerrieben: Es verschwindet ein symbolisch strukturierter Raum *zwischen* ihrer Verdinglichung als Institution und ihrer Intimisierung unter dem Druck, situativ und subjektiv Verhaltenskontexte zu produzieren, zwischen psychologisch deutbarem Bedürfnis und administrativer Regel, ein Zwischenfeld von Wirklichkeits*wahrnehmung* und Wirklichkeits*gestaltung*. „Symbolische Ordnungen" sind an den Schulen in den 60er und 70er Jahren nicht nur durch bürokratische Verrechtlichung außer Kraft gesetzt worden. Ihr positiver Gehalt wurde vielmehr auch von Pädagogen systematisch unterschätzt und mit bloßem Traditionalismus gleichgesetzt. Dichte Symbolik und Modernität schienen sich auszuschließen. In einer Schule, die zwischen institutioneller Kälte und der Wärme bedürfnisorientierter Intimität keinen Raum läßt, wird die Lehrerrolle auf die fatale Alternative „Therapeut oder Technokrat" reduziert. Gegenüber der Erkaltung einer bürokratisch überreglementierten Schule kann ihre punktuelle Überhitzung aber nur Enttäuschungen und Überanstrengungen erzeugen. Vor allem: „Privater Intensitätshunger und öffentliche Intensitätsvermeidung, das gibt ein explosives Gemisch."[26]
Alle Versuche, Sozialität neu zu erschließen, müssen damit rechnen, daß der Hunger nach intimer Nähe und Wärme auch außerhalb der Schule immer wieder neu stimuliert wird. Gegenüber einer unübersichtlichen, gleichgültigen und zusammenhangslosen Welt soll „wenigstens im eigenen Nahbereich Verläßlichkeit und symbolische Geschlossenheit" erlebbar werden. Die Sehnsucht, sich in Situationen „wiederfinden zu können", „Betroffenheit (...), Gleichartigkeit, Annahme" zu erfahren[27], hängt wahrscheinlich eng zusammen mit den Motiven neoreligiöser Suchbewegungen. Deren Regressionsdruck kann allerdings durch gegenläufige Erfahrungen konterkariert werden. Die Sehnsucht nach Nähe erzeugt je länger je mehr auch Erfahrungen kultureller Verödung. Im individu-

ell gestalteten Nahbereich droht alles zerredet und trivialisiert zu werden. So entstehen neue Bedürfnisse nach geselligem Formenspiel, nach spielerisch-reflexivem Umgang mit neuen und alten Formen gestalteten Verhaltens, ästhetischer Selbstinszenierungen und Weltgestaltung. Diese Situation ist freilich noch uneindeutig. Denn wenn „alles, was 'unpersönlich' ist, tendenziell als sinnlos erlebt" wird, kann auch keine „symbolische Formensprache für den öffentlichen, den sozialen Raum" wiedergefunden werden.[28] Wenn alles, was dem Hunger nach Intimität zuwiderläuft, als Entfremdungsphänomen gedeutet wird, wenn daher Institutionalisierungen niemals *auch* als entlastende Vergesellschaftungsformen, sondern nur „als Enteignung und Beschneidung der gemeinsamen intuitiven Verständigungsmöglichkeiten"[29] gesehen werden, wird damit zwar aus der öffentlichen Schule noch kein privater Raum gemacht – aber der Vorschub eines *öffentlichen* Raumes als realistische Verteidigungslinie gegen die wachsende Institutionalisierung wird damit hintertrieben. Eben darum aber ging es: Die Nicht-Privatheit der Schule nicht notgedrungen hinzunehmen, sondern offensiv zu deuten und zu *gestalten*. So könnte „zwischen die administrative, system-funktionale Dimension der Schule auf der einen und den individuellen psychischen Realitäten der Subjekte auf der anderen Seite eine symbolische Struktur" eingeschoben werden: „Ein Feld von Prozeduren, Formen, Ritualen, das *Bedeutsamkeiten* stiften könnte – ein „drittes", nicht Sachzwang (Verdinglichung) und nicht Nähehunger (Psychologisierung)."[30]

Vor diesem Hintergrund kann das Prinzip der Handlungsorientierung im Spannungsfeld zwischen Unterricht und Schulöffentlichkeit nun abschließend etwas präziser ausgeleuchtet werden. Die Gestaltung schulischer Sozialität überwölbt zwar das unterrichtliche Lernen – sie ist aber nicht denkbar, ohne einerseits unterrichtlich *stimuliert* zu werden und andererseits sich in neuen Formen von Unterricht *auszuwirken*.

Mit Hilbert Meyer ziehe ich die behutsamere Formulierung vom handlungs*orientierten* Unterricht derjenigen vom *handelnden* Unterricht vor, nicht nur wegen der immer noch engen Rahmenbedingungen, sondern weil „*Lernen und Handeln* zwar ... eng miteinander verknüpft werden können, aber *nicht ohne Rest ineinander aufgehen.*"[31] Entsprechend grenzt Meyer das Handeln im präskriptiven Sinne gegen das Handeln im deskriptiv-analytischen Sinne ab, um zu verdeutlichen, daß sich die Qualität der Handlungsorientierung nicht am Ausmaß unterrichtlicher *action* entscheidet. Ausgehend von der Feststellung, „daß im Unterricht nicht die 'wirkliche' Wirklichkeit der Welt, sondern immer nur deren symbolisch vermittelte Abbildungen vorhanden sind", korreliert Meyer das Sprechen *über* Sachen und Probleme mit Prozessen des Produzierens und Inszenierens.[32] Eben diese Aspekte unterrichtlichen Handelns sind im letzten Jahrzehnt durch die Symboldidaktik verstärkt in die religionspädagogische Aufmerksamkeit gerückt worden – und es ist kein Zufall, daß gerade die Symboldidaktik das Thema „Religion" im Religionsunterricht wieder stark gemacht hat.[33] Vom hermeneutischen Unterricht unterscheidet sich die Symboldidaktik ja vor allem dadurch, daß im Verwendungszusammenhang von religiösen Symbolen, in Symbol*handlungen*, durch den wie auch immer ansatzweise und „nur" in einem künstlichen Raum inszenierten Mitvollzug von Ritualen das *Verstehen* des Bedeutungsgehaltes von Symbolen erschlossen werden soll: Ausgehend von der „besonderen Affinität" von Symbolen und Ritualen zu Festen, also z. B. selbst Brot backen und dann „eine einfache Mahlzeit als ökologische Symbolhandlung (feiern)"; diese Feier durch Musik und Erzählungen ausgestalten.[34] So kann der produktiven Unterbrechung und der Strukturierung des Schulalltags unterrichtlich zugearbeitet werden. Zugleich ist der Unterricht auf diese Weise *produktorientiert*. Unterrichtlich ist dieses Prinzip selbst dann von Belang, wenn es Planungs*ideen* mit ansatzweisen Realisationsversuchen nur virtuell auf Veröffentlichung abzielen läßt. Es entstehen Artefakte, Medien, Handlungsideen – Gestaltungen, die im öffentlichen Raum der Schule nicht nur *dokumentiert* werden können, sondern einen solchen öffentlichen Raum allererst *konstituieren*. Dazu gehören gewiß auch Informations- und Aufklärungsmaterialien, karitative und politische Aktionen, Angebote sinnvoller Freiheitsgestaltung usw. Das alles soll hier nicht negiert und nicht marginalisiert werden. Aber in unserem thematischen Zusammenhang interessanter als diese im übrigen vielfältig dokumentierten Dimensionen schulischen Lebens scheint mir die Frage nach den Konstitutionsbedingungen eines medialen Raums von Sozialität zu sein, den ich, in Abgrenzung zur zweckgerichteten Intentionalität bestimmter Aktionen, etwas überpointiert durch seinen Eigenwert, seine *Selbstzweckhaftigkeit* charakterisieren möchte. Eben darin liegt seine Dignität begründet. Hannah Arendt hat in ihrer Theorie öffentlichen Handelns eben dies betont: Die vita activa sieht sie aufgefaltet in die Trias von Arbeiten, Herstellen und Handeln.[35] Der ganz der Zweckhaftigkeit der Lebensproduktion verhafteten *Arbeit* rechnet sie den geringsten Wert für die conditio humana zu. Im *Herstellen* jener Gegenstände, die nicht dem bloßen Verbrauch unterliegen, der bleibenden lebensgestaltenden und künstlerischen Werke, auch der urbanen und landschaftlichen Räume, gewinnt die menschliche Welt Gegenständlichkeit. Aber erst im *Handeln* konstituieren die Menschen unabhängig von den dabei je verfolgten Zwecken eine Sphäre, in der sie sich als einzelne, besondere, also leibliche Menschenwesen gerade in ihrer pluralen Differenz wechselseitig anerkennend ihre Würde gewinnen. Diese Würde bedarf keiner Rechtfertigung vor dem Gerichtshof einer an Zwecken orientierten Vernunft. Handelnde Menschen haben nicht erst ihr Existenzrecht zu verdienen oder zu behaupten, indem sie sich bestimmten Geltungsansprüchen unterwerfen. Hier berührt sich Hannah Arendts Anthropologie – ohne daß sie das selbst so sehen konnte – mit dem reformatorischen Rechtfertigungsverständnis. Menschen sind Wesen, die hören können – und deshalb gehört werden wollen. Wer sprechen kann, möchte angesprochen werden. Wer sehen kann, will gesehen werden. Es gilt kein anderer Anspruch als der wechselseitiger Anerkennung und dieser Anspruch ist darüber hinaus nicht weiter zu qualifizieren. Natürlich wäre – unter religionspädagogischen Vorzeichen – genauer zu bedenken, daß die Unbedingtheit dieses Anspruchs, die mit rationalen Gründen unhintergehbar ist, für den christlichen Glauben und eine biblisch begründete theologische Anthropologie auf der Anerkennung beruht, mit der Gott den Menschen als sein Ebenbild geschaffen hat. Um im Bild zu bleiben: Weil ich von Gott angeredet wurde, kann ich andere anreden; weil sich Gott mir freundlich zuneigt, kann ich mich anderen zuwenden. Es geht also nicht um moralische Imperative. Ein auf kommunikatives Handeln angelegtes und angewiesenes Wesen ist der Mensch, weil er auch jenseits von Eden nicht aus der Kommunikation mit Gott verstoßen ist. Als von Gott einzeln beim Namen gerufene Personen sind wir zur Gemeinsamkeit mit anderen Menschen befähigt.

Ihre Vorstellung öffentlichen Handelns hat Hannah Arendt freilich am historisch fernen und theologisch wenig bezugsreichen Modell der antiken Polis gewonnen. Da aber Hartmut von Hentig nicht ohne Grund „die Schule *als Polis*" neu zu denken versucht, ermutigt mich das zu dem etwas kühnen Bogenschlag zwischen dem höchst anspruchsvollen Öffentlichkeitsbegriff Hanna Arendts und den „kleinen Öffentlichkeiten" unserer Schule. Also auf die Schule bezogen: Erst eine wie auch immer begrenzte, kleine, ambitionslose, aber eben unterrichtliche Lernprozesse überschreitende und übergreifende Öffentlichkeit bietet die Bedingungen, unter denen das Leben einer Schülerin und eines Schülers einmal aufglänzen kann, ohne daß das Leistungsmaß von Lernerfolgen Geltung behält.

Weil ein so verstandenes öffentliches Handeln nicht allein hinsichtlich der mit ihm verfolgten Zwecke zu beurteilen ist und ferner von Motiven und Fähigkeiten lebt, die die beteiligten Menschen nicht allein sich selbst verdanken, bedarf es einer Struktur, einer symbolischen Ordnung, in der Aktion und Kommunikation, Alltäglichkeit und Feier, Spontaneität und Ritual ihren Platz haben. Eine solche Struktur wird nicht religionslos sein können. So können gerade auch die Religionslehrer, aber auch alle, die ihr Christsein in der schulischen Öffentlichkeit nicht verbergen wollen, einen besonderen Beitrag für die Wiedergewinnung eines durch symbolische Ordnungen gestalteten öffentlichen Raumes in der Schule leisten. So wie im politischen Raum des staatlichen Gemeinwesens ist dabei eine genau auszutarierende Balance zu beachten zwischen der weltanschaulichen Neutralität der Schule und einem Verständnis von Religionsfreiheit, dem ein öffentlicher Bekenntnisraum zusteht und das sich nicht in isolierte Privatheit abdrängen läßt. Auch aus Gründen eines behutsamen Umgangs mit dieser Balance geht es weniger darum, an den Schulen „heilige Räume" zu schaffen, wie es gelegentlich zu hören ist. Wohl aber können die Religionspädagogen, neben dem alltäglichen Beitrag zu einer Kultur des öffentlichen Schullebens, ein *Angebot* liturgischer Formen, gemeinsamer Besinnungen und Begehungen, unterbreiten, das die Suche nach den sich öffnenden Zwischenzonen zwischen Entfremdung und Nähehunger *exemplarisch* orientiert. Auf diese Weise könnte es an den Schulen übrigens auch gelingen, der wachsenden konfessionellen und weltanschaulichen Vielfalt zu entsprechen, statt sie dem Assimilationsdruck einer abstrakten Gleichheit zu opfern.

---

1. Überarbeitete und erweiterte Fassung meines Aufsatzes: Handlungsorientierung? Der Paradigmenwechsel im Religionsunterricht und die Öffnung der Schule; in: Loccumer Pelikan 2/1995, S. 77-83.

2. Hartmut von HENTIG, Die Schule neu denken. Eine Übung in praktischer Vernunft, München 1993. S. auch Hans-Peter BURMEISTER/Bernhard DRESSLER (Hrsg.), Lebensraum Schule, Loccumer Protokolle 14/95, Loccum 1996.

3. Hermann GIESECKE, Wozu ist die Schule da? Die neue Rolle von Eltern und Lehrern, Stuttgart 1996.

4. Bildungskommission NRW, Zukunft der Bildung – Schule der Zukunft. Denkschrift der Kommission „Zukunft der Schule – Schule der Zukunft" beim Ministerpräsidenten des Landes Nordrhein-Westfalen, Neuwied u.a. 1995.

5. Thomas ZIEHE, Die Veränderung des Selbstverständlichen. Wissens- und Erfahrungshorizonte Jugendlicher; in: Hans-Peter Burmeister/Bernhard Dressler (Hrsg.), a.a.O., S. 47 u. 50.

6. Christoph BIZER hat den liturgischen Aspekt gestalteter Religion im Hinblick auf den Religionsunterricht gestaltpädagogisch gewendet: Die Gesellschaft auf dem Dachboden und von einem biblischen Kobold. Ein religionspädagogischer Versuch zur Gestaltpädagogik; in: Jahrbuch der Religionspädagogik, Bd. 7, Neukirchen-Vluyn 1991, S. 161-178, vgl. auch ders.: Liturgie und Didaktik; in: JRP 5, Neukirchen-Vluyn 1989.

7. „Nicht der Mensch bildet die Religion, sondern die Religion bildet den Menschen" (Loccumer Thesen, 1; Dozentenkollegium des RPI, Religion, Bildung und Religionspädagogik; in: Loccumer Pelikan 3/1994, S. 35.

8. Vgl. Susanne HEINE, Zukunftsperspektiven des Religionsunterrichts; in: Loccumer Pelikan 4/1995, S. 11-13, hier: Abschnitt 1, S. 11f.

9. Vgl. Benno HAUNHORST, Sinn, Moral, Glaube, Religion. Was ist der Gegenstand des Religionsunterrichts?; in: Loccumer Pelikan 4/1995, S. 26-29, hier: S. 28.

10. Vgl. Wilhelm GRÄB, Religion und Erwachsenwerden – die Aufgaben von Religionsunterricht und Jugendarbeit; in: Religionsunterricht und Jugendarbeit, Reihe „Gemeinde und Schule", Heft 5, RPI Loccum 1994, S. 8. Wohlgemerkt: Es geht nicht generell gegen jede religionspädagogische Arbeitsteilung zwischen Kirche und Schule; schon gar nicht darum, Religionsunterricht wieder als „Kirche in der Schule" zu veranstalten. Aber diese Arbeitsteilung kann nicht mehr längs der Linien „Erschließung" und „Reflexion" von Religion definiert werden – und dies gilt im Hinblick *sowohl* auf die Schule *als auch* auf die Kirche.

11. Rudolf ENGLERT, Die Korrelationsdidaktik am Ausgang ihrer Epoche. Plädoyer für einen ehrenhaften Abgang; in: G. Hilger/G. Reilly (Hrsg.), Religionsunterricht im Abseits? München 1993, S. 103.

12. Vgl. Michael MEYER-BLANCK, Vom Symbol zum Zeichen. Plädoyer für eine semiotische Revision der Symboldidaktik, Hannover 1995, S. 31 u.ö.

13. Loccumer Thesen 9; a.a.O., S. 38. Ähnlich Christoph BIZER, Die Heilige Schrift der Kirche und der Religionsunterricht in der öffentlichen Schule. Ein religionspädagogischer Gedankengang; in: JRP 6, Neukirchen-Vluyn 1992, S. 116: „Bildung ist Arbeit an gestalteter Form und setzt diese voraus, wenn anders sich ihre Rezeption anbieten soll. Im Blick auf Religion: Ohne gestaltete religiöse Form *ist* sie nicht." In dieser Hinsicht erhält auch die Begründung der Mitverantwortung der Religionsgemeinschaften für den Religionsunterricht einen neuen Akzent. Die Kirche kommt dann nämlich nicht so sehr – wie immer noch nach katholischem Verständnis – als Verwalterin und Bewahrungsinstanz einer *Lehre* ins Spiel, sondern „als ‚Resonanzraum' des sich erfahrbar machenden Heiligen" – unabhängig also von ihrer gesellschaftlichen Relevanz oder sozialisatorischen Kraft. (A.a.O.., S. 125). Dieser Gesichtspunkt läßt sich sogar für einen Philosophieunterricht fruchtbar machen, der nicht religionsabstinent bleiben will: Vgl. den interessanten Bericht über den Philosophiekurs einer Hamburger Schule, der den intensivsten „Zugang zu einem Verständnis für die Wahrheit des Glaubens" nicht in Diskursen, sondern im „Resonanzraum" eines Orgelkonzertes fand (Martina Dege, Fremde in Notre Dame. Versuche einer philosophischen Annäherung an die religiöse Tradition; in: Zeitschrift für Didaktik der Philosophie und Ethik, 3/1994, S. 176-184).

14. Bernhard DRESSLER, Auf dem Weg zu einem veränderten Religionsunterricht, These 6; in: Loccumer Pelikan 3/1993, S. 34.

15. Vgl. Klaus BERGER, Exegese und systematische Theologie – Aus der Sicht eines Exegeten; in: Concilium, H.†6/ Dezember 1994, S. 543. Berger grenzt die Aufgabe der Theologie davon ab, „das, was geglaubt wird, nur lehrmäßig aufzubereiten. Vielmehr geht es um ein gemeinsames Ringen um das, was jeweils Wahrheit sein kann. Denn Wahrheit im biblischen Sinne ist keine ewige Doktrin, sondern beruht primär im Gewinn der lebendigen Gemeinschaft mit Jesus Christus." (ebd.).

16. Susanne HEINE, a.a.O., S. 13.

17. Thomas ZIEHE, Zeitvergleiche. Jugend in kulturellen Modernisierungen, Weinheim u.a. 1991, S. 74.
18. Thomas ZIEHE, Die Veränderung des Selbstverständlichen, a.a.O., S. 49.
19. Vgl. Werner JANK/ Hilbert MEYER, Didaktische Modelle, Frankfurt/M. ²1993, S. 278ff.
20. Vgl. Michael MEYER-BLANCK, Inszenierung und Präsenz. Zwei Kategorien des Studiums Praktischer Theologie; in: Wege zum Menschen 49/1997, S. 2-26. Das Signifikant-Machen von Gegenständen als didaktisches Prinzip durch Verrätseln, Verkleinern, Verlangsamen, Vergrößern, Vergröbern, Beschleunigen usw. ist eindrucksvoll an jedem Sonntag neu in der „Sendung mit der Maus" zu sehen.
21. Hilbert MEYER, Unterrichtsmethoden II: Praxisband, ⁶1994, S. 157ff. und 211ff.
22. Thomas ZIEHE, Zeitvergleiche, a.a.O., S. 74.
23. A.a.O., S. 95.
24. Vgl. den Beitrag von Michael MEYER-BLANCK, in diesem Band, S. 60-74.
25. Thomas ZIEHE, a.a.O., passim; v. a. Kap. 3: „Schule – Aurazerfall und Subjektivierung".
26. Thomas ZIEHE, a.a.O., S. 106. Auf welche Haltung die Kritik an der Intimisierung der Schule bei reformpädagogisch inspirierten Schulleuten gelegentlich stößt, wird an dem – fast unfreiwillig komischen – Bericht aus einer niedersächsischen „Theodor-Adorno-Schule" deutlich: Da wird die Bloch'sche Metapher des „Wärmestroms" ohne jede Irritation *Adorno* unterschoben, der wie kaum ein anderer den Gedanken der Autonomie gegen jede Art substanzialistischer Gemeinschaftlichkeit gewendet hat; der „kalten Schule", ohne die gar „Auschwitz nicht möglich gewesen (wäre)" (!), wird ein „Schullebenkonzept, das die Jugendlichen ganzheitlich ‚wärmt'" entgegengestellt; „der Kampf gegen die alles durchströmende Kälte wäre von der Schule heute zu führen. Sie könnte Licht in die Finsternis bringen ... Die Konstituierung des subjektiven Wohlbefindens, die Entwicklung eines Interesses am eigenen Wohlergehen leistet mehr zur Entbarbarisierung als denn die Vergrößerung von Bildung ... Die Erkalteten sind nicht zu bilden, sie sind zu wärmen". (Norbert Hilbig, Mit Adorno Schule machen. Schule machen im Wärmestrom; in: Erziehung und Wissenschaft, Ausgabe Niedersachsen, 13.2.1997, S. 11f.). Am Ende dieses pädagogischen Allmachtstraums ist die Schule den Wärmetod der Entropie gestorben: „(Den Unterricht) zurückzudrängen, aufzugeben ..., das ist ein langer Weg. Am Ende kommen wir irgendwo an; ich weiß nicht wo ..." (S. 12). Dagegen Adorno: „Die Aufforderung, den Kindern mehr Wärme zu geben, dreht die Wärme künstlich an und negiert sie dadurch ... Der Zuspruch zur Liebe – womöglich in der imperativischen Form, daß man es soll – ist selbst Bestandteil der Ideologie, welche die Kälte verewigt". (Erziehung zur Mündigkeit, Frankfurt/M. 1970, S. 107).
27. A.a.O., S. 94f.
28. A.a.O., S. 111.
29. A.a.O., S. 104f.
30. A.a.O., S. 106.
31. Werner JANK/Hilbert MEYER, a.a.O., S. 353.

32. A.a.O., S. 360.
33. Dieses Verdienst der Symboldidaktik bleibt auch dann unbestritten, wenn man ihren Ansatz einer grundlegenden Kritik unterzieht. Aus semiotischer Perspektive hat Michael Meyer-Blanck (Vom Symbol zum Zeichen, a.a.O.) gezeigt, daß die Ent-Ontologisierung der Symbole zu religiösen Zeichen um so energischer auf ihren jeweiligen konkreten Verwendungszusammenhang zurückverweist: „Nihil (...) extra usum".
34. Peter BIEHL, Zur Didaktik der kritischen Symbolkunde; in: Arbeitshilfe für den evangelischen Religionsunterricht an Gymnasien, Nr. 54, ev.-luth. Landeskirchenamt Hannover, S. 32.
35. Hannah ARENDT, Vita activa, München 1982.

Rituale in der
Lebenswelt Jugendlicher

Fulbert Steffensky

Rituale als Lebensinszenierungen

„Als Erben der protestantischen Tradition sind wir darin erzogen worden, allem Formalen zu mißtrauen und nach spontanen Ausdrucksformen zu suchen, so wie die Schwester des Pfarrers, die Mary Webb sagen läßt: 'Selbstgebackene Kuchen und selbstgemachte Gebete sind immer die besten.'"[1]
Ich versuche, in einigen Sätzen zu umschreiben, was die Sozialanthropologin Mary Douglas unter diesem Erbe der protestantischen Tradition versteht: Das Wesentliche spielt sich im Inneren des Menschen ab. Die Äußerung in Form, Methode, in Ritual und in gebauten Lebenswelten sind unerheblich und stehen unter Korruptionsverdacht. Alle Wichtigkeiten sind vom Subjekt allein geschaffen und verantwortet. Überlieferungen und Verallgemeinerungen entfremden das Subjekt von sich selber. Zuhause ist man nur bei sich selbst, beim eigenen Gewissen bei den eigenen Gedanken und bei den eigenen Gesten.
Ich diskreditiere dieses Verständnis vom Subjekt nicht. Denn die Skepsis gegen die 'Äußerlichkeit', gegen die gebauten und verhängten Welten, gegen die Formen und die inneren Bilder, die mit ihnen eingeübt wurden, war berechtigt und sie hat die Freiheit befördert. In den letzten 30 Jahren waren die Protestantischsten unter den Protestanten wir Linken. Und darum kam von dort der heftigste Bildersturm und die stärkste Verwerfung von Formen und Ritualen. Diese Verwerfung war ebenso notwendig, wie sie auf Dauer ungenügend ist. Ich möchte dieser protestantischen Selbstauffassung eine andere gegenüberstellen: Der Mensch lebt nicht nur von innen nach außen, sondern auch von außen nach innen. Das heißt: Die Innerlichkeit der Menschen, ihr Selbstbewußtsein, ihre Hoffnung, ihr Gefühl vom Zusammenhang und Sinn des Lebens findet sich nicht nur innen als reiner Geist, als Eigenbesitz und Eigenerwerb. Der Mensch liest seine Innerlichkeit auch am Außen ab; an den Symbolen, Zeichen und Überlieferungen, die seine Lebenslandschaft prägen; an den Regeln, Ritualen, Rhythmen und Methoden, die er seinem eigenen Leben gegeben hat und die ihn von außen nach innen prägen. Der innere Lebensglaube lebt vom Rhythmus, Regel und Lebensfigur gewordenen äußeren Glauben. Formen, Figuren sind nicht nur sein äußeres und entbehrliches Gewand; sie sind die Aufführung und das Spiel der Innerlichkeit, ohne die diese Innerlichkeit und der Geist blaß und kraftlos bleiben. Bewußtsein seiner selbst ohne äußere Gestaltung ist wie eine Partitur, die nicht Musik wird.

Ich möchte in einigen Sätzen und Beispielen die Kraft der Form und des Rituals behaupten.

1. In der Form grenzen wir Welt ein und werden so erst fähig, in ihr zu leben.

Mein Beispiel: Ich habe immer wieder mit Studierenden zu tun, deren Depression, Arbeitsunfähigkeit oder die Unfähigkeit, Zeit zu gestalten, gerade vor ihrem Examen aufbricht. Es ist wie ein Zusammenbruch aller Lebenskonturen. Sie können sich die Zeit nicht einteilen. Sie verschieben es, zu Bett zu gehen; sie verschieben es aufzustehen. Sie können Abmachungen nicht einhalten. Sie können weder arbeiten noch die arbeitsfreie Zeit genießen. Sie versinken in Formlosigkeit. Sie verlieren Kontur und Struktur. Solche Studierende besuchen mich nun einmal in der Woche, und wir treffen bescheidene Abmachungen, die eine Figur und eine Form in den ungegliederten Ablauf der Zeit bringen. Wir ritualisieren den Alltag. Wir machen zunächst ab, wann der Student aufsteht. Wir verabreden, daß er einmal am Tag ein Essen ißt, das als Mahl gekennzeichnet ist; d.h. daß er nicht nur aus dem Kühlschrank ißt, wenn er Hunger hat. Wir verabreden, daß er zu bestimmten Zeiten des Tages ein Gedicht liest, einen Spaziergang macht; daß er sich bescheidene Lesezeiten vornimmt. So bauen wir in Wochen Form an Form, bis das Leben wieder eine erkennbare Figur hat. Diese Figur baut den Menschen von außen nach innen. Er findet sich bezeichnet und gegliedert, und das äußere Ritual wird zu einer inneren Ordnung; er fühlt sich nicht mehr im Meer der ungegliederten Zeitlosigkeit. Dieser Mensch läßt sich auf Grenzen ein: Tag und Nacht werden unterschieden, Arbeit von Freizeit, Sonntäglichkeit von Alltäglichkeit, Arbeitsecke in seinem Zimmer von der Freizeitecke. Zeit und Ort werden wieder erfahrbar durch ihre Gliederungen. Diese Ritualisierung schärft also die Lebensaufmerksamkeit, in dem sie einen Rahmen setzt. „Die abgegrenzte Zeit oder der abgegrenzte Ort rufen eine besondere Erwartung hervor, genauso wie das häufige 'Es war einmal' eine Stimmung schafft, in der man phantastischen Erzählungen zugänglich ist."[2] Vom Ritual geht eine geheimnisvoll-konzentrierende Kraft aus. Form und Ritual schaffen Realität, die ohne diese nicht zu haben sind. Sie holen ans Tageslicht. So wie es eine Versklavung des Menschen durch die falsche Formel und das Zeremoniell gibt, so gibt es auch die Versklavung durch die Formlosigkeit und die Gefangenschaft im ungekennzeichneten Leben.

2. Die Form reinigt und konturiert unsere Lebenswünsche.

Dazu mein Beispiel: Ich war einige Jahre Vertrauensdozent einer Studienförderung. Im Dezember 1983, am Tag des Raketenstationierungsbeschlusses im Bundestag, waren die Studierenden jener Stiftung bei mir zu Gast. Eben hatten sie erfahren, daß Raketen stationiert werden sollten. Sie empfanden es als Abstimmung über ihre eigene Zukunft und waren voller zerstörerischer Wut. Einige hatten getrunken. Der Raum knisterte von unbenannter, diffuser und destruktiver Hoffnungslosigkeit. Der Ausgang der Wahl hatte ihnen die Sprache verschlagen. Nur hier und da durchbrachen Satzfetzen die brütende Stummheit. Unter ihnen war eine Studentin, die ihre Flöte dabei hatte. Sie sagte: „Ich werde Euch jetzt ein Stück von Debussy spielen!" Sie erklärte den Inhalt des Stückes: Der Gott Pan verfolgt eine Nymphe. Diese flieht vor ihm und kommt an einen Fluß. Das Schilf hilft ihr und verwandelt sie in ein Schilfrohr. Der stürmende Gott fährt über das Schilf. Er erkennt die Nymphe nicht, und diese ist gerettet. Dann spielte die Studentin das Stück, und eine fast handgreifliche Verwandlung war zu spüren. Die diffuse und ungestaltete Wut wurde zu Zorn und zu Trauer, also zu einer würdigen Fähigkeit des Menschen. Die Gestaltung und die Aufführung der Gefühle in der Musik gab ihnen ihre produktive Kraft und machte die pure Stummheit zu einem Lied.
Die Klarheit der Lebenswünsche und Lebensabsichten hängt auch davon ab, ob man sie ins Spiel bringen kann; ob man ihnen eine Form und einen Gestus geben kann. Der Geist ohne Geste und das Leben ohne Lebensliturgie bleibt undeutlich und vom Untergang bedroht. Überall da, wo Menschen etwas leidenschaftlich wollen, werden die inneren Wünsche zu einer äußeren Figur, wird die Seele zu einer nach außen gesetzten Landschaft, in der sie sich wiedererkennt und gestärkt wird. Die richtigen Inhalte sind nicht genug. Man braucht die ständige Aufführung und Gestaltung dieser Inhalte. Sie werden gestärkt, indem man sie spielt und äußert.

3. Die Form drängt in die Sozietät und stärkt sie.

Wiederum ein Beispiel: Etwa ab 1980 eskalierte der Protest in Gorleben. Die Gegner der Regierungspläne protestieren nicht nur in rationaler und argumentativer Arbeit. Sie tun etwas, was nicht notwendig und zugleich unerläßlich ist: sie spielen und dramatisieren. Sie inszenieren im Unglück und in der Bedrohung schon das glückende Leben. Sie rufen etwa in feierlicher Proklamation die „Freie Republik Wendland" aus. Sie bauen auf dem Bohrplatz, von dem sie wissen, daß er bald geräumt wird, ein 'Dorf' mit Kulturhaus und Kirche. Es gibt Pässe für 'freie Wenden'.

Diese Rituale und Dramatisierungen soziieren Menschen und machen ihre Absichten zu mitgeteilten und darum zu starken Absichten. Form ist angelegt auf Sozietät. Man macht sich in ihr kenntlich, indem man sich vor anderen kenntlich macht. Für sich alleine würde keiner der Atomgegner hingehen und die freie Republik Wendland ausrufen. Das wäre unsinnig, weil jede Darstellung darauf aus ist, gesehen und gehört zu werden. Indem man aber gesehen und gehört wird, indem man öffentlich wird, bekommt man Bestimmt und Gesicht. Das Subjekt kann nicht auf Dauer für sich allein existieren und sich zugleich deutlich sein. Indem es sichtbar wird, bekommt es Gesicht. Wer einmal eine solche Szene wie die in Gorleben mitgespielt hat, weiß, daß es um viel mehr geht als um eine Zweckverbundenheit. Menschen kommen im Drama zusammen, mehr als sie nur in reiner Kampfgenossenschaft zusammen sind.

Warum aber leistet dies alles nicht die reine Sprache? Warum die spielerische Inszenierung? Vielleicht, weil die Lebenshoffnungen der Menschen nicht mit dem Argument auskommen. Das Ritual durchstößt den Horizont der reinen Sagbarkeit. Es sagt etwas, was man sich eigentlich nicht sagen kann, nämlich: Es wird gelingen! Das Leben wird gut ausgehen! Eine solche unmögliche Behauptung stellen die Atomgegner bei Gorleben auf, indem sie ein 'Dorf' bauen, von dem sie doch wissen, daß es morgen abgerissen wird; indem sie in einem symbolischen Akt einen Quadratmeter jenes Dorfes erwerben, ein Stück ungekränkter Erde, die es eigentlich gar nicht gibt. Sie vergewissern sich im Spiel, daß das Leben geht, indem sie tun, als ginge es. Das ist eine Sprache, die über jede Sagbarkeit hinausgeht. Es ist das Paradox der Hoffnung. Überall, wo das Leben bedroht ist und die Menschen noch nicht völlig in Apathie erstickt sind, bringen sie sich in Distanz zur eigenen Lage und spielen die Hoffnung für morgen. Es sind Inszenierungen des Lebens, die dieses selber vorantreiben.

4. Die Alltäglichkeit des Rituals bedeutet nicht, daß es zu einem leeren Zeremoniell verkommen muß.

Vielleicht habe ich bisher zu einleuchtend vom Ritual und der Form als Inszenierungen des Lebens gesprochen. Im Beispiel der Musikstudentin und der Atomkraftgegner in Gorleben waren Lebensinhalt und Lebensaufführung unmittelbar verbunden, und der Inhalt - der bedrohte Friede und die bedrohte Schöpfung - machte die Form einleuchtend und authentisch. Die Form wird nicht formelhaft empfunden, weil der Inhalt sie unmittelbar rechtfertigt.

Wie aber geht es uns mit den alltäglichen Ritualen, die existentiell keineswegs immer gefüllt sind? Ich denke an die alltäglichen Höflichkeitsformen; an die rituelle Gliederung des Alltags, zu der wir uns vielleicht entschlossen haben; an Formen also, in denen wir uns nicht unmittelbar und spontan verhalten; die eher Methoden und Übungen sind als unmittelbare Expression.

Dazu wiederum ein Beispiel: Ich stelle mir einen Menschen vor, der seinem Leben eine methodisch-spirituelle Gestalt gegeben hat in einem bescheidenen Meditationsritual. Er liest morgens zu festgesetzter Zeit langsam und in Ruhe ein Gedicht. Abends läßt er sich zehn Minuten meditativer Zeit, um ein Bild zu betrachten. Er entkommt den Fängen der Zwecke und verhält sich poetisch. Aber es ist eine karge Poesie, denn sie hat viel mit Ordnung und relativ wenig mit Spontaneität zu tun. Er betrachtet sein Bild nicht am gewöhnlichen Ort seiner Arbeit, am Schreibtisch oder am Küchentisch. Er hat für seine Meditation eine besondere Ecke, zu der er geht. Vielleicht steht dort eine Kerze oder liegt ein Stein dort, den er bei seiner Übung in der Hand hält. Was macht dieser Mensch, und was rechtfertigt, was er tut? Ist er nicht in der Pünktlichkeit, in der Regelmäßigkeit und in der Treue, in der er dies tut, sich selbst enteignet in die reine Methode? Vielleicht ist er nicht gestimmt zu seiner Meditation und hat keine Lust zu seinem Gedicht, und trotzdem unterläßt er seine Übung nicht. Zunächst besteht er nicht auf sich selbst. Er versucht nicht, in Übereinstimmung zu bleiben mit seiner augenblicklichen Gestimmtheit. Er vollzieht ein Ritual, weil es Zeit dazu ist, nicht weil ihm danach zumute ist. Er entfernt sich also von sich selbst und begibt sich in strenge Regeln.

Es geht ihm also nicht um die kurzfristige Echtheit des Augenblicks und der erfüllten Stunde. Der Mensch baut sich in der Treue zu seiner Übung von außen nach innen. Er gibt seinen Lebensabsichten eine langfristige Gestalt. Nicht das Erlebnis des Augenblicks rechtfertigt die Übung. Er läßt seine Meditation nicht, wenn er im Augenblick nichts erfährt und leer bleibt. Dieser Mensch bildet sich in der Regelmäßigkeit und in der Wiederholung seines Rituals. Diese Art von Bildung ist nun einmal ein langfristiges Unternehmen. Seine tägliche Meditation ist ein Mittelding zwischen Übung und Ernstfall, vielleicht zu vergleichen dem Schwimmenlernen. Wenn ich schwimmen lerne, tue ich etwas für morgen, für den Tag also, an dem ich endlich im großen Wasser mit den Wellen spiele. Aber in die Übung des Augenblicks drängt auch immer - oder wenigstens meistens, oder wenigstens dann und wann - ein Stück der Lust und der Fülle von morgen herein, wo ich endlich schwimme und wo ich die Stöße brauche, die ich gelernt habe. So ist in dieser Übung ein Stück Eigentliches und ein Stück Fremdes.

Ich zitiere ein religiöses Beispiel: Wenn wir Kinder früher in die Schule gingen, hat meine Mutter uns jedesmal ein Kreuzzeichen auf die Stirn gemacht. Sie tat das rituell, also keineswegs in existentieller Ergriffenheit. Es gehörte zum Morgen wie das Butterbrot für die Schule. Wenn aber eines von uns Kindern krank war oder wenn eines für länger Abschied nahm, dann war meine Mutter eine wirkliche Künstlerin. Das Ritual geschah nicht mehr beiläufig. Sie war mit ihrer Sorge und Liebe in der Geste. Dies war aber nur möglich, weil meine Mutter es lange geübt hatte; weil sie die Uneigentlichkeit und die Formelhaftigkeit des Rituals lange ausgehalten hatte. Die lange ausgehaltene Uneigentlichkeit zerstört also die Wahrheit des Rituals nicht, sie bereitet den Ernstfall vor und ermöglicht das Verhalten in ihm.

Man kann die notwendige Form nicht erst dann erfinden, wenn man sie braucht, wie der Moment des Ertrinkens ungeeignet dazu ist, schwimmen zu lernen.

5. Die Ritualisierung des Umgangs mit der Zeit dient der Vergewisserung der Gegenwart und der Feier des Lebens.

Ein Spezialfall der Form soll besonders beachtet werden: die Zeitform; der Rhythmus, der ja ritualisierte Zeit ist. Es soll geschehen an einem wichtigen Beispiel der Artikulation von Zeit, am Sonntag.

Ich erinnere mich an die Sonntage meiner Kindheit in einem kleinen und armen katholischen Dorf. Das Leben war mühselig, und die Leute haben viel gearbeitet. Neben der Arbeit in der Fabrik hatte jeder eine kleine Landwirtschaft, zwei Ziegen, Hühner und Schweine. Die große Unterbrechung von der Mühsal des Alltags war der Sonntag. Er wurde vorbereitet: samstags wurde der Stall gemistet, das Haus geputzt, die Straße gefegt, und die Kinder wurden gebadet. Die Häuser dufteten vom frisch gebackenem Kuchen. Das Schönste vom Sonntag war der Samstagabend, wenn alles frisch und sauber war und wenn wir das frische Weißbrot in unsere Honigmilch tunkten. Am Sonntag gingen alle selbstverständlich in ihren Sonntagskleidern zur Kirche, die Kinder nachmittags zur Andacht. Dann kam für uns Kinder, oft auch für die Erwachsenen, die nichts anderes gelernt hatten als zu arbeiten, die langweilige Zeit des Sonntagnachmittags.

Ich will nach der Humanität fragen, die in dieser Art von Zeitbegehung liegt. Zunächst ganz formal gesagt: man lebte in einer Welt gegliederter Zeiten. Nicht immer war Sonntag, nicht immer gab es Kuchen, nicht immer hat man gute Kleider angehabt. Es gab also hervorgehobene Zeiten. Zeiten waren unterscheidbar und hatten ihre Rhythmen. Die Beachtung der Zeit macht uns kenntlich. Man wird sich selber deutlich durch Markierungen und Ordnungen. Dazu gehört die Markierung in der Zeit und mit der Zeit. In allen spirituellen Entwürfen hat man sich der Zeit und ihrem Wechsel angefügt. Man hat den Morgen und den Abend beachtet; man hat den Rhythmus der Wochen, Monate und Jahre beachtet. Menschen haben sich in der Einhaltung von Zeiten kenntlich gemacht. Der Rhythmus heilt, weil er vergewissert. Die Erfahrung der Wiederkehr der Wochen, Monate und Jahre sagt mir, daß die Zeit nicht zu Ende ist und daß ich nicht in panischer Letztlichkeit lebe. Die Rhythmen waren immer Gegenstand der öffentlichen Feier, das ist der Sinn vieler Feste. Diese Feste sind öffentliche und bewußte Wahrnehmung des Rhythmus und der Wiederholung. Es sind also soziale Vergewisserungen, daß das Leben wiederkommt und daß die Hoffnung nicht gestorben ist.

Der Sonntag war, wo er beachtet wurde, das große Vorspiel der Freiheit. „Knechtliche Arbeiten" durften nicht verrichtet werden. Wenigstens an diesem Tage also sollten die Menschen nicht Sklaven ihrer Situation sein. Der Vorschein der Freiheit, die allen zugedacht war, lag auf diesem Tag. Auch das Vieh sollte nicht arbeiten. Wir können auf den Sonntag übertragen, was der jüdische Theologe Abraham J. Heschel (1907-1972) über den Sabbat gesagt hat: „Was ist der Sabbat? Eine Erinnerung an aller Menschen Königswürde, eine Aufhebung der Unterscheidung von Herr und Knecht, reich und arm, Erfolg und Fehlschlag. Den Sabbat feiern bedeutet, unsere letzte Unabhängigkeit von Zivilisation und Gesellschaft zu erfahren, von Leistung und Angst. Der Sabbat ist eine Verkörperung des Glaubens, daß alle Menschen gleich sind und daß die Gleichheit der Menschen ihren Adel ausmacht. Die größte Sünde des Menschen ist es zu vergessen, daß er ein Königssohn ist. Der Sabbat ist eine Zusicherung dessen, daß jenseits des Guten das Heilige ist. Das Universum wurde in sechs Tagen geschaffen, aber der Höhepunkt der Schöpfung war der siebte Tag. Die Dinge, die in den sechs Tagen ins Leben gekommen sind, sind gut; aber der siebte Tag ist ‚heilig'! Der Sabbat ist Heiligkeit in der Zeit."[3]

Eine störrische Größe hatte jene alte Zeit, in der der Sabbat oder der Sonntag beachtet wurde. Die Menschen entzogen sich trotz der Armut und der Kargheit jener Zeit dem Diktat des Funktionierens. Die Zeit, die Kräfte der Menschen und der Tiere lagen brach, sie brachten keinen Profit, sie wurden nicht genutzt. Menschen sagten sich einen ganzen Tag lang, wer sie sind, indem sie sich dem Profit und dem Funktionieren entzogen. Für einen Tag verweigerten sie sich dem Reich der Zwänge. Sie spielten Königssöhne und Königstöchter. Sie wußten nicht nur irgendwie und in irgendwelchen Sätzen von der ihnen zugedachten Würde. In der Beachtung des Sonntags spielten sie diese, inszenierten sie und führten sie auf. Und indem sie auf diese Weise die Freiheit vorfabulierten, eigneten sich diese an.

Dieser Sonntag aber war nie nur die Negation des mühseligen Werktages. Schon als eine solche Unterbrechung hatte er seine Größe. Menschen gingen an diesem Tag in die Kirche. Sie gingen an einen anderen Ort als den alltäglichen. Sie verhielten sich poetisch, sie beteten und sangen. Es war eine einfache Poesie, wenn sie ihre Gebete sagten und mit zitternder Stimme die Lieder sangen. Aber welche karge Anmut! Sie hörten miteinander im Gottesdienst die Geschichten von der Gerechtigkeit und von der Bergung des Lebens. Welche Humanität - zu singen, zu hören, zu beten, zu ruhen und sich der Gewöhnlichkeit des Alltags zu verweigern!

In der Nähe unseres Hauses wirbt eine Tankstelle: „24 Stunden am Tag und sieben Tage in der Woche geöffnet!" Lange vorher war dieser Satz an amerikanischen Tankstellen zu lesen. Welche Herrschaftsallüre und zugleich welcher Zwang! Ich verfüge über alle Zeit - 24 Stunden am Tag und sieben Tage in der Woche. Kaum merke ich, daß die Zeit zu meinem eigenen Diktat geworden ist - 24 Stunden am Tag und sieben Tage in der Woche. Menschen brauchen außer Produktion und Reproduktion noch eine andere Zeit; eine Zeit zu atmen, zu ruhen und zu träumen. Der Sonntag ist eine Einrichtung, die die Maschinenhaftigkeit des Daseins stört.

Wir kennen für den Umgang mit der Zeit fast nur aktivistische Haltungen, in denen die Zeit fast immer Objekt ist: die Zeit aufkaufen, die Zeit benutzen, die Zeit füllen; die Zeit nicht verschwenden oder vergeuden oder vertun. Wir beleidigen die Zeit, indem wir von ihr sagen, daß sie Geld sei. Man kann verstehen, daß Menschen in kargen und armen Zeiten so dachten. Man sollte Zeit nicht vertun, weil Zeit zwar nicht Geld war, aber vielleicht Brot und Überleben. Und doch ist in diesen kargen Zeiten die souveräne Idee vom Sabbat entstanden wie die Freiheit in der Wüste des Zwangs. Wahrscheinlich wird nur dann unsere Lebenslandschaft nicht veröden, wenn wir den Zwängen entkommen, die Zeit besiegen zu müssen. Wir könnten andere Tugenden der Zeit gegenüber lernen, die die Welt bewohnbarer machten. Wir könnten das Warten lernen, die Geduld, die Ruhe, das Lassen und die Gelassenheit. Die Machterhaltungen verwüsten die Zeit und dulden weder Sonntage noch Feiertage, denn diese sind nur ungenutzte Zeiten. Vielleicht ist es Aufgabe der Kirchen, für die Zeiten einzutreten, die sich nicht beweisen und begründen lassen. Produzieren und Profitieren lassen sich begründen, sie lassen sich durch ihre sichtbaren Ergebnisse begründen, durch den Profit und durch das Produkt. Die Zeiten des Betens aber, der Stille, der Passivität können sich vor den Augen der Rechner und Kalkulatoren nicht ausweisen. Sie sind ohne Warum und ohne sichtbare Zwekke wie die Gedichte und die Lieder. Vielleicht kann man in Abwandlung des politischen Slogan sagen: „Wenn das letzte Lied verschollen ist und kein einziges Gebet mehr Platz hat in der verwüsteten Zeit, dann werdet ihr sehen, daß man Geld nicht essen kann."

6. Rituale lassen uns Bewußtheit, und sie nehmen uns Überbewußtheit und falsche Existenzialität.

Die Kategorien Erfahrung, Echtheit, Spontaneität, Authentizität und Bewußtheit sind überwertig geworden. Ein Ritual scheint erst dann gerechtfertigt, wenn ich es bewußt setze, wenn es meine Form ist, wenn sie mich unmittelbar ausdrückt und wenn ich mit meiner ganzen Existenz dahinter stehe; mit dem Zitat von Mary Douglas gesagt: „Selbstgebackene Kuchen und selbstgemachte Gebete sind immer die besten." Das ist eine Grandiosität, in der das Subjekt in seiner augenblicklichen Gestimmtheit und Verfaßtheit zum Maßstab für alles wird. In diesem Fall hat das Ritual seine sozierende Kraft verloren. Es drückt eben mich aus, aber es ist nicht mehr der Gestus von vielen. Vielleicht drückt sich kapitalistische 'Anthropologie' in nichts so deutlich aus als in dem Verlangen, daß alles für mich und meine Einzigartigkeit sein muß und alles mich zu einem Einzigartigen machen soll. Es ist die Unglück verursachende Sehnsucht danach, ein Original und ein Unikat zu sein. Auf einer Bierreklame lese ich den Satz, der zutreffen könnte für diese Originalitätssucht: „Wir vergleichen uns nur mit uns selber!" Das aber ist eine trostlose Selbstbeschränkung. Sie verbietet den Trost von außen und den Trost der Fremdheit. Die Menschen werden auf sich selbst geschleudert. Ich vermute, daß die Leiden vieler Menschen in unserer Gesellschaft verursacht oder verschärft werden durch überhöhte Selbstwahrnehmung. Wie ärmere und traditionalere Gesellschaften am Verbot oder an der Unmöglichkeit der Selbstwahrnehmung leiden oder gelitten haben, so leiden wir an der dauernden Überrepräsentation unserer selbst. Wir sind uns allgegenwärtig, ob wir lieben, ob wir krank sind, ob wir allein sind. Das hat viele Gründe: der Zusammenbruch der Welterklärungen, die Vereinzelung in den Lebenswelten, die größer gewordene Freizeit. Nicht zuletzt aber werfen uns ideologische Zwänge auf uns selbst, die uns die Selbstwahrnehmung, die Exkommunikation alles Fremden und Formalen und die Unmittelbarkeit zu uns selbst als einzige Rettung preisen.
Ich glaube, daß in dieser Lage Formen und Rituale, die wir nun frei wählen können und die uns nicht einfach verhängt sind, Knotenpunkte sind, in denen wir bei uns sein können und in denen wir nicht ausschließlich bei uns sind. Fremdheit und Heimat knoten sich in ihnen. Sie lassen uns Bewußtheit, und sie nehmen uns Überbewußtheit und falsche Existentialität.

---

1. M. DOUGLAS, Reinheit und Gefährdung. Eine Studie zu Vorstellungen von Verunreinigung und Tabu, Frankfurt 1988, 84
2. DOUGLAS, a.a.O., 85
3. A. J.HESCHEL, God in Search of Man. A Philosophy of Judaism, New York 1978, 87

Manfred Josuttis

„Fußball ist unser Leben!"
Über implizite Religiosität auf dem Sportplatz

Am Wochenende kann man in den Gottesdienst, ins Kino oder zum Fußball
gehen. Viele Zeitgenossen müssen sich zwischen diesen und anderen Freizeit-
aktivitäten entscheiden, und für die meisten besteht zwischen den Unterhal-
tungsangeboten und dem christlichen Kult eine erhebliche Kluft. Religion ist
etwas anderes als Entspannung. Und Disco, Sport und Trivialromane haben
nichts mit Religion zu tun.
Karl-Fritz Daiber hat in seiner Studie über 'Religion in deutschen Heftromanen' gezeigt, wie fruchtbar die Suche nach religiösen Sedimenten in der Alltagskultur ausfallen kann. In funktionaler, inhaltlicher und struktureller Hinsicht hat er erstaunliche Analogien zwischen den kirchlich-theologischen und
den trivialliterarischen Symbolisierungsangeboten ermittelt. Das Fazit formuliert ein für die Kirchensoziologie weitreichendes Dilemma: „die Schwierigkeit besteht darin, daß es Religion gibt, die sich als Nichtreligion versteht und
vielleicht umgekehrt sogar auch Nichtreligion, die meint, Religion zu sein."[1]
„Fußball ist unser Leben." Der von den Fans gern gesungene Text proklamiert fast
noch deutlicher als die verdeckten Aussagen in den Heftromanen eine religiöse
Färbung in der Erwartungshaltung der Stadiongemeinde. Der Vers artikuliert eine
Konfession, die man als Anzeige von Sinnerfüllung interpretieren möchte, und nur
der Hinweis von M. Weber, daß die Sinnfrage zur Eigenart von Religion unter
Intellektuellen gehört,[2] kann den Theologen vor einer allzu einseitigen Vereinnah-
mung schützen. Immerhin, daß Fußball das Leben der bekennenden Fangemeinde
wirklich erfüllt, bleibt nicht frommer Wunsch oder freche Behauptung, sondern
wird immer erneut bewiesen. Dem Bekenntnis des Wortes folgt an jedem Wochenende das Bekenntnis der Tat. Zeit, Geld und Kraft werden eingesetzt, um bei den
Spielen der eigenen Mannschaft dabeizusein. Der ganze Aufwand mit seinen im-
mensen Kosten muß etwas erbringen, was das Dasein der Beteiligten positiv prägt.
Schon darin könnte die Sportveranstaltung mit dem Gottesdienst vergleichbar, aber
nach Auskunft der Beteiligten ihm natürlich auch weit überlegen sein.
Worin könnte dieser Lebensgewinn bestehen? Die folgenden Überlegungen zu
Fußball als Ritual, als Drama und als Religion sollen skizzenhaft klären, ob und
in welcher Hinsicht Phänomene impliziter Religiosität auch in der Fußballwelt
zu beobachten sind.

1. Fußball als Ritual

„Fußball ist unser Leben." Die Fans singen das Lied schon auf dem Weg in das Stadion. Sie machen damit von vornherein darauf aufmerksam: Die Fußballwelt ist an die räumlichen, zeitlichen und personalen Grenzen des Fußballspiels nicht gebunden. Gewiß konzentriert sich das ganze Geschehen auf den Ablauf jener neunzig Minuten, in denen sich zwei Mannschaften unter der Aufsicht eines Schiedsrichters und zweier Linienrichter im Kampf um den Ball gegenüberstehen. Aber wer die Attraktion dieses Zentrums als Kraftfeld für Lebensgewinn wirklich erfassen will, muß auch die Investitionen wahrnehmen, die schon während der Annäherung an das Geschehen erbracht werden. Gerade wenn man die implizite Religiosität des Geschehens abtasten will, bieten sich ritualtheoretische Kategorien in diesem Zusammenhang an.

Was bei der individuellen Lektüre von Heftromanen zweifellos zutrifft, daß nämlich „der gemeinschaftliche, kommunikative Aspekt explizit religiöser Rituale fehlt"[3], gilt für das Fußballspiel und andere Mannschaftssportarten nicht. Das Erleben, im Team und auf der Tribüne, ist gemeinschaftsgebunden.[4] Und noch tagelang, bis zum nächsten Match und darüber hinaus, kann man in gemeinsamen Erinnerungen an dramatische Szenen schwelgen. Die Fußballwelt umfaßt eine Fußballgemeinde, die sich in regelmäßigen Rhythmen zum zentralen Ritual versammelt und die sich auf dieses Ereignis selbstverständlich sorgfältig vorbereitet.

In dieser Perspektive ist es nicht überraschend, daß viele Prozeduren der Präparation, die ursprünglich in religiösen Ritualen beheimatet sind, in der Fußballwelt wieder begegnen. Das gilt sowohl für die Spieler als auch für die Zuschauer. Lange bevor die Akteure ihre Trikots überstreifen, haben die Fans zu Hause ihre Kleidung mit den Vereinsfarben geschmückt. Der sexuellen und oralen Askese, die den Profis vor dem Spiel abverlangt wird, entspricht der negative Verzicht auf seiten der Fans, die sich durch gesteigerten Alkoholkonsum in die richtige Stimmung bringen. Während die Mannschaften möglichst ohne öffentliche Aufmerksamkeit im Schutz von Autobussen zum Spiel anreisen, bewegt sich das Publikum in mehr oder weniger großen Prozessionen zum Ort des Erlebens. Die Methoden der Präparation sind verschieden. In den Kabinen herrscht vor Beginn eines Spiels jene unruhige Gespanntheit, die man auch in der Sakristei beobachten kann. Auf den Straßen und auf den Rängen sorgen klassische Instrumente archaischer Ekstasetechnik,[5] Trommeln, Drogen, rhythmisches Klatschen für jene Atmosphäre, die mit Spielbeginn alle überwältigen soll.

Zum Ritual des Fußballspiels gehören also nicht nur die Spieler. Was sie im Stadion zu leisten vermögen, hängt auch, wie sie manchmal nach Spielschluß dankbar beteuern, ab von der stimmkräftigen Unterstützung, die sie erfahren. Die Investitionen, die die Fans[6] durch ihre präparativen Akte erbringen, lassen sich ihre präparativen Akte erbringen, lassen sich deshalb auch interpretieren als Techniken der Be-Geisterung. Sie sollen zunächst in den Zuschauern und zwischen den Zuschauern energetische Kräfte wecken, die dann während des Spiels auf die Akteure des eigenen Vereins überspringen und verschlossene Potenzen mobilisieren.

Was in dieser intermediären Dimension des Rituals passiert, läßt sich am ehesten mit den Kategorien des ungarisch-amerikanischen Soziologen M. Csikszentmihalyi erfassen. In empirischen Erhebungen und phänomenologischen Interpretationen hat er das 'flow-Erlebnis' untersucht, das man im Sport wie in der Religion, beim Schachspiel, beim Rock-Tanz und in der Praxis des Chirurgen beobachten kann. Dieses Erlebnis hat nichts mit jener Erfahrung zu tun, von der die Floskel redet: „Ich gerate ins Schwimmen". Im Gegenteil. Wenn es in einem Menschen wirklich zu fließen beginnt, dann werden interne Blockaden und Barrieren durchbrochen, Kraftströme durchfluten den Körper, das Gefühl intensiver Lebendigkeit breitet sich aus. Und viele Fähigkeiten stellen sich ein, die bisher unterentwickelt oder verschüttet gewesen sind.

Alle Voraussetzungen für das Geschehen von 'flow', die Csikszentmihalyi ermittelt hat, treffen auch für das Fußballspiel zu.[7] Die Aufmerksamkeit der Aktiven wird konzentriert auf ein Handlungsfeld, das räumlich und zeitlich begrenzt ist. Im Laufe der Zeit können Reflexivität und Aktivität verschmelzen, Selbstvergessenheit stellt sich ein. Ohne jede Willensanstrengung entwickelt sich die Fähigkeit zum optimalen Umgang mit dem eigenen Körper, und Dribblings gelingen, Torschüsse landen im Netz, die gewöhnlich jenseits des eigenen Leistungsvermögens liegen. Der Sieg ist schön, aber nicht das Entscheidende, trotz aller Prämien, die damit verbunden sein mögen. Das „flow"-Erlebnis selbst ist zum Ziel geworden. Die Erfahrung des gesteigerten Lebens ist Sinn und Belohnung genug.

In solchen Augenblicken können Spieler wie Zuschauer realisieren, daß Fußball wirklich 'ihr' Leben ist. Es stellt sich dann jene Form spontaner 'Communitas' ein, die nach V. Turner bei den Betroffenen Gemeinschaftserfahrungen zugänglich macht, die dem Alltagsbewußtsein entzogen bleiben. „Menschen, die in Form spontaner Communitas miteinander interagieren, werden total von einem einzelnen, synchronisierten, durch 'Fluß' (...) geprägten Ereignis absorbiert. Ihr 'instinktives' Verstehen der in diesen Situationen herrschenden ermöglicht ihnen das Verstehen heute typischerweise aus der schriftlichen Überlieferung der Weltkultur direkt oder in Übersetzung bezogener Formen wie der eucharistischen Vereinigung und des I Ging, die die wechselseitige Teilhabe (um Levy-Bruhl zu zitieren) an allen gegenwärtigen Ereignissen betonen."[8]

In den Ritualen der Fußballwelt kooperieren Fans und Akteure. Die Attraktion des Spiels löst Investitionen bei den Zuschauern aus. Und deren Begeisterung weckt Kraftreserven unter den Spielern. Die Arbeitsteilung, auf der diese Kooperation basiert, könnte in ihren Strukturen spannungsvoller nicht sein. Hier die unbekannte Masse, dort die bewunderten Stars. Hier oft genug arme Schlucker, dort gut verdienende Yuppies.[9] Daß zwischen diesen Gruppierungen kein Sozialneid entsteht, wird nur vom Ziel der gemeinsamen Aktivität her plausibel. Es geht um Erfahrungen eines Lebens, in der die realen Konfliktlagen der Alltagswelt überwunden sind.[10] Jede Kirchengemeinde wäre heilfroh, wenn ihre Gottesdienste solche Anziehungskraft entfalten und solche Begeisterungsströme auslösen würden.

2. Fußball als Drama

In Marburg und anderswo hat man schon vor 1914 die Attraktivität dieser Sportart genauer besungen: „Wie schön ist doch das Fußballspiel, / das heißt, wenn man gewinnt. / Wie herrlich unser hohes Ziel, / wenn wir die Sieger sind! / Doch wenn der Gegner siegreich ist, / dann schleicht man still nach Haus, / dann schimpft, was sonst sich fast geküßt, / sich gegenseitig aus!"[11]
Die Fans wandern ins Stadion, weil zum Ritual ein Drama gehört. Auf dem Platz wird ein Kampf ausgetragen, und am Ende hat man gewonnen oder verloren. Die Welt, die sich hier auftut, ist auf jeden Fall risikoreich. K.-F. Daiber hat in seiner Studie über die Heftromane auf die Dramentheorie des Aristoteles hingewiesen und dabei insbesondere die Identifikationsmöglichkeiten zwischen Leser und Heros betont.
Auch die 'Communitas' zwischen Spielern und Zuschauern, die beim Fußballspiel wächst, stellt Angebote ähnlicher Art zur Verfügung, wie man schon an den Körperbewegungen engagierter Fernsehbetrachter wahrnehmen kann. Daß dabei auch Kompensationsmechanismen wirksam werden, hat H. U. Herrmann in der Korrelation zwischen fallendem schulischem oder beruflichem Status und steigendem Affektpegel empirisch belegt. „Der Fan erfährt mit Hilfe seines Bezugsobjekts eine Initiation in eine Traumwelt, die gekennzeichnet ist durch die Negation des wirklich Vorhandenen, also Konflikt, Spannung, Versagung, Entbehrung, Degradierung und die sich gleichzeitig auszeichnet durch die Affirmation des wirklich vergeblich Ersehnten, nämlich Anerkennung, Erfolg, Selbstbestätigung oder Sorglosigkeit."[12] Aber trifft das Stichwort der Kompensation den Sachverhalt schon präzise genug? Oder enthält nicht gerade die Dramatik, die man hier mitbekommt, Strukturelemente, die das psychische Erleben nicht einfach in eine 'Traumwelt' entführen?

Fußball ist ein Kampfspiel zwischen zwei Mannschaften, die miteinander um den Sieg konkurrieren. In dieser Konstellation ist jener Antagonismus enthalten, der für das gesellschaftliche Leben wie für das moralische Bewußtsein gleichermaßen konstitutiv ist. Hier wird gestritten, zwischen uns und den anderen, zwischen Gut und Böse, und zwar in der Weise, daß wir die Guten und die anderen die Bösen sind. Gerade die Vertreter der Unterschicht, die die Fußballplätze bevölkern, werden das Geschehen auf dem Platz nicht einfach als Phantasieland erfahren, sondern als regelgeleitetes Abbild einer sozialen Realität, in die sie mit ihrem Leben verstrickt sind.[13] Es geht um Kampf, um Auseinandersetzung, um Sieg gegenüber dem Gegner. Es geht darum, die eigene Kraft zu erproben, um die eigene Durchsetzungsfähigkeit zu beweisen. Kompensatorisch kann das sportliche Erleben nur deshalb genannt werden, weil wenigstens hier, wenn alles gut geht, eine Siegeschance besteht. Daß die Fußballbegeisterung in Industrierevieren, in Slums, in unterentwickelten Ländern so groß ist, dürfte in der realen Utopie eines sozialen Aufstiegs fundiert sein, der die Massen für ein paar Stunden aus dem Elend herausreißt und für einige Helden sich gelegentlich auch ökonomisch verwirklicht.

Beim Fußball hat jeder Mann und neuerdings auch jede Frau eine Chance. Hier wird die David-Goliath-Figuration permanent wiederholt. Anders als in den meisten übrigen Mannschaftssportarten haben die Kleinen, wie die sogenannten Überraschungsergebnisse zeigen, in jedem Vergleich die reelle Möglichkeit zum Gewinn. Der Tabellenletzte kann den Spitzenreiter besiegen. Hochklassige Mannschaften werden im Pokal durch Vertreter der unteren Klassen aus dem Rennen geworfen. Die Klasseneinteilung gibt es auch hier. Aber die Klassenschranken sind durchlässig durch Abstieg und Aufstieg; jedes Match kann die Relativität ihrer Geltung belegen.

Im Drama des Fußballspiels kann man gewinnen. Das kann man im Gottesdienst auch. Der Unterschied liegt in der Spannung[14] und auch im Risiko. Der kirchliche Gottesdienst wird von der frohen Botschaft des Evangeliums bestimmt. Er proklamiert den Sieg Gottes über die Mächte des Bösen und läßt alle Anwesenden an diesem Sieg partizipieren. Der Sieg ist also rituell garantiert. Das mag beruhigend wirken, aber es wirkt nicht attraktiv. Im Blick auf Spannungserfahrung und Erlebniswerte ist das Ritual ohne Drama dem Fußball, der beides vereint, unterlegen. Und auch deswegen ist dieser Bereich mehr als nur 'Traumwelt'. Hier muß und hier kann man ertragen lernen, daß zum Leben auch die Niederlage gehört. Was Schleiermacher vom Gottesdienst fordert, daß nämlich „die Befriedigung das Ziel der Aufregung" bildet,[15] gelingt hier nicht immer. Dann finden auf dem Platz keine angedeuteten Kuß-Orgien statt, dann folgen Schimpfkanonaden und Schuldzuweisungen zwischen Spielern und Trainern. Und unter den Zuschauern breiten sich Trauer und Niedergeschlagenheit aus. Sich diesem Spannungserleben freiwillig aussetzen kann nur, wer mindestens ein gewisses Maß an Risikotoleranz aufbringt. Fußball ist für die Beteiligten immer auch ein Glücksspiel,[16] getragen von der Hoffnung, daß man gewinnt, untergründig beschwert durch die Furcht, man könne fast alles verlieren. Dieses unberechenbare Basisrisiko hängt mit der Eigenart der hier geforderten Kunstfertigkeit zusammen. Was sind und was können schon Füße? Ihre Unscheinbarkeit ist so groß, daß sich unter den Wissenschaften allenfalls die Orthopädie dafür zu interessieren scheint. Nur im Kontext der Fetisch-Diskussion habe ich bei einem Analytiker eine zitierfähige Aussage gefunden. „Der Fuß ist das vollkommene und unwiderlegbare Symbol für unsere erniedrigende Kreatürlichkeit, für das Mißverhältnis zwischen unserem stolzen, phantasievollen, lebendigen, unendlich transzendenten und freien inneren Geist und unserem erdgebundenen Leib."[17]

Dieser unscheinbare Körperbereich, auf dessen Kultivierung und Symbolisierung Religion und Kunst kaum einmal Mühe verwendet haben, wird hier zum zentralen Faktor einer humanen Artistik. Die körperlichen Grundfunktionen von Stehen, Gehen und Laufen werden bei jedem Ballkontakt transzendiert. Die Künstlichkeit dieses Verhaltens steigert seine Kunstfertigkeit, aber auch die Gefahr des Mißlingens. Auf der Erdkugel soll man mit Hilfe der Füße miteinander und gegeneinander die Lederkugel so traktieren, daß für alle, die vom Geschehen erfaßt sind, gesteigertes Leben Wirklichkeit wird. In der religiösen Fußwaschung wird Niedrigkeit dargestellt. In der sportlichen Fußbeherrschung kommt es zur Demonstration kultureller Gestaltungskraft.

Zur Dramatik der Fußballwelt gehört also die Körperbezogenheit. Der engagierte Zuschauer wird hier anders und mehr mitgerissen als jeder Leser. Allenfalls der Konsum von Pornographie ist vergleichbar, weil es hier wie dort um die Freisetzung sozial domestizierter Triebkräfte geht. Anders als in jenen Sportarten, die der YMCA entwickelt hat, nämlich im Basketball und im Volleyball,[18] sind beim Fußball konkreter Körperkontakt und harter Körpereinsatz erlaubt, und die Grenzen zur gezielten Gewaltanwendung im Sinne von 'Tätlichkeit' sind durchaus fließend. Auch und gerade die Fans finden deshalb hier ein Ventil für die Abfuhr von Aggressionen, die sie im beruflichen und familialen Alltag, aber natürlich auch im Gottesdienst unterdrücken müssen. Die gegnerische Mannschaft, deren Anhängerschar, aber auch Schieds- und Linienrichter sind beliebte Objekte, um das eigene Team tatkräftig aufzurüsten und die eigenen Frustrationen vorübergehend loszuwerden.

Dabei kann die freigesetzte Aggressivität die Beteiligten situativ überfluten. „Wenn sich Schiedsrichter und Spieler sowie Zuschauer in eine Auseinandersetzung hineingesteigert haben, entstehen eigentümliche Entartungsformen des Spiels, in denen einzelne Spieler oder gar eine ganze Mannschaft offenbar ihr gesamtes Konzept verlieren, weil sie eigentlich nicht mehr mit dem Gegner um den Sieg, sondern nur noch gegen den Schiedsrichter spielen."[19] Und daß im Anschluß an diese Schlacht auf dem Spielfeld sich 'Vandalismus' entwickelt, daß unbeteiligte Personen attackiert und Sachen beschädigt werden, kann nur den überraschen, der die latente Ansteckungskraft von Gewalt übersieht.[20] Eine 'heile' Welt findet man auf dem Fußballplatz nicht. Selbst jener Kompromiß eines 'Spiels ohne Sieger', bei dem durch ein Unentschieden keine Gewinner, aber auch keine Verlierer entstehen, wird von den Betroffenen in der Regel energisch verworfen.

Das Drama verlangt den eindeutigen Ausgang. Spätestens dann bricht aber auch hier die metaphysische, die religiöse Frage nach der Gerechtigkeit auf. Fast alle Kommentare, die man von Trainern, Sportlern und Reportern nach Spielschluß zu hören bekommt, beschäftigen sich mit der Frage, ob Sieg und Niederlage 'verdient' gewesen seien. Die Antworten variieren beträchtlich. Sie reichen vom stolzen Verweis auf die eigene Leistung über das freudige Eingeständnis von Glück und die bittere Klage über Schiedsrichter oder Schicksal bis hin zum freimütigen Geständnis, daß die andere Mannschaft besser gewesen sei. Offensichtlich bedarf auch ein Sportergebnis der Rechtfertigung oder, wie es in seiner nüchternen Diktion Max Weber ausdrückt: „Daß ein Mensch im Glück dem Minderglücklichen gegenüber sich nicht mit der Tatsache jenes Glücks begnügt, sondern überdies auch noch das 'Recht' seines Glücks haben will, das Bewußtsein also, es im Gegensatz zu dem Mindeglücklichen 'verdient' zu haben (...), dieses seelische Komfortbedürfnis nach der Legitimität des Glückes lehrt jede Alltagserfahrung kennen."[21]

3. Fußball als Religion

Erfährt man in der Fußballwelt eine implizite Religiosität? Die beiden Wahrnehmungsperspektiven, auf die wir uns eingestellt haben, drängen zur Antwort auf diese Frage in unterschiedliche Richtungen. Für die ritualtheoretische Betrachtung gibt es zahlreiche Analogien zwischen kultischen und sportlichen Handlungssequenzen. Hier wie dort arbeitet man mit Prozeduren der Präparation, in denen alte Ekstase-Techniken angewandt werden. Hier wie dort kommt es zur Kooperation zwischen Aktiven und Rezeptiven, entsteht die 'flow'-Erfahrung und stellt sich die alltagstranszendente Wirklichkeit von 'Communitas' ein. Konzentriert man die Aufmerksamkeit dagegen auf die Strukturen des dramatischen Ablaufs, treten auch erhebliche Differenzen ans Licht. In den mitteleuropäischen Gottesdiensten der Gegenwart, die hermeneutisch und nicht exorzistisch verfahren, fehlt der konkrete Kampf zwischen Antipoden. Es fehlen die Spannung einer offenen Situation und das Risiko eines schmerzlichen Scheiterns. Und schließlich werden auch elementare Lebensbereiche wie Leiblichkeit und Triebhaftigkeit allenfalls sprachlich berührt, aber in das Geschehen selber nicht integriert.

Die implizite Religiosität, die man in der Fußballwelt beobachten kann, verdankt sich also einer spezifischen Wahrnehmungsperspektive. Das gilt zugespitzt auch für das wissenschaftstheoretische Dilemma, mit dessen Aufdeckung K.-F. Daiber seine Studie zur Trivialreligion in den Heftromanen beschließt: „die Schwierigkeit besteht darin, daß es Religion gibt, die sich als Nichtreligion versteht und vielleicht umgekehrt sogar auch Nichtreligion, die meint Religion zu sein."[22]

Für eine funktionale Betrachtung trifft dies zweifellos zu. „Die Parallelität zu Funktionen von Religion"[23] läßt sich auch für das Fußballspiel konstatieren. Aus der tristen Alltagswelt führt es in den Raum gesteigerten Lebens. Trotz der eigenen Unscheinbarkeit kann man an der Kraft und am Glanz der Helden partizipieren. Im Gegensatz zur sozialen Ohnmachtserfahrung gewinnt man hier Handlungskompetenz bei der Realisierung des erfüllten Augenblicks. Eine funktionale Betrachtung wird in diesen und anderen Dimensionen Erlebnisqualitäten entdecken, die die institutionelle und theoretische Separation zwischen Kunst, Sport und Religion erheblich relativieren. Eine alternative Perspektive ergibt sich, wenn man die gängige Differenzierung zwischen individueller, erlebter Religiosität und institutioneller, organisierter Religion überschreitet. In seinem klassischen Werk über „Die elementaren Formen des religiösen Lebens" hat E. Durkheim festgestellt: „Wer eine Religion wirklich praktiziert hat, weiß genau, daß es der Kult ist, der die Freude, die innere Ruhe, den Frieden, die Begeisterung erregt, die für den Gläubigen der Erfahrungsbeweis für seinen Glauben ist. Der Kult ist nicht einfach ein System von Zeichen, durch die sich der Glaube äußert, sondern die Summe der Mittel, mit denen er sich erschafft und periodisch wiedererschafft. Ob der Kult aus materiellen Handlungen oder aus geistigen Operationen besteht, ist gleichgültige; immer ist es der Glaube, der wirkt."[24] Der Glaube, der sich im Totemismus der australischen Ureinwohner wie in den Hochreligionen von Ahnen, Geistern und Göttern gestärkt und geborgen sieht, artikuliert nach Durkheim auf seine Weise den fundamentalen Gesellschaftsbezug menschlichen Daseins. Religion kann individuelle und kollektive Wirkungen aus sich entlassen, weil „die Idee der Gesellschaft die Seele der Religion"[25] ist. Die Begeisterung, die zur religiösen Erfahrung gehört, ist auch für Durkheim eine Technik, die religiöse Praxis als Kraftgewinn produziert. Sie beschwört jenen Gemeingeist, der sich im Totem des Clans manifestiert hat. Das Problem der impliziten Religion in der Fußballwelt wäre dann durch die Frage zu präzisieren, ob man den Gemeingeist eines Vereins, mit seinen Fahnen und Farben und Tiersymbolen, in irgendeiner Hinsicht gleichsetzen kann mit dem Gemeingeist eines religiösen Kults und den machterfüllten Symbolen, die seinen Ablauf in Raum und Zeit strukturieren. Das ist eine unendliche Frage, die auch eine präzise phänomenologische Analyse nur ansatzweise zu lösen vermag, weil man sie fundamental nur konfessorisch beantworten kann.

„Fußball ist unser Leben"? Die Biographie eines Fans verändert manchmal gar keine große Erlöserfigur, die von sich behauptet, Weg, Wahrheit und Leben zu sein. Oft genügt schon das Auftauchen einer wohlgeformten Frauengestalt, damit das jugendbewegte Bekenntnis zum runden Lederball allmählich verklingt. Denn was jenseits der Torerfolge und Heftromane zu finden ist, das können großformatig nur wirklich begnadete Ballkünstler sagen: „Es ist ein weiter Weg von Jerry Cotton und Fred Unger zu Laotse oder Konfuzius. Ich bin froh, daß ich ihn hinter mir habe."[26]

aus: Religion wahrnehmen, Festschrift für Karl-Fritz Daiber zum 65.Geburtstag, Hrg. von Kritian Fechtner, Lutz Friedrichs, Heinrich Grosse, Ingrid Lukatis und Susanne Natrup, Marburg 1996. Abdruck mit freundlicher Genehmigung des diagonal-Verlages, Marburg und des Verfassers.

1. K.-F. DAIBER, Religion in deutschen Heftromanen, in: Österreichische Zeitschrift für Soziologie 11, 1986, 91.
2. M. WEBER, Wirtschaft und Gesellschaft 1. Gundriß einer verstehenden Soziologie, Tübingen 41956,307f.
3. K.-F. DAIBER, Religion in Heftromanen, 88.
4. Deshalb kann J.-P. SARTRE, Kritik der dialektischen Vernunft, Reinbek 1987, 475 ff., das Verhältnis zwischen individueller und gesellschaftlicher Praxis auch am Beispiel des Fußballsports diskutieren.
5. Vgl. M. ELIADE, Schamanismus und archaische Ekstasetechnik, Frankfurt a. Main 1975.
6. Einen forschungsgeschichtlichen Überblick bietet W. A. SWOBODA, Abseits oder Anstoß? Fragestellungen und Perspektiven der Fußballfan-Forschung, in: R. Kübert; H. Neumann; J. Hüther; W. A. Swoboda, Fußball, Medien und Gewalt, München 1994, 54 ff.
7. M.CSIKSZENTMIHALYI, Das flow-Erlebnis. Jenseits von Angst und Langeweile: im Tun aufgehen, Stuttgart 1985, 61 ff.

8. V. TURNER, Vom Ritual zum Theater. Der Ernst des menschlichen Spiels, Frankfurt a. Mam 1989, 75.

9. Vgl. D. SCHULZE-MARMELING, Tapfere Kämpen, smarte Yuppies – Zum Wandel der Spielertypen in 30 Jahren Bundesliga, in: K. Hansen (Hg.). Verkaufte Faszination. 30 Jahre Fußball-Bundesliga, Essen 1993, 28ff.

10. W. PIEPER, Fußball als Gottesdienst, in: K. Hansen (Hg.), Faszination, 156, zitiert W. Krickeberg: „Wir finden in der aztekischen Religion (...(die Gleichsetzung des Ballspielplatzes mit dem Himmel und des fliegenen Balles mit den Himmelskörpern, vor allem mit der Sonne. Im Siegen und Unterliegen der Spieler drückt sich der ewige Kampf zwischen Licht und Dunkel aus.

11. Zitiert nach H. FISCHER (Hg.), „Wie schön ist doch das Fußballspiel...". Fußball in Marburg (1905-1980), Marburger Stadtschriften zur Geschichte und Kultur 9, Marburg 1983,6.

12. H.U. HERRMANN, Die Fußballfans. Untersuchungen zum Zuschauersport, Schorndorf 1977, 96.

13. Mit Recht verweist G. VINNAI, Fußballsport als Verdoppelung der Arbeitswelt, in: W. Hopf (Hg.), Fußball Soziologie und Sozialgeschichte einer populären Sportart, Bensheim 1979, 198, auf die auch im Fußball durchgesetzte Arbeitsteilung und Spezialisierung: „Die von der kapitalistischen Produktion erzwungene rationell-kalkulatorische Verlegung der kollektiven Arbeitsprozesse hat auf dem Fußballfeld ihr Pendant. Wie der Arbeiter und Angestellte muß der Fußballer auf seinem Posten ausharren, wo sich seine Aktionen auf sich wiederholende Spezialaufgaben reduzieren."

14. N. ELIAS, Der Fußballsport im Prozeß der Zivilisation, in: R. Lindner (Hg.), Der Satz „Der Ball ist rund hat eine gewisse philosophische Tiefe." Sport, Kultur. Zivilisation, Berlin 1983, 12, sieht die kulturelle Errungenschaft dieser Sportart darin, „daß Fußballspiele ‚ausgespannt' sind zwischen der Scylla der Unordnung und der Charybdis der Langeweile".

15. F. SCHLEIERMACHER, Die Praktische Theologie, Neudruck Berlin 1983, 217.

16. Für Chr. Graf von KROCKOW, Sport. Eine Soziologie und Philosophie des Leistungsprinzips, Hamburg 1974, 164, gehört zur „Magie im Stadion": „Der Ball, nach längst klassischem Ausspruch rund, erweist sich als so beherrschbar wie unbeherrscht, Symbol des Geschicks, des Glücks oder Unglücks, das in zweifacher, in des Wortes doppelsinniger Bedeutung den Menschen entspringt".

17. E. BECKER, Dynamik des Todes. Die Überwindung der Todesfurcht – Ursprung der Kultur, Olten 1976, 181.

18. Vgl. E. GELDBACH, Sport und Protestantismus. Geschichte einer Begegnung, Wuppertal 1975, 181 ff.

19. G. HEISTERKAMP, Die Psychodynamik von Kampfspielen. Am Beispiel der Beziehung zwischen Schiedsrichtern, Spielern und Zuschauern, Schorndorf 1975,104.

20. G. GIRARD, Das Heilige und die Gewalt, Zürich 1987.

21. M. WEBER, Wirtschaft und Gesellschaft, 299.

22. K.-F. DAIBER, Religion in Heftromanen. 91.

23. K.-F. DAIBER, Religion in Heftromanen, 82.
24. É. DURKHEIM, Die elementaren Formen des religiösen Lebens, Erankfurt a. Main 1981, 559.
25. É. DURKHEIM, Formen, 561.
26. Franz BECKENBAUER, Ich. Wie es wirklich war, München 1992, 178.

Thomas Ziehe

Rituale zwischen 'Schulrecht' und 'Schülerorientierung'

Zeitbrei und Routine

Die Kleine Pause ist zuende. Die Jungen bombardieren sich johlend mit Turnschuhen. Die Mädchen, in der Flugbahn, ziehen, mal schimpfend, mal kichernd, ihre Köpfe ein. Die Englischlehrerin steht in der Tür. Allgemeines Einsammeln. Ralf fällt ein letztes Mal über einen querliegenden Stuhl. Die Köpfe sind noch glühend und verschwitzt, aber der Lärmpegel schwillt nach und nach ab. Die Lehrerin begrüßt die Klasse. Letztes Aufflackern von Lärm, Ermahnung, allmähliche Beruhigung. „Die Hausaufgaben". Sich zur Tasche beugen, Englischheft suchen, Englischheft auf den Tisch legen, richtige Seite aufschlagen. Warten, Blickkontakt mit der Lehrerin vermeiden. Auf die Uhr schielen, zehn vor elf. Warten.
Das geht so tagein-tagaus. Der Schulalltag ist durchzogen von einem Netz *routinisierter Handlungsabläufe.*
Es gongt. Die Lehrerin formuliert die Hausaufgaben gegen den wieder anschwellenden Lärmpegel. Die Lehrerin ermahnt zum Zuhören und wiederholt sich noch einmal. Die Lehrerin geht. Englischheft zuschlagen, in die Tasche verstauen, Kopfeinziehen – Turnschuhe! Uhrzeit: acht vor elf. – Routinisierte Handlungsabläufe.
Es gibt auch *routinisierte Arrangements.* Eine neue Mappe beginnen, gestochen scharf das Etikett beschriften. Hinten drauf ein Abziehbild. Die erste Seite beschriften, ordentlich, sauber, strotzend vor guten Vorsätzen. In solchen kurzen Momenten ist Ordnung eine wahre Lust. – Oder freitags, in der sechsten Stunde, wird immer vorgelesen und Musik gehört. Colaflasche auf den Tisch, sonst alles leermachen, Feierabendstimmung. Mit den Gedanken abschwirren und doch zuhören, innerlich ruhig werden. Bis viertel nach eins. – Routinisierte Arrangements.
Solche routinisierten Handlungsabläufe und Situationsarrangements sind eigentlich Kleinstrituale. Sie halten den Schulalltag ganz unspektakulär zusammen. Und sie rufen dieses eigenartige Zeitgefühl hervor – alles ist scheinbar immer gleich und läßt die Zeit quälend stillstehen, und doch vergehen Monate und Jahre. – In dieser Hinsicht ist Schule, da mache ich mir keine Illusionen,

erst einmal eine Art Zeitbrei, und dieser Zeitbrei ist es auch, an den man sich später hauptsächlich erinnern kann.

Aber Schulzeit ist in Lebenszeit und in historische Zeit eingebunden. Schulzeit ist markiert durch biographische Einschnitte – Einschulung, Schulwechsel, Schulabschluß -und durch zyklisch wiederkehrende Ereignisse – Schuljahrsbeginn, Geburtstage, Ferien, Schuljahrsende. Diese Einschnitte und Zyklen bedürfen der symbolischen Vergegenwärtigung, soll Lebenszeit nicht zum Einheitsbrei verkommen. Schulzeit ist Generationsbegegnung und Generationskonfrontation. Auch ein Jahrestag, ein Jubiläum, ein Zusammentreffen mit 'Ehemaligen' könnte zeitlicher Vergegenwärtigung dienen.

Ich bin eine Zeitlang in den USA zur Schule gegangen, auf eine recht gediegene Internatsschule im Mittelwesten. Da gab es eine ganze Reihe 'großer' schuloffizieller Anlässe, ein Jahresüberblick des Direktors, eine Wiedersehensfeier mit Altschülern, ein Tag der offenen Tür für die Eltern und ähnliches mehr. Das war feierlich, manchmal sogar anrührend, aber eigentlich selten steif und gewollt. – Und dann gab es neben diesen 'großen' Anlässen die 'kleinen' im Klassenrahmen; Rituale der Bewährung und Rituale der freundlichen Anerkennung, könnte man sie nennen. Wenn du nach vorne gebeten wirst, um zum ersten Mal einen richtiggehenden Vortrag zu halten, und dir pocht das Herz in die erwartungsvolle Stille hinein, und du schaffst es schließlich. Oder wenn du vor der Klasse darlegst, welche der Aktivitäten des abgelaufenen Monats dir besonders wichtig gewesen sind. – Das war kein Krampf. Und es hob sich als 'bedeutsame' Momente vom üblichen Zeitbrei ab. – Oder die Theaterkulisse, die wir unter strengster Geheimhaltung in langer Arbeit entwarfen und ausführten, um sie mit angstvollem Stolz in der Uraufführung zu präsentieren....

Schnitt! Ich will nicht allzu melancholisch werden. Ich weiß nicht genau, ob ich, um solche Erinnerungsbilder aufblitzen zu lassen, unbedingt auf meine Schulerfahrung in Amerika zurückgreifen mußte.

Als ich nach Deutschland zurückkehrte, wurden Rituale solcher Art – formalisierte Momente nachdenklicher Konzentration und Exponiertheit – gerade offiziell beerdigt. Man hatte die Nase voll davon, bzw. es ging einfach nicht mehr.... Nun leuchtet es mir ein, Prozeduren abzuschaffen, die sich als entleert, hölzern und verlogen erwiesen haben. Aber spricht die Tatsache schlechter Rituale gegen Rituale schlechthin? Darüber möchte ich – nicht ganz ohne Polemik – nachdenken. Der Schulbezug wird kein direkter mehr sein, aber die Schule ist empfindlicher Teil des Problems, das mich beschäftigt.

Das Ritual als 'überholt'

Warum tun wir uns so schwer mit Ritualen? Nach meiner Erfahrung ist sowohl eine *normative Abwertung* von Ritualen verbreitet als auch ein subjektives *Unbehagen an* ihnen.
In der zur Abwertung neigenden Haltung, um damit zu beginnen, werden zumeist Rituale mit Stereotypen gleichgesetzt. Rituale sind in dieser Vorstellung quasi-automatisierte Verhaltensabläufe (in Analogie zu den tierischen Ritualen, wie sie die Tierverhaltensforschung kennt), oder sie sind Verhaltensschemata, die sich längst von ihrem ursprünglichen historischen Sinn losgelöst und hierdurch entleert haben (so wie man abschätzig von einer immer wiederkehrenden Zusammenkunft sagt, sie sei 'bloß noch ein Ritual'). Andere Vorbehalte gegen Rituale setzen am Vorwurf der 'Äußerlichkeit' an, lassen also eine Formensprache nur gelten, insoweit sie Ausdruck individueller 'Innerlichkeit' ist. Desweiteren wird das Verständnis vom Ritual bisweilen auf die psychoanalytische Bedeutung von 'Ritualisierung' reduziert, also auf die Symptomatik von Pseudo-Ordnungssystemen, die im Dienste einer zwanghaften Abwehr von Triebimpulsen stehen. – Und schließlich sind Rituale für manche geradezu die Inkarnation einer neokonservativen Wendepädagogik, dienen in dieser Sichtweise also der Wiedereintrainierung vorkritischer Schülerhaltungen.
Die abwertende Haltung gegenüber Ritualen dürfte um so strikter ausfallen, je mehr biographische Energie die Betreffenden dafür haben aufbringen müssen, sich selbst aus traditionalistischen Herkunftsmilieus zu lösen. Folgerichtig sind Rituale für die vielzitierte 68er-Generation unter den Lehrern häufig geradezu identisch mit 'Rückschritt'. Kurzum, die Idee der Rituale hat es heutzutage unter all den Pädagogen, die sich als liberal, progressiv oder alternativ verstehen, nicht eben leicht.
Die Vorbehalte, die ich eben etwas kursorisch aufgezählt habe, teilen eine konzeptuelle Schwäche. Sie geben nämlich – ob gewollt oder nicht – den positiven Gehalt dessen auf, was die Ethnologen 'symbolische Ordnung' nennen. 'Symbolische Ordnung' wird dann so sehr mit Traditionalismus in eins gesetzt, daß eine *nach*traditionalistische Vorstellung von Gesellschaft in dieser Sicht nur noch eine sein kann, die des symbolischen Raumes gar nicht mehr bedarf. Hier schließen sich also dichte Symbolik und Modernität schlicht aus. Was soll an die Stelle dessen treten? Zweierlei: die Gefühle, Deutungen und Handlungen der Subjekte sowie die funktionalen Gesetze der 'objektiven' Welt. Etwas krasser gesagt und auf die Schule bezogen: Die Wirklichkeit spreizt sich nun auf in individuelle Bedürfnisse und administrative Regeln, in Subjektivismus und in Verrechtlichung. Das Zwischenfeld, das, was

nicht 'Bedürfnis' ist, aber auch nicht administrative Regel, wird kategorial aufgelöst. Es kommt – in seinem denkbaren positiven Gehalt – dann nicht mehr in Blick. Wenn, in der Regel von konservativer Seite, beschwörend von den 'Werten' geredet wird, so ist das meines Erachtens begrifflich oft hilflos und auch ideologisch 'Linke' diesen Raum zugleich subjektivistisch wie objektivistisch verfehlt.

Für die Interpretation von Schule entgeht dieser zweipoligen Sicht dann allerhand. Der Klassenraum ist dann, in der 'weichen' Perspektive, ein Feld unterschiedlicher 'Bedürfnisse' und, in der 'harten' Perspektive, ein Umsetzungsfeld gesellschaftlicher Funktionen. Je nach Sicht wird der Lehrer als bedürfnisorientierter Beziehungsarbeiter oder als vorschriftengeleiteter Unterrichtsbeamter, mit anderen Worten: als *Therapeut* und als *Technokrat*, gesehen.

Was sich hier zunächst als Defizit von Vorstellungen und von Konzepten andeutet, ist längst auch ein Defizit in der schulischen Praxis selbst. Die Schule wird apparatehafter, bürokratischer – das ist mittlerweile ein kritischer Gemeinplatz –, und gleichzeitig ist die Gegenpraxis hierzu bloß im *verkürzten* Sinne 'schülerorientiert', also mit vielem guten Willen bestrebt, den situativen Bedürfnissen der Schüler nachzukommen. Die Hinweise derjenigen 'Konservative', die dies mit Worten wie 'Werte', 'Geist der Institution', 'Atmosphäre' diagnostizieren wollen, werden von den 'Progressiven' zu rasch, bereits auf einer sprachkritischen Ebene, abgeblockt, wiewohl sich in diesen Hinweisen ein durchaus sensibles Gespür für einen subtilen Mangel zeigen kann.

Liegt die Absurdität der unmäßigen Verapparatung der Schule einigermaßen auf der Hand, so wirkt die andere Tendenz 'natürlicher' auf uns, da sie längst selbstverständlicher Bestandteil auch unserer privaten Lebensformen geworden ist – die Tendenz zur Subjektivierung. Subjektivierung heißt, daß sich die Kriterien unserer Sozial- und Selbstwahrnehmung im Prozeß kultureller Modernisierung tiefgreifend verschoben haben. Wichtig und bedeutungsvoll ist die Realität unseres 'Selbst' geworden. Das Selbst ist jetzt geradezu Realität gesteigerten Grades. Der soziale Raum hingegen, in dem wir auch 'unpersönlich', d.h. ohne psychische Intimität, miteinander umgehen können, hat eine empfindliche Bedeutungsabwertung erfahren müssen. Alles, was 'unpersönlich' ist, wird tendenziell als sinnlos erlebt, und so auch eine symbolische Formensprache für den öffentlichen, den sozialen Raum. Man kann deshalb durchaus davon sprechen, daß sich unsere *Selbsterfahrung desozialisiert* hat bzw. Sozialität durch Subjektivierung ersetzt wird. Und wir 'Progressiven', sonst doch hellwach allen Destruktionen gegenüber, wir sind bei diesem Prozeß ganz vornweg. (Und man mag jedes 'linke' Fest als geradezu niederschmetternden Beleg für die Zerstörung von Formensprache heranziehen!)

Dieser Tendenz stellen sich Sozialphilosophen inzwischen entgegen. Richard Sennett mit seiner Kritik an einer rigoristischen Moral der 'Authentizität'; Karl-Heinz Bohrer mit seiner Forderung nach einer Formensprache öffentlicher Ethik; Jürgen Habermas mit seiner Sorge um eine nachtraditionale Lebenswelt, und der phänomenologische Begriff der 'Lebenswelt' meint ja gerade ein Zwischenfeld, ist also sowohl antipsychologistisch als auch antiobjektivistisch; Lebenswelt ist gerade nicht 'Umwelt'. Die progressive Pädagogikdiskussion hingegen hatte bis vor einiger Zeit nur einen Begriff für diese Zwischensphäre des Symbolischen, den des 'heimlichen Lehrplans' der Schule, und der wurde, nicht zufällig, als Entlarvungsbegriff verwendet. Was nicht offen sichtbar ist, kommt dem Betrug nahe.

Das Ritual als 'peinlich'

Wenn sich die Kriterien unserer Sozial- und Selbstwahrnehmung verschoben haben, so berührt das auch unsere Gefühle. Auch unsere Gefühle unterliegen Gefühls*normen*, und die haben sich historisch verändert. 'Ernstgenommen' werden heutzutage äußere funktionale Zwänge und innere affektive Selbstzustände. Daß zwischen dem 'harten' Äußeren und dem 'weichen' Inneren ein symbolischer Raum kultiviert (also gepflegt) werden kann, ist nicht mehr ohne weiteres einsichtig. Und wenn dieser nicht-persönliche Raum sich über eine symbolische Formensprache reproduziert, so unterliegt das allemal der Gefahr, als fremd, ja als befremdlich erlebt zu werden.
Eine Schweigeminute für einen Toten oder ein Moment glücklicher Stille für einen Zurückgekehrten oder ein feierlicher Rückblick auf eine gemeinsame Arbeitsperiode – wie schwierig ist das geworden! Peinlichkeit steigt in uns auf. Die innere Stimme wird um so lauter, je unalltäglicher die soziale Situation ist. Der eigene Atem wird spürbar, der Kopf wird heiß. Unbehagen, Spannung, Überdruck – Peng! Es muß raus – Kichern, Warum-Fragen, einen Witz loslassen, jedenfalls muß die Spannung raus, die Alltäglichkeit so schnell zurück wie nur möglich.
Gelächter kann befreiend sein, Spannungsabfuhr in vielen Situationen nur allzu verständlich. Das sehe ich ein. Aber diese Einsicht darf mitnichten die kritische Frage verstellen, ob mittlerweile nicht unsere Aufnahme*fähigkeit* für die Formensprache *öffentlicher Gefühle* grundsätzlich beeinträchtigt ist; ob die intuitiven Plausibilitätsmaßstäbe, die wir anwenden, nicht alle sozialen Ereignisse als befremdlich, uneinsichtig und eben sogar peinlich erleben lassen, die *zugleich intensiv* und *förmlich* sind. Als ginge immer nur das eine

oder das andere. Das Intensive ist dann nur in privat-intimer Form zugelassen und das Förmliche nur in funktional-unaffektiver. *Öffentliche Intensität* ist in dieser Sicht unplausibel, ist sozial eine Zumutung und subjektiv ein Zuviel an innerer Spannung. Peng – dann lieber 'Raus-mit-der-Spannung', Alltag! Alltag der inneren Selbstzustände und Alltag der äußeren funktionalen Verrichtungen.

Der Pferdefuß dieser permanenten Sicherung des Gewohnten besteht allerdings im umfassenden Effekt einer *Trivialisierung* des sozialen Lebens. Wir sind entspannt im schlimmsten Sinne des Wortes. Der Abbau jeglicher Formensprache für öffentliche Intensität kassiert alle symbolische 'Spannung' und hinterläßt die Öde immer-gleicher routinisierter Alltäglichkeit. Eben den Zeitbrei.

Das Intensitätsverlangen hingegen rutscht ins Private. Und dort schießt es hoch wie in einem Treibhaus. Die sogenannten Beziehungskisten, die Süchte und die Depressionen, die uns alltäglich umgeben, können ja auch als Indiz für die vielfältigen Enttäuschungen genommen werden, die hervorbrechen, wenn die Privatwelt als Ersatz für die Verödung des öffentlichen Lebens hoffnungslos überfordert ist. *Privater Intensitätshunger* und *öffentliche Intensitätsvermeidung,* das gibt ein explosives Gemisch.

Und spätestens, wenn man sich diese ins Intim-Private gerutschte Explosivität anschaut, wird klar: ein ständig zu kurz kommendes privates Intensitätsverlangen, dem keine öffentlichen Möglichkeiten mehr zur Verfügung stehen, kann sozialpsychisch und auch politisch einmal gefährlich sein. Denn – um gleich einmal auf die Extremkonsequenz hinzuweisen – die Darstellung der Politik als wahnhaftes Intensitätsangebot haben wir schon einmal gehabt. Die faschistische Faszination lag ja nicht etwa in einer öffentlichen und sozialen Formensprache, sondern darin, daß inneren Phantasmen die Möglichkeit eröffnet wurde, äußere Realität zu werden. Faschismus heißt, sozialpsychologisch gesehen, soziale und psychische Mechanismen der Phantasmenkontrolle außer Kraft zu setzen und als Affekte öffentlich zu bündeln. Die infantil-archaische Seite der Innenwelt darf Außenwelt werden und sich austoben.

Wer öffentliche Formensprache mit diesem Mechanismus verwechselt, macht meines Erachtens einen verhängnisvollen Fehler; er könnte sogar die Zerstörung öffentlicher Symbolik als Beitrag zum 'Antifaschismus' sehen. Es ist umgekehrt: Gerade dort, wo – um nur diese Länder zu nennen – in Angelsachsen, in Skandinavien und Frankreich eine festere demokratisch-republikanische Tradition besteht, ist das Sensorium für öffentliche Symbolik und öffentliche Ethik erheblich ausgeprägter als in Deutschland. Noch der Rigorismus der freudlosen Verödung des öffentlichen Lebens von aller stilvollen Formensprache hat durchaus 'deutsche' Züge.

Inszenierte Ereignisse

Ich sprach davon, mittlerweile sei das Intensitätsverlangen ins Private gerutscht. Glücklicherweise bringen nun aber Tendenzen, die zu einem Mangel führen, oft auch Gegentendenzen hervor. Ein Moment öffentlicher Intensität läßt sich meines Erachten in der Inszenierung von Popkonzerten ausmachen. Emotionale Bewegtheit, Sinnlichkeit, Ekstase sind hier in ästhetische Formen gebracht, die zumindest öffentlich genossen werden, auch wenn hier die Intensität selbst zunächst einmal eine vorgeführte ist. Die Stars auf der Bühne sind Repräsentationen einer möglichen gemeinsamen Intensität, in die ich mich projektiv einbeziehen kann.

Andere ästhetische Produktionen wie Theater und Tanz können ebenfalls Formgebung öffentlichen Gefühls sein. Im öffentlichen Ereignis einer Performance etwa kann Feierlichkeit und Schrecken, Erhabenheit und Entsetzen, Exzentrik und Stille verkörpert werden. Und diese Kunstformen haben immerhin die Kraft, den anwesenden Rezipienten auch entsprechende Sozialformen nahezulegen: da findet sich dann, auch bei ganz jungen Leuten, viel Sinn für Konzentration und für ästhetisch gebrochene Ergriffenheit.

Es geht, damit ich da nicht mißverstanden werde, überhaupt nicht um Pompöses. Form- und Stilbewußtsein kann sich gerade im Kleinen, im dezidiert Unpathetischen zeigen. Die Erfolge von David Byrnes Musik und Filmen (der Talking Heads), von Tom Waits und von Jim Jarmusch („Down by Law") zeigen, daß deren Mischung von Wortwitz und musikalischer und visueller Sparsamkeit auch auf Resonanz trifft. Hier wird das Lapidare des Alltags selbst noch einmal in raffinierter Formenstrenge ästhetisiert.

Es könnte sein, daß in der Tat ästhetische Erfahrung und Sensibilität eine Brücke sein könnte, die hier von mir kritisierte Abwertung und Abwehr nicht-persönlicher Formensprache zu überschreiten. Und vielleicht ist das Sensorium vieler Schüler für ästhetische Fragen, das man heute vermehrt antreffen kann, hier ein hoffnungsträchtiger Fingerzeig. Selbst ein Interesse für Mode und für ästhetisch niveauvollere Kleidung könnte – entgegen den Alarmrufen der Antiästheten, die hier immer nur die Allzweckdiagnose 'Konsumismus' in Anschlag bringen – eine abermalige Bedürfnisverschiebung anzeigen. Das Moment der *Inszenierung* wäre dann faszinierend als formgebende, öffentliche Darstellungstechnik. Das Moment des *Ereignisses* als emphatische Vergegenwärtigung eines 'Jetzt'-Zustands, der gemeinsam erlebt wird und symbolisch in die historische und die Lebenszeit gestellt wird. Ich muß zugeben, dem Begriff des Rituals hängt zuviel historische Hypothek an. Aber könnten wir nicht davon sprechen, daß solche Formensprache und solches symbolisiertes 'Jetzt'-Bewußtsein wieder aufmerksamer beachtet und, wo als kleines Pflänzchen vorhanden, vorsichtig gepflegt werden sollte?

Inszenierte Ereignisse in diesem Sinne wären eine Bereicherung gegen den Zeitbrei. Und es sollte damit beginnen, erst einmal ein Sensorium dafür auszubilden und nicht weiter die formen-ignorante Trivialisierung des sozialen Raumes als Gegenmittel zur Verapparatung unserer Institutionen zu verkaufen. Zwei Barbareien sind nicht besser als eine.

aus: Thomas Ziehe, Zeitvergleiche. Jugend in kulturellen Modernisierungen, Juventa Verlag Weinheim und München 1991, S.107-116. Abdruck mit freundlicher Genehmigung des Juventa Verlags und des Autors.

Rituale in der
pädagogischen Praxis

Astrid von Friesen

Ritualisiertes Verhalten
im Alltag und in der Erziehung

Kinder lieben Rituale. Sie brauchen die von den Erwachsenen vermittelten und sie entwerfen im Spiel ihre eigenen.
Folgende sechs Momente erscheinen mir wichtig, wenn es um Rituale im Alltag und Umgang mit Kindern geht.

1. Die Wiederholbarkeit. Rituale setzen Grenzen, strukturieren Zeit sowie die Weite und Unendlichkeit der Welt, teilen diese - aus der kindlichen Sicht - in kleine Portionshäppchen, welche emotional bekömmlich, überschaubar und deswegen gut zu verdauen sind.
In vielen Familien gibt es Zubettgehrituale für den normalen Alltag. Die Verhaltenstherapie hat sich für zahlreiche therapeutische Situationen sich ihrer bedient.
Eltern mit schlafgestörten Kindern werden z.B.angelernt, minuziöse Rituale einzuhalten. Da Schlafstörungen von kleinen Kindern die gesamte Familie an den Rand der Kräfte, der Toleranz sowie der physischen und psychischen Gesundheit bringen können, sind solche Maßnahmen oftmals überlebenswichtig.
Auf die Minute genau sollen die Eltern über einen gewissen Zeitraum folgendes tun: eine halbe Stunde nach der letzten Mahlzeit (um nicht die unsinnige Kopplung von Schlaf und Essen/Trinken aufkommen zu lassen) sollen sie z.B. eine Spieluhr aufziehen, zwei Lieder singen und danach den Satz, ernsthaft und nachdrücklich auch bei einem Säugling sprechen „Liebes Kind! Damit wir morgen alle ausgeruht sind, ist es notwendig, daß Du jetzt schläfst. Auch ich brauche Schlaf. Ich bin sicher, Du schaffst es, dir einen erholsamen Schlaf zu verschaffen. Alles ist gut und in Ordnung. Schlaf schön." Fängt das Kind an zu schreien, sollen die Eltern erst exakt fünf Minuten danach wieder in das Zimmer hineingehen und den selben Spruch aufsagen. Sonst nichts tun, also nicht hochnehmen, nicht anfassen, nicht den Mund mit irgendetwas stopfen usw. Beim nächsten Mal warten sie sieben Minuten und verlängern allmählich die Zeiten.- Ein Lerntraining für beide Teile, um die Selbstheilungskräfte, nämlich sich selbst gesunden und entspannten Schlaf verschaffen zu können, im Kind zu fördern. Auch um die innere Hektik und Panik bei vielen Eltern, die sich natürlich auf das müde Kind überträgt, zu besänftigen.

2. Das Moment der Tätigkeit. Ein Ritual will getan, kann nicht nur gedacht und besprochen werden. Handlung ist erforderlich. Und da setzt auch gleich das Sinnliche ein, denn Rituale sollten bestensfalls geschmeckt, gehört, gerochen, gesehen, mit den Händen und dem gesamten Körper erfühlt werden, um jenseits unseres Verstandes uns zu nähren, anzureichern. Denn: Sinneserfahrungen sind immer auch Sinnerfahrungen. In Situationen, in denen viele unserer Sinne positiv angesprochen sind, fragen wir nicht mehr nach dem Sinn des Lebens, sondern fühlen ihn. Kinder und Jugendliche, deren zweithäufigste Todesart der Suizid ist, brauchen beides: Sinnes- und Sinnerfahrungen.

3. Das Ritual beinhaltet eine Stilisierung, d.h. eine aus dem Alltag herausfallende, ungewöhnliche Darbietung, welche durch besondere Kleidung, Gesten, einen besonderen Sprachgebrauch vermittelt wird. Dadurch kann sowohl Aufmerksamkeit sowie eine Verankerung in den Seelen zustande kommen. Mit dieser Stilisierung geht eine Vertiefung, Verdichtung und Präzisierung einher, welche durch den Symbolcharakter bewirkt wird. Symbole gelten als die kleinste Einheit eines Rituals. Deswegen sagte C.G.Jung über Rituale, daß sie sich im „Zwischenreich subtiler Wirklichkeit (befinden), die einzig eben durch das Symbol zureichend ausgedrückt werden kann."(Ges.Werke, Bd. 12, S.328). Also: Was innerhalb eines Rituals entsteht, läßt sich gar nicht anders darstellen und fassen als eben durch diese Form.

4. Die festgelegte Reihenfolge: Die Reihenfolge sowie der transportierte Inhalt „liefert eine Landkarte für das unsichtbare, unbekannte und nicht vermessene Territorium, das sie (die Menschen) durchschreiten."[1] Die Festlegung des Rituals selbst mit einem Anfang, einem Höhepunkt, dem Ende und Abschied sowie die Gewißheit der Wiederholbarkeit und der Vorhersagbarkeit bildet somit die 'Welt' ab, bietet gerade auch Kindern Struktur.
Innere Struktur, die sich ja durch die Ich-Bildung und Identitätsfindung in jedem Menschen erst allmählich herauskristallisiert, ist das Gegenteil von Konfusität und Verwirrung, von innerer Leere, nagenden Selbstzweifeln und Selbstbefragungen. Äußere Struktur hilft dabei. Rituale sind somit allein durch ihre Form fabelhafte Möglichkeiten zur Entlastung und Erholung sowie zum Lernen und Einüben in den Rhythmus des Lebens.

5. Die kollektive Dimension eines Rituals beinhaltet auch zugleich die kulturelle Bedeutung und ist Teil des gesellschaftlichen Geschehens und gesellschaftlich konstuierter Geschichte. Oder, anders ausgedrückt: Aspekte unserer Kultur präsentieren sich im Ritual. Barbara Myerhoff spricht von „säkularer Heiligkeit"[2],

die bestenfalls entstehen kann, weil selbst profane Rituale das Gefühl des Einge-
bettetseins, der Geborgenheit innerhalb der Menschheit vermitteln können. Wer
kennt dies nicht beim gemeinsamen Singen von Liedern, besonders von National-
hymnen, bei bedeutsamen Beerdigungen oder Hochzeiten z.B. der Königsfamili-
en, selbst wenn wir nur aus der Entfernung über das Fernsehen daran teilnehmen?

6. Das letzte für mich wichtige Moment ist die Verknüpfung von Kultur und Natur, die in manchen Ritualen entstehen kann. Damit unterstellen wir uns einer
höheren Ordnung, weisen über uns selbst hinaus und lassen uns ergreifen von
dem Gefühl der Verbundenheit alles Lebendigen innerhalb des Kosmos, akzeptieren für uns 'die Ordnung der Dinge'. Gerade dieses Gefühl stellt sich ein, wenn
möglichst alle Sinne angesprochen werden. Als eindrücklichstes Beispiel fällt mir
die Beerdigung ein: dieser hochartifizielle, kulturell ausgeklügelte Ritus, wenn
der Körper der Erde zurückgegeben wird und sich ein sinnlicher 'Leichenschmaus',
als Symbol für die Lebenden, daß die Welt sich weiterdreht, anschließt.

Mit Ritualen sind somit keine Automatismen des Alltags gemeint, auch wenn
diese als Fixpunkte, Erholungszonen höchst wichtig sind und helfen, uns selbst,
die Zeit und die grauen Tage zu strukturieren, Energie einzusparen und uns zugleich stark und entspannt machen. Man denke nur an die Morgenzeremonien:
wenn die in einer Familie jeden Tag neu diskutiert werden müßte, welche Anstrengung! Viele von uns würden sich auch höchst irritiert fühlen, wenn der Rhythmus anders als gewohnt abläuft: also nach dem Aufstehen erst unter die Dusche
bzw. erst die Zeitung lesen, diese unbedingt von hinten nach vorne bzw. umgekehrt, beim Müsli erst die Äpfel und dann die Milch in die Schüssel hinein.
Den Unterschied zwischen Ritualen und Gewohnheiten haben die beiden Auto-
rinnen Karin Holz und Carmen Zahn in 'Rituale und Psychotherapie' wie folgt
beschrieben: Zähne zu putzen ist uns ein Bedürfnis, und wir werden nervös,
wenn wir es nicht zum richtigen Zeitpunkt und immer wiederkehrend machen
können. Doch bleibt es ein profaner Akt des Säuberns, solange wir darin keine
symbolische Überhöhung hineinlegen. Hätten wir die Vorstellung, damit nicht
nur den Karies zu verjagen, sondern auch die bösen Geister, dann wäre es als
Ritual zu bezeichnen. Ein anderes Beispiel: Wenn das samstägliche Bad nicht
nur säubern soll, sondern auch für Geborgenheit des Elternhauses, für eine Regression in wohlige Kindergefühle steht, wenn sich also der Symbolwert in den
Vordergrund schiebt, dann würde eine Gewohnheit zum Ritual mutieren.
Mit negativen Vorzeichen wird dies bei den streng ritualisierten Gewohnheiten
sowohl von krankhaften Eßstörungen als auch beim normalen Diätwahn deutlich, welche hochdifferenzierten Regeln unterworfen sind. Dabei geht es ja nicht

nur ums schlichte Abnehmen, sondern beim genauen Hingucken ergeben sich schwer belastende, oftmals tief im Unbewußten schlummernde Aspekte der eigenen und der Familientradition, lang tradierte Schönheits- und Selbstkasteiungsriten. Selbst die banale morgendliche Tasse Tee kann ja einen ganzen Familienroman enthalten: Da hatte nämlich der Vater der Mutter immer den Tee im Bett serviert, und das Kind fühlte sich ausgeschlossen. Oder andersherum: Mit Tee wird das wunderbare Sonntagsfrühstück im Bett der Eltern assoziiert, die entspannendste Situation im Familienchaos.

Das heißt also: In vielen kleinen Alltagsgewohnheiten können sich rituelle Anteile verbergen, die uns zunächst nicht bewußt sind. Würden wir sie in vollem Bewußtsein unseres Tuns zelebrieren, könnten wir daraus Sinn, Kraft und Lebendigkeit schöpfen und ihre emotionalen, heilenden, schutzbietenden und sättigenden Funktionen nicht nur würdigen, sondern auch davon partizipieren.

Die Alltagsrituale haben somit etwas mit persönlicher Kraft und Energie zu tun. Sie vermitteln das Gefühl, Macht über das eigene Leben zu haben. Denn z.B. ältere Menschen, die nicht mehr in der Lage sind, die täglichen Handlungen der Selbstversorgung zu bewältigen, erleben dies als schmerzend und - auf einer Metaebene - als Zeichen der herannahenden Hilfsbedürftigkeit, des Ausgeliefertseins und des Sterbens.

In Bezug auf den Alltag und das Leben mit Kindern möchte ich die sechs bereits genannten Momente an zwei Beispielen durchdeklinieren und zwar an der Forderung eines neu verstandenen Sonntags- und Wochenendrituals sowie an der Bedeutung von Scheidungs- und Trennungsritualen für Kinder.

Lea Fleischmann, in Deutschland geboren und 1979 nach Israel ausgewandert, hat in ihrem 1994 erschienenen Buch „Schabbat"[3]die alte Bedeutung des Ruhe- und Feiertages aufgegriffen und eine Neubestimmung versucht.

Es ist der Tag an dem Gott ruhte, nachdem er die Welt erschaffen hatte. „Gedenke des Ruhetages, ihn zu heiligen. Sechs Tage kannst du arbeiten und all deine Arbeit tun...", so heißt es bei Moses (20, 8, 11). Die Bedeutung dieses Gebotes wird durch seine Stellung gekennzeichnet. Die ersten Gebote beziehen sich auf die Beziehung des Menschen zu Gott, während die nachfolgenden das soziale Verhalten der Menschen untereinander regelt. An der Schaltstelle steht das Gebot der Schabbatheiligung und der Ehrfurcht vor der Schöpfung. Wie Lea Fleischmann schreibt: „Nicht Zwang, Schrecken oder Furcht verbreitet der Schabbat; im Gegenteil: Er verspricht Freude, erquickende Ruhe, Erholung des Körpers und der Seele vom Alltagsstreß."[4]

Es geht darum physische Anstrengung zu vermeiden sowie die Natur nicht anzutasten. Ein Thema ist also der Schutz der Umwelt. Und da die Umweltzerstörung auch eine Zerstörung unserer Seelen nach sich zieht, geht es auch um Heilung.

134

Der Sonntag, das Wochenende könnte ein sorgenfreier Raum sein und uns Zeit geben, um soziale und spirituelle Dimensionen zu erfahren. Eingeläutet wird es im Judentum durch den Gang in die Synagoge, die feierlichen Mahlzeiten mit den immer gleichen und rituell gefertigten Speisen, durch das weiße Tischtuch, festliche Kleidung, den Schabbatleuchter und den Kidduschbecher, durch jahrtausendalte Segenssprüche, Lieder sowie – bei orthodoxen Juden – die völlige Ruhe und das Nicht-aktiv-Sein auch am Tag danach. Alles Hilfen, um das beschwerliche Leben unter der Woche meistern zu können, die Familien zusammenzuhalten und sich aufeinander zu konzentrieren, jenseits von Medien, Telefon und Autofahrten. „Der Heiligung des Schabbats kommt einem Schutz der Zeit gleich"[5], ein wichtiges Moment in unser aller viel zu hektischem Leben, eine Mahnung daran zu denken, daß sie endlich ist. Dem Sog der Schnelligkeit möchte Lea Fleischmann die Muße des Schabbats entgegensetzen.

Den Älteren bei uns werden höchstwahrscheinlich ähnliche Sonntags- und Wochenendrituale gegenwärtig sein: Das Bad am Samstagabend, die besonderen Familienmahlzeiten, der Sonntagskakao und der Kirchgang, das feierliche Mittagessen und die Mittagsruh der Erwachsenen, der Spaziergang oder Besuch bei den Großeltern usw. Bei den meisten von uns entstehen mit diesen Bildern gleichsam heftige Gefühle, angefangen bei Geborgenheit und Sehnsucht, bis hin zu Starre, Enge und Sinnleere.

Selbst wenn man von den religiösen Inhalten der inszenierten Feiertagsruhe absieht, können wahrscheinlich auch viele Nichtjuden und Nichtreligiöse manche dieser Aspekte akzeptieren, die gerade für Kinder von enormer Bedeutung sind. Schauen wir uns die einzelnen Punkte etwas genauer an, warum das Wochenende als Gesamtritual für Kinder wichtig werden könnte.

1. Das Wochenende wiederholt sich in wunderbarer Regelmäßigkeit. Der Rhythmus der Woche ist uns zutiefst eingeprägt. Selbst Migräneattacken und Depressionen halten sich des öfteren daran. Es bildet einen Lichtblick, Ruhepol und macht aus der Zeit aushaltbare und absehbare Phasen, wie gerade kleine Kinder, die erst noch lernen müssen ein Zeitgefühl zu entwickeln, es dringend brauchen. Würde sich das Wochenende – oder auch nur der Sonntag - durchs Einkaufen, Autoputzen und Saubermachen nur noch geringfügig vom Wochentag unterscheiden, würden wir eine Chance für Abstand, Kontemplation, Kontrast und innerer Ruhe verschenken.

2. Ein Ritual will getan werden. Kinder sind wahre Zeremonienmeister, was Rituale angelangt. Besonders in den instabilen Phasen, im Trotzalter und der Pubertät, können sie Bollwerke sein gegen die Überflutung von Gebühlen. Es

gälte also, den Sonntag zu zelebrieren. Was heute wahrscheinlich heißt, nicht eine Aktion mehr, sondern ganz bewußt eine Abwendung vom Konsum und vom Konsumieren der Freizeitangebote einzuläuten. Es geht nicht um das absolute Nichtstun, sondern um die Hinwendung zur Familie, zu mehr Innerlichkeit, mehr Kommunikation, mehr Muße. Da berufstätige Frauen 11 Minuten und Hausfrauen auch nur 30 Minuten am Tag mit ihren Kindern interagieren, was sich auf 30 bzw. 36 Minuten am Wochenende steigert, die Väter kommen auf 8 Minuten werktags und 14 am Wochenende[6] und die Sprachfähigkeit der Kinder sich zunehmend reduziert, wäre eine Wende hin zu mehr Kommunikation notwendig und wichtig. Viele Kinder sind bereits auf diesem Trip weg von Hektik und Aktivitäten: sie weigern sich aus Umweltgründen mittlerweile immer häufger, jeden Sonntag mit den Eltern im Auto auf Ausflügen zu fahren und bei drei Ferienreisen im Jahr mitzumachen.

3. Wird z.B. eine Mahlzeit stilisiert, erfährt sie eine emotionale Vertiefung und sogleich eine spirituelle Überhöhung und macht garantiert nicht nur physisch satt, sondern auch emotional. Da in vielen Familien heute nur noch eine einzige Mahlzeit pro Woche gemeinsam eingenommen wird, wird es höchste Zeit zu einer Rückkehr. Denn in der Hauptsache wird bei Tisch erzogen und gesprochen, dort werden Regeln und Lebensweisheiten weitergegeben, wird über Sinn und Unsinn diskutiert, können Gespräche entstehen. Und keineswegs zwischen Tür und Angel bei einer Pizza aus der Mikrowelle oder über die Zettel an der Küchenpinnwand.

4. Durch die festgelegte Reihenfolge von Wochenendritualen kann ein guter Boden gelegt werden für Stabilität und Geborgenheit. Die Gewißheit für das Kind, mit dem Vater jedes Mal etwas ganz alleine machen zu dürfen, könnte den Rang eines Rituals erreichen, wenn der symbolische Wert, nämlich die Bestätigung der gegenseitigen Verbundenheit, im Vordergrund steht. Auch die Fähigkeit des Abschaltens vom Alltag, des Regenerierens könnte gelernt werden, das Umgehen mit Anfang, Höhepunkten und Abschieden. Doch versackt das Wochenende im immer gleichen Fernsehprogramrn und in der Weiterführung der Stupidität und Banalität des Alltages, kann eigentlich nur Langeweile und Sinnleere entstehen. Und das, obwohl der Mensch ein dringendes Bedürfnis nach herausragenden Situationen und Momenten in sich trägt.

5. Die kollektive Dimension könnte erfahren werden durch das Einbeziehen der größeren Familie, von Freunden und Nachbarn, von Jung und Alt. Also dem Gegenteil von Familienegoismus und Abkapselung - zumindest zeitweilig, was

für Kinder jeglicher Altersstufe immer wichtiger wird. Denn sie bewegen sich häufig ausschließlich in altershomogenen Klassen und Gruppen, was die Konkurrenz anheizt und was enorm anstrengend ist.

6. Die Verbindung von Kultur und Natur ist kleinen Kindern im magischen Alter noch völlig geläufig. Im Spiel, in welchem sie sich zum Beispiel kulturell bedingte Rollen aneignen, müssen sie nicht zwischen lebenden und toten Dingen und Gegenständen unterscheiden. Jeder tote Vogel wird feierlich begraben ebenso wie die kaputte Puppe. Oder wenn Wanderungen nicht nur der Fitneß gelten, wenn Kinder durch ihre Eltern in der Natur erfahren, daß alles Lebendige von gleichem Stoff ist und wir alle einer höheren Ordnung unterstehen, kann dies zu tiefer Gemeinschaft und gerade Stadtkinder, um sich auf dieser Welt zu verankern, um nicht zu Rauschmitteln und Selbstgefährdungen greifen zu müssen, um überhaupt ein Gespür für den eigenen Körper zu entwickeln. Sinneserfahrungen haben etwas mit Matsch und Schlamm, Wind und Wetter, Gefahr und Erprobung zu tun und – natürlich immer wieder – mit Kontakt.

Als zweites Beispiel möchte ich Scheidungsrituale und ihre Bedeutung für Kinder darstellen.
Jede dritte Ehe wird mittlerweile bei uns geschieden. Jährlich sind hunderttausende von Kindern durch Streit, Eifersucht, Distanzierung, durch das Ausziehen des einen oder anderen Elternteiles und das Einziehen von ihnen völlig fremden, neuen Liebespartnern der Eltern involviert. Man kann es auch anders ausdrücken: sie sind davon gebeutelt, hin- und hergerissen, werden mit der Frage, ob sie Mutter oder Vater mehr lieben, gequält und gemartert, werden als Prellbock, Privateigentum, letzte Rettung, als Ersatzpartner, Faustpfand oder Wanderpokal mißbraucht.
Hochzeiten wurden bislang immer, heute wieder in zunehmendem Ausmaß groß, würdig, freudig und mit vielen rituellen Handlungen gefeiert. Der Schluß einer Ehe oder Verbindung ist mit so viel Scham und Schuldgefühlen verknüpft, daß er lieber sang- und klanglos begangen wird. Dabei ist diese Schwelle nicht weniger wichtig als die zu Beginn der Ehe. Der Psychoanalytiker Tilmann Moser weist in seinem Büchlein 'Politik und seelischer Untergrund'[7] auf den eklatanten Mangel an einer Ethik der Trennung und Scheidung hin. Diese Ethik könnten einen normativen Rahmen bilden, ein 'ethisches Geländer', um die Trennung aus der Tabuzone der Scham herauszuholen und in den Schatz der Gemeinschaft zu stellen.
Mittlerweile haben es sich offensichtlich schon etliche Mediationsberater, aber auch Familientherapeuten auf ihre Fahnen geschrieben, diese Rituale sozusa-

gen als Ziel einer begleitenden Scheidungsberatung anzuvisieren, um nach den vehementen Gefühlen von Verleugnung, Zorn, Rache, Wut und Trauer das Unabänderliche besser zu akzeptieren und sich mit dem eigenen Schicksal zu versöhnen.

„Die Einwirkung des Ritus auf die Bildung des Menschen ist von geheimer Art. Sie kommt dem Bösen zuvor, ehe es noch auftritt; sie rückt ihn dem Guten näher und dem Bösen ferner, ohne daß er es merkt"[8], so heißt es in Li-Ki's 'Memoires sur les rites'. Ein wichtiges Moment gerade für die Kinder.

Nun zu den einzelnen Punkten:
Die Wiederholbarkeit tritt bei Scheidungsritualen weniger in den Vordergrund, weil die Einmaligkeit der Situation gegeben ist.
Die Tätigkeit ist wichtig. In dieser entweder zuvor relativ festgelegten oder eher frei gestalteten Zeremonie kann es z.B. zu folgenden Handlungen kommen: Der Mediator begrüßt alle Anwesenden, das Paar, die Kinder, Großeltern und Freunde. Denn auch sie werden geschieden! Ihnen allen wird ein stimmiger Platz zugewiesen. Die Kinder bekommen eine Person an die Seite gestellt, die sie stützt und schützt, wodurch auch die Eltern für diesen Moment entlastet werden. Ebenso werden die Kinder entlastet von der Aufgabe, zwischen den Eltern zu vermitteln und Leid abzuwenden.
Die beiden Partner werden nun aufgefordert, dem anderen für die guten Zeiten und Aspekte der Beziehung zu danken und zu benennen, was sie in der Zukunft behalten und bewahren möchten von diesen Erinnerungen. Danach werden beide Eltern gebeten, ihren Kindern zu erzählen, wie die meist noch positive und harmonische Situation in der Schwangerschaft und in den ersten Jahren war, warum sie sich Kinder gewünscht hatten, was sie an ihren Kindern beglückte und immer noch erfreut.
Die Kinder sollen anschließend ihre Gefühle in Bezug auf die Trennung und Scheidung benennen, ihren Schmerz und ihre Wut.
Auch die Großeltern werden aufgefordert, ihre Gefühle bei der Trennung des jüngeren Paares auszudrücken sowie ihrem Sohn/Tochter zu sagen, worin sie sie in der Zukunft unterstützen wollen und was sie von ihnen brauchen, um die Beziehung zu den Enkeln weiter aufrechterhalten zu können. Zu den Enkeln gewandt, versichern sie ihnen ihre Liebe und Unterstützung. Ebenso werden andere Verwandte, Freunde und besonders die Paten der Kinder einbezogen, so daß jeder gerade auch den Kindern kundtut, welche Beziehung besteht und welche Hilfe und emotionale Zuwendung gegeben werden kann.
Der endgültige Abschied wird oftmals durch das Überschreiten einer Linie oder durch das Hinausgehen durch zwei Türen verdeutlicht und körperlich spürbar

gemacht. Geklärt wird auch, wo die 'familiären Übergangsobjekte', die Fotoalben oder Erinnerungsstücke verbleiben.

Durch diese Stilisierung, die selbst erarbeitete und festgelegte Reihenfolge wird ein Schutzraum errichtet, der heilend wirken kann. Von besonderer Wichtigkeit sind die Zeugen. „Denn die Wahrnehmungsverzerrungen bei den einsamen Kämpfen in der Verstrickung ist ein Teil der Beziehungskatastrophe. Die Zeugen halten auch Entscheidungen fest.(...) Der am meisten gekränkte Elternteil, der oft die Neigung hat, den anderen auszuschließen, zu triumphieren und ihn zu entwerten, muß vor Zeugen sehen und es auch in der Zusammenfassung immer wieder hören, daß die Kinder beide Eltern weiter brauchen und daß andere Menschen Mitverantwortung dafür übernehmen, daß keiner Rachepolitik betreibt auf Kosten des Partners oder der Kinder", so Tilmann Moser.

Rituale leben auch von der gemeinsamen Partizipation, dem Mitschwingen und der Identifizierung, den guten wie bösen Wünschen und fördern die Bewältigung starker Gefühle, helfen gegen den Überschwang der Affekte und können, in den Fällen von Scheidungsritualen, die 'kriminelle' Energie der jahrzehntelang noch nach der Scheidung schwelenden Haßbeziehungen bannen und gerade Kindern Erleichterung durch Klarheit, Entlastung durch Zeugen und Anwälte ihrer Sache sowie den unbelasteten Umgang mit beiden Elternteilen ermöglichen.

Viele von uns assoziieren mit Ritualen sinnentleerte, starre, von den Autoritäten verordnete Formen. Deswegen ist mir sehr wichtig die Selbstbestimmung, der Eigenanteil, das kreative Umgehen mit neuen Formen von Ritualen zu betonen, denn - wie es in der Sammlung von Louen-Yu heißt: „Der Ritus setzt die Ehrlichkeit des Gefühls voraus." Und die können wir häufig gerade bei den Kindern erfahren und ablesen.

Vortrag vor der Ev. Akademie Tutzing, 30.11.1996

1. J. ACHTERBERG, in: Psychologie heute Sept 93, 37 (Interview)
2. zitiert in: K. HOLZ und C. ZAHN, Rituale und Psychotherapie, Berlin 1995, 20.
3. L. FLEISCHMANN, Schabbat, Hamburg 1994.
4. A.a.a.O., 121.
5. A.a.a.O., 163
6. D. ELKIND, „Wenn Eltern zuviel fordern", Hamburg 1989.
7. T. MOSER, Frankfurt a.M. 1993, 180ff.
8. zitiert nach: Scheidungszeremonie, Manuskript von J. LACK-STRECKER und H. NAUMANN, Berlin 1995.

Otto Seydel

Rituale – Feier – Begehung
Das Beispiel der Schule Burg Hohenfels

„Wie kann Schule Religion 'gebrauchen'?" Aus kirchlicher Sicht grenzt diese
Formulierung an Häresie. Ein Religionslehrer sollte vielmehr fragen: „Wie lehren wir die christliche Religion? Wie kann die Kirche die Schule zur Vermittlung ihrer Botschaft nutzen?" In diesem Beitrag wird die Perspektive umge-
dreht. Ich frage aus der Sicht der Schüler, aus der Sicht der Schule: „Wie ist ein
möglicher Nutzen von (teilweise christlich geprägten) Ritualen in der Schule
zu bestimmen?"
Überraschen mag das 'Ritual' als Anknüpfungspunkt. Es ist gar nicht lange her,
da wurde über Rituale mit einer ganz anderen Stoßrichtung gesprochen. Sie
wurden radikal kritisiert. Es galt in erster Linie, sie abzuschaffen. Ein zentrales
Thema in der Folge der 68er-Bewegung war die Auflösung erstarrter Formen.
Die 'Sprengung' einer verlogenen Abiturientenverabschiedung galt als Fortschritt. 'Happenings' waren eine beliebte Gegenform, sie waren gleichsam die
'Antirituale'.
Heute, 25 Jahre später, tönt alles etwas anders. In Salem, der Internatsschule,
über die ich im folgenden Beitrage berichten werde, ist es z.B. (wieder) selbstverständlich, daß die Schüler säuberlich ihre Schulpullover und die graue Fest-
hose anziehen für einen würdigen Rahmen der Abiturienten-Entlaßfeier. Und
unangemeldete Happenings versetzen mich in Zorn, ich werde sie schleunigst
vereinnahmen oder unterdrücken.

1. Über die Wiederentdeckung der Rituale

Was hat den Sinneswandel ausgelöst, der zur Wiederentdeckung der Rituale
führte? Wohlfeile Erklärungsmuster scheinen auf der Hand zu liegen:
Die 68er-Kulturrevolutionäre sind in die Jahre gekommen und entwickeln erste
Anzeichen von Alterssentimentalität, weil sie die heile Welt ihrer eigenen, an-
geblich geordneten Kindheit wiedergewinnen wollen?
Oder ist der Rekurs auf die Rituale ein Rückzugsgefecht der Großkirchen, die
die modisch-esoterisch besetzten Muster nutzen wollen, um mit allen Mitteln
ihren unaufhaltsamen Mitgliederschwund zu stoppen?

Oder sind Schulrituale vor allem ein sanftes Disziplinierungsmittel der Schulleute, um unangepaßte Jugendliche ruhig zu stellen? Oder schwimmt man nur auf einer neuen Welle des Konservativismus, der, nachdem revolutionäre Veränderungen nun endgültig obsolet geworden sind, wieder Konjunktur hat? Oder ist es einer der üblichen Pendelausschläge sozialen Wandels? Form und Inhalt sind im Prozeß der Veränderung dialektischen Sprüngen ausgesetzt. Vielleicht ist nur die marxistische Geschichtstheorie wieder von der Basis zurück auf den Überbau zu transponieren? All dies mag in Ansätzen auch zur Erklärung dieses Gesinnungswandels in den letzten 25 Jahre beitragen. Für mich stellt sich die Wiederentdeckung der Rituale in einem anderen Licht dar. Es sind vor allem pädagogische Gründe, die der Suche nach alten und neuen Ritualen ihre Dringlichkeit geben.

Vor 14 Tagen wurde für das kommende Schuljahr ein Mädchen in unserer Internatsschule angemeldet, ich nenne sie Christina. Ich gebe die Schilderung der alleinerziehenden Mutter wieder, die sich durch die Auseinandersetzung mit der vorpubertären Tochter restlos überfordert fühlt. Christina kommt mittags aus der Schule, müde und gelangweilt. Niemand ist zu Hause. Christina hat keine Geschwister. Ein Zettel liegt auf dem Küchentisch: „Das Essen ist in der Tiefkühlbox, Du kannst wählen zwischen den drei Festtagsgerichten, die Mikrowelle hab ich wieder heil machen lassen!". Die Getränkebar mit Cola, Fanta und Sprite ist reichlich besetzt. Christina klappt den Kühlschrank wieder zu und holt die Chipsvorräte. Der Fernseher wird angestellt. Die nächsten drei Stunden des Nachmittags sind gesichert. Die Mutter hatte gesagt, sie solle doch einmal rausgehen. Sie geht zur Skateboardbahn, wo sich normalerweise immer ihre Klassenkameraden treffen, der einzige Platz auf den zubetonierten Flächen, der für Kinder geeignet sein soll. Man verabredet sich zur nächsten Videospiel-Session bei der Freundin. Deren Eltern kommen abends gar nicht nach Hause.

Ich beende die Szene, den Rest kann man sich vorstellen. Das Beispiel mag extrem erscheinen - das Problem, das damit markiert werden soll, ist jedoch weit verbreitet. Ich muß nicht mit bekannten Zahlen langweilen - über den stetig wachsenden Anteil der alleinerziehenden Mütter, der Scheidungsweisen, der Doppelverdiener, über die Unwirtlichkeit und Kinderfeindlichkeit unserer Städte usw. - Die Armut der Kinder in dem Reichtum unseres Landes ist offenkundig. Vereinzelung, Narzißmus, Verantwortungsverlust, Konsumhaltung - der Lasterkatalog der Moderne ist lang. Und die Spitzen des Eisbergs sind nur allzu bekannt: Solingen und Hoyerswerda, Ecstasy und U-Bahnsurfen, exzessive Gewalt und privatistischer Rückzug.

2. Ist die Unterrichtsschule am Ende?

Ist die Unterrichtsschule am Ende? Angesichts der konkreten Lebenssituation der Kinder in der heutigen Zeit scheint sie in der Tat am Ende. Die z. T. dramatischen Zerfallserscheinungen an den Schulen werden uns von 'Spiegel', 'Stern' oder 'Focus' im halbjährigen Abstand bitter oder hämisch vor Augen geführt. Diese Zerfallserscheinungen aber sind meines Erachtens nicht in erster Linie eine Folge der ökonomischen Austrocknung der Schulen (die angesichts des Reichtums unseres Landes gleichwohl ein unerträglicher Skandal bleibt). Die Krise der Schule ist auch nicht im individuellen Versagen der Lehrer begründet (obwohl die mangelnde Personalführung an unseren Schulen jeden normalen anderen Betrieb dieses Landes längst in Grund und Boden gewirtschaftet hätte). Kern des Problems ist vielmehr eine fundamentale Strukturkrise unseres Bildungssystems. Es gibt bestimmte elementare Voraussetzungen, die Zielsetzung und Organisation unserer Schulen in ihrer bisherigen Form bestimmt hatten. Und diese Voraussetzungen gelten nicht mehr - Zielsetzung und Organisationsform aber haben sich nicht oder nicht hinreichend geändert. Freiarbeit, handlungsorientierter Unterricht, Projektlernen, Gestaltpädagogik - und was sonst noch in den verschiedenen Didaktiken Konjunktur hat - es bleibt ein Kurieren an Symptomen.

2.1 Die Unterrichtsschule in ihrer bisherigen Form setzte voraus, daß die Erziehung der Kinder außerhalb geleistet wird, daß Gemeinschaftsfähigkeit vorhanden ist, daß Leistungswille, Selbstwertgefühl, Fähigkeit zum Triebverzicht im Rahmen der Familie aufgebaut werden - all dieses aber ist nicht mehr der Normalfall. Untersuchungen von Klaus Hurrelmann aus Bielefeld zur psychischen Gesundheit von Kindern haben ergeben, daß in jüngster Zeit über 25% aller Jugendlichen in ihrer Persönlichkeitsentwicklung als massiv gestört gelten müssen - und zwar vor allem aufgrund des Versagens der familiären Sozialisation.

2.2 Die Unterrichtsschule in ihrer bisherigen Form setzte voraus, daß sie, die Schule, nach der Familie das maßgebliche 'Tor zur Erkenntnis und Deutung von Welt' ist. Dies Monopol ist längst gebrochen. Neue Medien, Verkehrsmittel, die Käuflichkeit aller Dinge - all dies aber führt dazu, daß die natürliche Neugier von Kindern, die der Unterricht in früherer Zeit nutzen konnte, längst außerhalb und - im Vergleich zu den Möglichkeiten des Unterrichts - ungleich besser befriedigt wird. Zumindest vordergründig.

2.3 Die Unterrichtsschule in ihrer bisherigen Form setzte voraus, daß sie sich weitgehend auf die Bildung des Kopfes beschränken kann, daß sie letztlich

Wörterschule bleiben kann. Praxis, also die Bildung der Hände und des Herzens, konnte außerhalb geschehen. Die - im wörtlichen und übertragenen Sinne - zubetonierte, 'zweidimensionale' Umwelt der Kinder, isoliert vom Arbeitsleben der Erwachsenen, läßt all dies nicht mehr zu.

Es ist unabweisbar. Wir müssen - um einen Titel von Hartmut von Hentig zu gebrauchen - 'Schule neu denken'. Und zwar radikal, von der Wurzel her. Denn zu dem uneingeholten sozialen Wandel kommen eine Reihe weiterer schwerwiegender struktureller Widersprüche: der Widerspruch zwischen Bildungs- und Selektionsauftrag der Schule, der Widerspruch zwischen der Notwendigkeit exemplarischen, detailbezogenen Lernens und enzyklopädischem Anspruch des Fächerkanons, der Widerspruch zwischen ehrgeizigen Bildungszielen und realen Berufschancen im Zeitalter zunehmender offener oder verdeckter Arbeitslosigkeit usw.

Nun könnte die Formulierung des Themas meines Beitrages ein Mißverständnis nahelegen: Ritual, Feier, Begehung wären die Lösung des Problems. Das ist natürlich nicht der Fall. Die elementare Krise der Erziehung muß vielmehr mit einer radikalen Reform der Schule beantwortet werden. Aber in dieser umfassend neu zu denkenden Schule hätten auch Rituale und Feiern ihren festen Platz. Weiterhin einen festen Platz hätte allerdings auch der Unterricht. Ich bin nicht so naiv zu glauben, daß sich die deutschen Rechtschreibregeln in Projekten vermitteln ließen, daß mathematisches Denken ohne systematisches Üben möglich wäre, daß die Sicherung des englischen Grundwortschatzes in einer deutschen Umgebung ohne Pauken ginge. Kinder müssen in unserer Gesellschaft mindestens Rechnen, Lesen, Schreiben, Englisch und den Umgang mit dem Computer lernen, damit sie sich überhaupt zurechtfinden können. Kinder müssen so vorbereitet werden, daß sie berufliche Felder erschließen können, die ihren unterschiedlichen Fähigkeiten und Anlagen entsprechen. Und für das Erlernen mindestens von Rechnen, Lesen, Schreiben, Englisch braucht man auch weiterhin den Unterricht. - Ich habe jedoch meine erheblichen Zweifel, ob man für Platon, Goethe und die Bibel in erster Linie Unterricht braucht. Für Platon braucht man nächtliche Gespräche, für Goethe die Theaterbühne und für die Bibel - und nun bin ich bei meinem Thema - auch das Ritual. Konventioneller Unterricht kann in der Regel Wissen, aber nur selten primäre Erfahrung vermitteln. Alle religionspädagogischen Bemühungen, diese zu ersetzen, in allen Ehren. Ich halte dies nach 15 Jahren intensiver Erfahrung mit Abiturkursen im Fach Religion für eine weitgehend verlorene Liebesmühe. Konventioneller Unterricht kann gar nicht oder nur sehr begrenzt eine religiöse Sozialisation nachholen, die nicht in das Leben der Kinder und Jugendlichen integriert war.

Auf die Eingangsfrage 'Ist die Unterrichtsschule am Ende? antworte ich mit zwei widersprüchlichen Sätzen.
– Die Unterrichtsschule ist am Ende. Der Unterricht in der Schule aber ist erst am Anfang.
Was folgt aus den bisherigen Überlegungen? Ich möchte meine Antwort mit zwei Gedanken entfalten:
– Schule muß zum Lebensraum werden. Dann haben auch Rituale, Feier, Begehung ihren Platz.
– Nur wenn in der Schule auch Rituale, Feier, Begehung ihren Platz finden, kann sie zum Lebensraum der Kinder und Jugendlichen werden.

3. Schule muß zum Lebensraum werden, damit Rituale, Feier, Begehungen ihren Platz haben können.

Wie kann das geschehen? Ich möchte eine Schulentwicklung, die diesen Sätzen entsprechen könnte, andeuten, indem ich aus meiner Schule berichte. Die Schule Burg Hohenfels ist Unterstufe des Internats Salem. Es müßten eigentlich an dieser Stelle eine ganze Reihe weiterer Schulen vorgestellt werden - dabei handelt es sich gar nicht um die großen herausragenden 'Modellschulen', sondern es gibt in unserem Land eine sich ständig ausweitende und hoffnungsfroh stimmende 'Graswurzelpädagogik': Unbekümmert von dem öffentlichen Gejammer über die triste Schulwirklichkeit und unberührt von den schultheoretischen Erörterungen, warum eine Reform im kleinen eigentlich gar nicht möglich sein kann (s.o.), gibt es einzelne Kollegen oder Kollegien, von denen Erstaunliches zu berichten ist. In Baden-Württemberg sind dies vor allem die Grund- und - man höre - die Sonderschulen.
Ein reformpädagogisch orientiertes Internat, aus dem ich komme, wird für viele sehr fern sein, manchem mag es wie der Bericht von einem fremden Stern erscheinen. Auf alle Fälle wirkt es auf den ersten Blick wie die nahezu unglaubliche Verwirklichung einer pädagogischen Utopie.
85 Kinder im Alter zwischen 10 und 12 Jahren leben und lernen gemeinsam auf einer einsam gelegenen Burg, das nächste Dorf ist 4 km entfernt. Die ca. 20 Erwachsenen wohnen mit den Kindern zusammen. Es ist das absolute Gegenbild zu dem, wie Kinder Schule sonst erleben.
– keine Anonymität, sondern ein persönlicher Bezug zwischen Erwachsenen und Kindern.
– kein Beton, kaum Autos; Fernsehen und Gameboys sind quasi abgeschafft, stattdessen Wald, Tiere, Werkstätten.

– kein Rückzug ins Einzelkämpfertum, sondern relativ strenge Anforderungen, sich den verbindlichen Regeln des gemeinsamen Lebens zu fügen.

Die Grenze zwischen schulischen und außerschulischen Aktivitäten verläuft ausschließlich auf der zeitlichen Achse: Räume und Personen sind dagegen in beiden Feldern identisch. Unterricht ist hier nur noch eine der notwendigen Funktionen von Schule. Beide Aufgaben - Erziehung und Unterricht - fließen unmittelbar ineinander. Die Einheit von Leben und Lernen, das umfassende Verständnis einer ganzheitlichen Erziehung gehört zu den reformpädagogischen Kerntraditionen so etablierter Internate wie der Odenwaldschule, Salems oder des Birklehofs. Nicht ohne Grund befinden sich Internats- und Schulräume im gleichen Gebäude. Nicht ohne Grund haben unsere Lehrer immer zugleich auch Erziehungsaufgaben im Internat - und wirken unsere Sozialpädagogen und Erzieher im Unterricht mit.

Man könnte einwenden: Ist eine solche Lebensform (ich spreche zunächst bewußt nicht von Schule) überhaupt noch zeitgemäß? Wo bleibt die Auseinandersetzung mit der modernen Gesellschaft, die doch so ganz anders ist: hochdifferenziert, arbeitsteilig, technisch, anonym? Wie können die Kinder in einem solchen 'Gewächshaus' genügend Widerstandskraft entwickeln, um auf den ungeschützten Krisenfeldern der Moderne zu bestehen?

Ist das Modell einer reformpädagogischen Internatsschule übertragbar? Es ist weder realistisch noch wünschenswert, alle 10- bis 12jährigen dieses Landes auf romantische Ritterburgen nach dem Kinderbuchtypus der Burg Schreckenstein zu entführen. Aber die Auseinandersetzung mit 'Extremen' provoziert die Phantasie. Angesichts der dramatischen Veränderung der Familienstrukturen und der Arbeitswelt müssen wir sehr sorgfältig alle Alternativen prüfen - eine tragfähige Lösung wird sicherlich die Ganztagsschule sein, eine andere ist aber sicher auch für manche Kinder ein gutes Internat. Beide Schultypen - Internat und Ganztagsschule - können viel voneinander lernen. In der Auseinandersetzung mit den reformpädagogischen Traditionen der Internatserziehung lassen sich u.a. drei wichtige strukturelle Problemfelder formulieren, die ich nur nenne, um den programmatischen Kontext anzudeuten, in dem die Frage nach den Schulritualen stehen muß:

3.1 Zur Rolle des Lehrers: Welche Qualitäten muß die Beziehung zwischen Erwachsenen und Kindern haben? Was muß geschehen, wie muß sich das professionelle Selbstverständnis von Lehrern ändern, damit sich Kinder von den Erwachsenen vor allem angenommen wissen, und nicht etwa - wie bisher häufig - in erster Linie bewertet? Welche Zeitkontingente, welche Begegnungsräume müssen zur Verfügung gestellt werden, damit die 'Beziehungsarbeit' vor die 'Lernarbeit' treten kann?

3.2 Zur Schule als Lernort: Wie muß die unmittelbare Umwelt der Schule sich verändern? Muß es vielleicht so etwas wie eine 'Ökologie der Schule' geben? Wie ärmlich, wie unerträglich eng sind doch die Klassenräume und Schulgänge, in denen die Schüler Tausende von Stunden ihres kostbaren Lebens verbringen müssen? Der Stall, das Gewächshaus, der Wald, der Bach - das sind auf dem Hohenfels der eigentliche Biologiesaal, das Burgmuseum unser Geschichtsort, die Kapelle der Erfahrungsraum für den Religionsunterricht, der Fahrradsattel der Sitzplatz für den Geographieunterricht.

3.3 Zur Gestaltung des gemeinsamen Lebens: Welche Gegengewichte müssen geschaffen werden gegenüber den starken Individualisierungstendenzen, die mit der Überflußgesellschaft und mit der Entwicklung zur Kleinstfamilie einher gehen?
Mit der letzten Frage ist der Ort angegeben, an dem Rituale ihren konzeptionellen Platz haben. Ohne einen von Grund auf akzeptierenden, freilassenden, persönlichen Umgang zwischen Erwachsenen und Kindern verkommen Rituale in der Schule zum Dressurmittel. Ohne eine Gestaltung der Schule als einem lebendigen, Spielräume eröffnenden Lernort werden sie zum Zwangsinstrument.

3.4 Nur wenn in der Schule Rituale, Feiern, Begehungen ihren Platz finden, kann sie zum Lebensraum der Kinder und Jugendlichen werden.
Ich möchte jetzt die Überschrift, die ich dem vorangegangenen Abschnitt gegeben hatte, umkehren: Schule braucht Rituale, Feiern, Begehungen, damit sie zum Lebensraum werden kann. - Nein, nicht die Schule braucht die Rituale, sondern die Kinder: Das Leben von Christina ist deswegen so arm, weil es wie eine graue, tote Fläche ist, weil es keine wirklichen Höhepunkte kennt, weil die Primärerfahrungen ausbleiben, weil ein Begehen von Lebensräumen gar nicht mehr möglich ist, weil sie im Blick auf ihre Gestalturngsfähigkeit für ein Leben in Gemeinschaft gleichsam ein sozialer Analphabet geblieben ist. Christina versinkt in 'virtuellen Realitäten'.
Welche Rituale, Feste, Begehungen gibt es in Salem, die für Christina eine neue, herausfordernde Gegenwelt darstellen könnten?

4.1 Rituale

Ich habe in der letzten Woche meine 5. Klasse, in der ich Deutsch unterrichte, zu den Hohenfelser Gebräuchen gefragt und Assoziationen aufschreiben lassen. Dabei fiel auf, daß die wichtigsten Rituale für die Kinder offensichtlich diejenigen sind, die den Tageslauf gliedern. Auf die offene Frage „Welche Gebräuche, die für uns auf dem Hohenfels wichtig sind, fallen Dir ein?", wurden vor allem genannt:

- der alltägliche Morgenlauf um die Burg;
- die Zäsuren durch die gemeinsamen Mahlzeiten, die durch das Tischgebet eingeleitet und beendet werden;
- das abendliche Silentium, das durch das Läuten unserer Kapellenglocke abgeschlossen wird.

Die Funktionen dieser Rituale sind evident. Sie geben den Kindern Sicherheit. Sie helfen, Ordnung in einen Zustand zu bringen, der ständig von größter Unordnung bedroht ist. Sie schaffen die Voraussetzung für die zuverlässige Begegnung von Menschen. Sie weisen über die kleine Welt unserer Burg hinaus.

Ich möchte einige der Antworten vorstellen, die die Schüler zu diesen Ritualen aufgeschrieben haben. Die Fragestellung hieß:

„Versuche einmal möglichst genau aufzuschreiben, welche Gedanken/Gefühle Dir durch den Kopf gehen bei einer der genannten Situationen"

Thomas schreibt zum Morgenlauf: „Ich stehe auf und weiß, daß ich laufen muß. Ich ziehe mich an, gehe zur Tür raus und denke an zu Hause. Manchmal bekomme ich dann großes Heimweh. Das verdrücke ich dann schnell wieder. Während ich laufe, bereite ich mich auf einen neuen Tag vor und denke an gute und schlechte Sachen. Dann freue ich mich und bin gespannt, wie er wird."

Michael schreibt zu der Frage „Was geht Dir durch den Kopf, wenn es still wird zum Tischgebet in der Scheune?": "Ich denke bei dem Gebet, 'Gott gibt jedem Vogel seine Nahrung, wirft sie ihm aber nicht ins Nest' an die Kinder aus Afrika, die Tag für Tag sterben, denn sie haben keine Nahrung."

Chris schreibt: „Ob es wirklich Gott gibt?"

Bianca: „Man muß leise sein und darf sich noch nicht hinsetzen. Beim Essen soll niemand raffen und jeder soll warten, bis alle am Tisch etwas haben."

Nils: „Ich denke, daß das Tischgebet gut ist, weil man mal die Gelegenheit kriegt, sich um sich selber und auch um die anderen zu kümmern."

Carlos schreibt zum abendlichen Silentium, wenn die Glocke läutet, seine Gefühle und Gedanken: „Morgen beginnt ein neuer Tag. Ach ja, dann geht alles vom Neuen los."

Natascha schreibt zu der gleichen Situation: „Ich denke über meine Familie, über mein Zuhause und über meine Verwandten nach. Ich spüre nur noch mich. Die anderen Kinder in meinem Zimmer denken wohl manchmal, ich spinne. Ich merke, daß ich ein bißchen Heimweh habe. Was macht mein Bruder gerade? Hat er Streit? Schaut er Fernsehen? Ist er krank? Was macht er? Ich mache mir Sorgen und Gedanken über meine Eltern und Verwandten. Da höre ich einen Krankenwagen, und dann denke ich, ist meiner Familie etwas zugestoßen? - Dong! - Die Glocke läutet, Frau Nüßle kommt und drückt mir einen Kuß auf die Wange. Ich bin mir sicher, daß ich wieder zu mir gefunden habe, und schlafe sehr schnell ein."

Chris: "Wenn ich die Glocke am Ende des Silentiums höre, bekomme ich Bauchschmerzen und versuche zu schlafen. Ich denke nach über mein zum Teil beschissenes Leben, manchmal denke ich dann an Selbstmord. Ich versuche an nichts mehr zu denken, aber irgendwie mache ich mir dann Sorgen um meine Mutter, Oma, Opa, meinen Onkel, und an die anderen Leute denke ich dann auch. An etwas denke ich jede Nacht, nämlich an meine frühere Schule, und jedesmal wünsche ich mir, noch mal am Anfang des Jahres anzufangen. Ich wünsche mir, in der alten Schule aufzuwachen. Und am nächsten Morgen bin ich sehr müde."

Martina: "Beim Abendläuten denke ich oft: 'Oje, morgen haben wir zwei Stunden Sport', oder: 'Es ist ja noch hell', oder mit dem Teddy im Arm: 'Ob Kuscheltiere denken können?'"

Soweit die Schülerzitate; gleichsam die inneren Monologe der Kinder bei für uns ganz alltäglichen Ritualen. Ich habe bislang immer die These vertreten, daß den verschiedenen Alltagsriten auf dem Hohenfels, die den Tag, die Woche gliedern helfen, vor allem eine ordnende und konfliktreduzierende Funktion zukommt. Man muß sich nicht streiten, wie der Tag, die Mahlzeiten, das Einschlafen beginnt oder endet. Die gemeinsamen Tätigkeiten erhalten einen Rahmen, in dem sie sich ruhig und wertbewußt entfalten können. - Die Schülerantworten zeigen darüber hinaus, daß diese Momente des Stillwerdens, des Innehaltens noch ganz andere wichtige, emotionale Funktionen haben. Das Heimwehthema spielt bei einigen Kindern eine große Rolle. Man könnte vielleicht sogar soweit gehen, und sie als vorliturgische Gebete bezeichnen.

4.2 Feste und Feiern

Neben diesen Alltagsriten gibt es darüber hinaus einen zweiten wichtigen Ritual-Typus, nämlich die großen Feste und Feiern, die - jahreszeitlich geprägt - unser Schuljahr gliedern. Mindestens dreimal im Jahr feiern wir auf dem Hohenfels ein großes Fest, in jedem Trimester in der Regel eines. Dafür fällt Schule aus; dafür opfern die Erwachsenen viel Zeit, dafür stehen Mittel zur Verfügung. Ich beschreibe in groben Zügen eines unserer wichtigsten Feste, die Siebtkläßler-Verabschiedung am Ende des Schuljahres. Dazu muß man wissen, daß die Salemer Schule in den verschiedene Stufen geteilt ist, die sich an verschiedenen Orten befinden. Der Schritt von der Klasse 7 zur Klasse 8 und später der von Klasse 11 zu 12 bedeutet jeweils einen Wechsel in eine ganz neue altersgemäße 'Internatskultur'. Die Siebtkläßler-Verabschiedung ist also zugleich immer auch so etwas wie ein Schwellenritus.

Erste Station dieses Festes ist in jeden Jahr eine große Ralley, die die Siebtkläßler für die Jüngeren ausdenken und organisieren (so gab es im letzten Jahr eine riesige Seifenrutsche, ein Wasserluftballonschießen, Geschmacksproben u.a.). Danach folgt ein festliches Abendessen in angemessener Kleidung, mit selbstgespielter Tafelmusik, mit Kerzen und Tischdecken, die es sonst nicht gibt. Das Essen ist - weil aufwendiger als sonst - gemeinsam mit einigen Kindern durch die Küche vorbereitet worden.

Das Festessen wird beschlossen mit der Verleihung der Hohenfelser Auszeichnungen. Das sind symbolische Preise, die nach historischen (oder erfundenen) Gestalten aus der Geschichte des Hohenfelses benannt sind. Dem besten Musiker hat der Minnesänger Burkhard von Hohenfels aus dem 12. Jahrhundert den Preis gestiftet, oder das zeitlos ewige Schloßgespenst „Spuki" ehrt den besten Streich, der Burgschreiber Bobleter hat eine Urkunde für den Chronisten verfaßt.

Als letzte Station folgt in der buntdekorierten Turnhalle ein Tanzabend, in dem die Schulband der Oberstufe selbst die Musik macht. Der Abend wird unterbrochen durch lustige, anspielungsreiche oder nur einfach übermütige Einlagen von Kindern und Erwachsenen.

Die Qualitäten eines solchen Festes sind offenkundig: Die Schüler erfahren, daß ein Fest dann gelingt, wenn es aus der eigenen Gestaltung heraus lebt. Das Miteinanderleben erfüllt sich in der aktiven Beteiligung aller vor Ort. Die Fröhlichkeit. die diese Feste auf dem Hohenfels allen Beteiligten vermitteln, ist schwer zu beschreiben. Ein solches Fest ist keine Vorführung wie das Potemkinsche Dorf am Elterntag. Ein echter Ritus verträgt keine Zuschauer.

Aber eines ist offenkundig: Das Reden über den Wert der Gemeinschaft, z.B. im Religionsunterricht, hat nur dann überhaupt einen Sinn, wenn es mit solchen Erfahrungen gesättigt ist. Das höchst sublime christliche Symbol der Mahlgemeinschaft gar muß gänzlich sinnleer bleiben, wenn Gemeinschaftserfahrungen selbst weitgehend fehlen.

4.3 Begehungen

Christoph Bizer hat mit dem Begriff 'Begehung' als didaktischer Kategorie experimentiert und dabei interessante Perspektiven eröffnet. Ich habe darüber nachgedacht, ob sich dieser Ansatz auch in unserem Schulleben wiederfinden läßt. Er ist in der Tat an einer ganz zentralen Stelle zu entdecken, nämlich bei einem unserer wichtigsten 'Initiationsriten' zu Beginn eines jeden Schuljahres. Dabei handelt es sich um Begehungen im wörtlichen Sinn.

In der ersten Stunde am ersten Schultag des neuen Schuljahres wird seit der Gründung der Schule alljährlich das Gleichnis vom Barmherzigen Samariter im Luthertext vorgelesen oder häufig auch neu erzählt. Nach dieser Kapelle gibt es zwei wichtige Begehungen. In der zweiten Schulstunde des neuen Schuljahres findet eine 'Tandemführung' statt: Jeder neue Schüler wird von jeweils einem alten ausführlich durch die Schule geführt. Dabei geht es gar nicht in erster Linie um das Kennenlernen der neuen Orte und Wege. Es geht vor allem um die bewußte Begegnung mit den Menschen, die das konkrete Leben in unserer Internatsschule sichern: dem Koch, den Hausmeistern, dem Zivildienstleistenden, den Putzfrauen, den Küchenfrauen usw. Jeder der rund 35 neuen Schüler sagt persönlich „Guten Tag" oder, wie es in Süddeutschland merkwürdigerweise heißt, „Grüß Gott".

Und am Nachmittag des ersten Tages gibt es eine zweite Begehung, ein Weg von ungefähr zwei Kilometern. Es werden die Schulgrenzen umschritten. Die Schulgrenzen sind der Bereich, in dem sich alle Schüler ohne Abmeldung aufhalten können, sie markieren die sogenannte Sicht- oder Hörgrenze der Burg. Dieser Gang hat nicht nur die ganz praktische Aufgabe, den Kindern das Gelände vertraut zu machen. Er hat auch einen großen ästhetischen Wert: Die z.T. verblüffenden, sehr unterschiedlichen Ansichten der Burg und der Umgebung werden auf diesem Weg zum ersten Mal bewußt gesehen. Und schließlich: Der Gang entlang der Grenzen hat - wahrscheinlich nicht nur für die beteiligten Lehrer - eine starke symbolische Bedeutung.

5. Von den Grenzen der Pädagogischen Provinz

Ich möchte zum Abschluß das Symbol dieses Grenzweges erklären mit einem kurzen Gang durch die 'Pädagogische Provinz'. Eine derzeit geläufige Formel zur Kennzeichnung der Lage der Kinder (und nicht nur der Kinder) lautet: „Kinder und Jugendliche leben in einer für sie unübersichtlich gewordenen Lebenswelt".

'Unübersichtlichkeit' - ein Beispiel: Es ist vielleicht dunkel oder gar - das ist für mich immer das Schlimmste - nebelig. Und Abgründe gibt es reichlich. Was ist zu tun? Der Erfahrene schränkt sofort seinen Aktionsradius rasant ein, markiert und merkt sich genau die Grenze zwischen bekanntem, sicherem und unbekanntem, unsicherem Terrain. Und dann erweitert er langsam, schrittweise

dieses Terrain, jederzeit bereit, den Rückzug anzutreten. Sobald er einen ge-
bahnten Weg findet, der sich nicht als Holzweg erweist (davon gibt es bei uns
im Bodenseehinterland ziemlich viele), geht er beherzt weiter, in der Hoffnung,
möglichst bald ein Wegzeichen, einen Kirchturm, eine alte Linde zu finden.
Am besten, er trifft einen Menschen, den er fragen kann. Denn dann weiß er im
ungünstigsten Fall wenigstens sicher, daß er in die falsche Richtung gegangen
ist, und kann umdrehen.

Warum verwende ich dieses Gleichnis? Für mich ist dies ein gutes Bild, warum
es sinnvoll ist, für Kinder im Alter zwischen 10 und 12 Jahren die Grenze zwischen übersichtlichem, bekanntem, sicherer Terrain und unbekanntem, unsicherem Gelände vorsichtig, schrittweise, den verfügbaren Kräften gemäß zu
erweitern. Es ist ein Bild, das mich zur Verteidigung der Pädagogischen Provinz herausgefordert hat.

Der Begriff der 'Pädagogischen Provinz' stammt aus dem 18. Jahrhundert. Goethe hat ihn in seinem Roman 'Wilhelm Meister' geprägt. Man könnte also durchaus zu Recht ein pädagogisches Programm anzweifeln, das im ausgehenden 20.
Jahrhundert damit in Verbindung gebracht werden soll. Ich hatte nach der kurzen
Skizze der Salemer Unterstufe die Frage gestellt: Wo bleibt die Auseinandersetzung mit der modernen Gesellschaft, die doch so ganz anders ist: hochdifferenziert, arbeitsteilig, technisch, anonym. Wie können die Kinder genügend Widerstandskraft entwickeln, um in den Krisenfeldern der Moderne zu bestehen? In
Anbetracht der oben angedeuteten Rahmenbedingungen für das Aufwachsen von
Kindern und Jugendlichen in unserer heutigen Gesellschaft erscheint mir die
Wiederentdeckung bestimmter 'pädagogischer Schonräume' kein Rückschritt,
sondern ein Fortschritt. Wichtig ist allerdings, daß ein solcher Schonraum nicht
ein starres Gebilde ist. Es geht um die schrittweise, den verfügbaren Kräften
gemäße Erweiterung des Geländes. Ich möchte das Spiel mit der Habermas'schen
Formel von der 'Neuen Unübersichtlichkeit' verlassen und dafür das Bild der
'Pädagogischen Provinz' in vierfacher Hinsicht ausmalen. Dabei erinnere ich noch
einmal daran, es geht auf dem Hohenfels um einen Ort, an dem 10- bis 12jährige
Kinder, also keine 'Halbwüchsigen' und auch keine Oberprimaner leben. Das
Mittelstufeninternat oder gar das Oberstufeninternat der Schule Schloß Salem,
zu der der Hohenfels gehört, wird mit anderen Bildern zu beschreiben sein. In
diesem Zusammenhang ist es wichtig, sich von geläufigen Vorurteilen gegenüber
einer Internatserziehung zu lösen. In den USA wird die Sache, um die es mir
geht, als neueste Erfindung gefeiert und mit einem werbewirksamen Etikett ver-
sehen. Dort heißt die pädagogische Provinz seit kurzem 'Full Service School'.
Ich nenne vier Merkmale der 'Pädagogischen Provinz': die Grenzen, die Wege,
die Randlage und die gestalteten Räume. Es wäre den Versuch wert, einmal an

anderer Stelle genauer zu untersuchen, mit welchen Modifikationen sich diese vier Prinzipien aus der Internatserziehung z. B. auf die Ganztagsschule übertragen lassen.

Eine Provinz hat Grenzen. Es gibt bestimmte Dinge, die nicht hineingelassen werden. Ich nenne Drogen, ich nenne das Dauerfernsehen, ich nenne den schrankenlosen Konsum.

Es gibt Wege in dieser Provinz. Das sind die Normen, wie wir miteinander umgehen, Regeln des Alltags, die wir konsequent einfordern: Es darf niemand gequält werden, die Schwächeren müssen geschützt werden, Gewalt psychischer oder physischer Art kann kein Konfliktlösungsmittel sein usw.

Eine Provinz hat als typisches, zu Unrecht häufig negativ besetztes Kennzeichen eine Randlage. Sie liegt nicht im Zentrum, ist aber sehr wohl - mehr oder weniger lose - mit diesem Zentrum verbunden.

Und schließlich gibt es planvoll gestaltete Gebäude in dieser Provinz: Wie wir unsere Feste feiern, wie wir Gemeinsamkeit ausdrücken, wie wir unsere Umgebung einbeziehen.

Diese Räume allerdings, die eine pädagogische Provinz eröffnet, dürfen nicht abschließen, die Wege müssen über die Grenzen hinausführen. So wie gute, lebendige Rituale innere Spielräume nicht zusperren, sondern aufschließen.

aus: Wilhelm Gräb (Hg.) Religionsunterricht jenseits der Kirche? Neukirchen-Vluyn 1996, S. 101-112. Das Manuskript, dessen ursprünglicher Titel 'Rituale – Feier – Begehung. Ist die Unterrichtsschule am Ende?' lautete wurde freundlicherweise mit Genehmigung des Verfassers vom Neukirchener Verlag zur Verfügung gestellt und diente als Vorlage eines Vortrags im Rahmen eines Symposions anläßlich des 60. Geburtstags von Christoph Bizer vom 19. Juni bis 21. Juni 1995 in Loccum.

Christoph Münz

Rituale und Erinnerungsresistenz[1]
Das jüdische Gedächtnis und der Holocaust

„Natürlich möchte ich gern verstehen, aber ich weiß, ich werde es nie verstehen. Selbst wenn ich alle Dokumente gelesen, all die Zeugenberichte gesammelt habe, alle die Urteile, alle Ideen und alle Theorien gehört habe, selbst dann werde ich immer noch nicht verstehen."[2]
Kein Geringerer als der Friedensnobelpreisträger und Auschwitz-Überlebende Elie Wiesel, der vielen als Inbegriff gerade der jüdischen Art und Weise des Erinnerns an den Holocaust erscheint, verweist mit diesen Worten auf die kaum tragbare Bürde, mit der jede Erinnerung an dieses 'Königreich der Nacht' jüdischerseits belastet ist. Wie soll man sich erinnern an etwas, das man nicht verstehen kann? Oder ist es gerade das Nicht-Verstehen, das einen zur Erinnerung regelrecht zwingt? Bewahrt die Erinnerung Wissen und Kenntnisse über das, was geschehen ist? Oder ist das Verstehen der Vergangenheit Kern der Erinnerung? Soll man, muß man überhaupt verstehen? Den Holocaust verstehen? Muß man, soll man überhaupt sich erinnern? Den Holocaust erinnern?
Ebenfalls von Elie Wiesel stammen folgende, vielzitierten Worte aus seinem Buch 'Nacht': „Nie werde ich diese Nacht vergessen, die erste Nacht im Lager, die aus meinem Leben eine siebenmal verriegelte lange Nacht gemacht hat. Nie werde ich diesen Rauch vergessen. Nie werde ich die kleinen Gesichter der Kinder vergessen, deren Körper vor meinen Augen als Spiralen zum blauen Himmel aufstiegen. Nie werde ich die Flammen vergessen, die meinen Glauben für immer verzehrten. Nie werde ich das nächtliche Schweigen vergessen, das mich in alle Ewigkeit um die Lust am Leben gebracht hat. Nie werde ich die Augenblicke vergessen, die meinen Gott und meine Seele mordeten, und meine Träume, die das Antlitz der Wüste annahmen. Nie werde ich das vergessen, und wenn ich dazu verurteilt wäre, so lange wie Gott zu leben."[3]
Sich erinnern, weil man nie wird vergessen können? Sich erinnern, weil man nie wird verstehen können? Bezieht der innerste Beweggrund der Erinnerung seine Kraft gleichsam aus einem negativen Befund, aus dem Defizit des ‚nie Verstehen'- und ‚nie Vergessen'-Könnens? Erinnerung – ein mythische Dimensionen annehmender Vorgang, der in die Form des Protests mündet? Ein Protest gegen das, was geschehen ist? Erinnerung als Protest gegen das, was nie ver-

gessen werden darf und zugleich nie zu verstehen ist, und mithin – in jüdischer Perspektive – ein Protest gegen Gott selbst?

Erinnerung. Woran? An die Kinder, deren Leben in Asche und Rauch verschwand? An die hunderttausendfach Dahinvegitierten, die Muselmänner und -frauen, von denen Primo Levi schrieb, sie seien der „Nerv des Lagers: sie, die anonyme, die stets erneuerte und immer identische Masse schweigend marschierender und sich abschuftender Nichtmenschen, in denen der göttliche Funke erloschen ist, und die schon zu ausgehöhlt sind, um wirklich zu leiden. Man zögert, sie als Lebende zu bezeichnen; man zögert, ihren Tod, vor dem sie nicht erschrecken, als Tod zu bezeichnen, weil sie zu müde sind, ihn zu fassen."[4]

„Die ganze Geschichte des Holocaust", so schreibt wiederum Elie Wiesel, „ist bis jetzt noch nicht erzählt worden. Alles, was wir wissen, ist fragmentarisch, vielleicht sogar unwahr. Vielleicht hat das, was wir über das Geschehen erzählen mit dem, was wirklich geschah nichts miteinander zu tun. Wir wollen uns erinnern. Aber an was wollen wir uns erinnern? Und wozu? Weiß irgendwer eine Antwort darauf?"[5]

An was wollen wir uns erinnern? Und wozu? Und – wenn ich hier Elie Wiesel ergänzen darf: – wie und auf welche Weise? Weiß irgendwer eine Antwort darauf?

Was ist Erinnerung, was jüdische Erinnerung? Denken an Geschehnisse an bestimmten Orten in vergangener Zeit? „Was ist jüdische Zeit?", fragt der israelische Dichter Yehuda Amichai in einem seiner Gedichte: „Was ist jüdische Zeit: ein dunkles, trauriges Getränk, und manchmal kommen die Schläge und schlagen es zu leichtem Schaum – wie Freude." Jüdische Zeit also ein trauriges Getränk, das nur Freude bereitet um den Preis von Schlägen, von Tränen und Leid?

Und weiter fragt Amichai: „Was ist ein jüdischer Ort: Experimentierplätze Gottes, an denen er neue Meinungen erprobt und neue Waffen, Übungsplätze für seine Engel und Geister. Eine rote Fahne ist dort aufgestellt: Achtung, Feuer!"

Ein jüdischer Ort also ein lebensgefährliches Schlachtfeld, ein Ort, vor dem gewarnt werden muß – „Achtung, Feuer!" –, eingerichtet und inszeniert von einem experimentierfreudigen Gott, und die Akteure sind sein Volk, das Volk der Juden?

„Was ist das jüdische Volk?", so lautet die nächste Frage von Amichai: „Was ist das jüdische Volk: Der Prozentsatz, der bei Übungen umkommen darf, das ist das jüdische Volk."

Auschwitz, Treblinka, Sobibor, Belsen – Experimentierplätze Gottes? Also doch Opferstätten? – Opferstätten für jenen „Prozentsatz, der bei Übungen umkommen darf"?[6] Was haben hier in diesen Zusammenhängen Assoziationen mit Opfer, Glaube, Gott, Religion zu suchen? Und wie stehen sie in Zusammenhang mit jüdischer Erinnerung und jüdischem Gedächtnis?

Das jüdische Volk besitzt ein gleichermaßen reiches wie erschütterndes, nahezu beispielloses Maß an Leiderfahrungen in seiner vieltausendjährigen Geschichte. Bereits die Bücher der hebräischen Bibel, der Torah, legen ein beredtes Zeugnis ab von der oft unerträglichen Bürde eines Volkes, das den einen, allmächtigen Gott, Herrn der Geschichte, verkündet und sich selbst als das von Ihm auserwählte Volk begreift, und bei alle dem immer schon vor der schwierigen Aufgabe stand, das ihnen widerfahrene Leid mit ihrem Glauben überein zu bringen. Insofern verwundert es nicht, daß von frühester Zeit an, die Auseinandersetzung mit dem Sinn des Leids, dem Sinn der Geschichte – wenn man will: dem Sinn einer leidvoll erfahrenen Geschichte – einen großen Raum einnimmt in den Reflexionen etwa der Propheten und später der Rabbinen.

Die zwei zentralen traditionellen Verhaltensformen und die auf ihnen fußenden Deutungen in der Konfrontation mit dem Leid in und an der Geschichte während der zurückliegenden vieltausendjährigen Geschichte des Judentums sind dabei im wesentlichen: *Kiddusch haSchem*, die Heiligung des Namen Gottes, die jüdische Form des Martyriums, und *Mipnej Chata'enu*, unserer Sünden wegen geschah..., ein biblisch begründetes Verständnis eines unmittelbaren Tat-Ergehen-Zusammenhangs. Wann immer es in der jüdischen Geschichte zu leidvollen Katastrophen kam – sei es die Zerstörung des Tempels in Jerusalem, die Vertreibung ins Exil, Verfolgungen und Pogrome während der Kreuzzüge im Mittelalter, die kollektive Vertreibung aus Spanien und Portugal im 15. Jhd., bis hin zu den Pogromen der Neuzeit – immer finden wir theologische Reflexionen, die den Ermordeten den Status von Märtyrern zusprachen, die für den jüdischen Glauben gestorben sind, oder aber die Katastrophen wurden als Folgen eigenen, sündigen Fehlverhaltens vor Gott interpretiert.

Machen wir einen zeitlichen Sprung in die Zeit nach 1945, in die Zeit nach dem Holocaust. Begibt man sich hier auf die Suche nach etwas, das man den innerjüdischen Diskurs in der Folge des Holocaust nennen könnte, ein Diskurs, der zeitlich gesehen etwa am frühesten einsetzte, und zugleich einer der bedeutendsten, gewichtigsten und bis heute kontinuierlichsten und in sich geschlossensten innerjüdischen Diskurse um die Deutung und Bedeutung des Holocaust ist, dann kann man zunächst einmal die überaus erstaunliche Entdeckung machen, daß dieser Diskurs nicht ein primär politischer, historischer, philosophischer oder soziologischer, sondern ein betont geschichts-theologischer Diskurs war und ist. Das Ringen mit der offenbar völligen Sinnlosigkeit von Auschwitz, das Nachdenken über eine mögliche Antwort auf all die bedrängenden

Fragen nach der jüdischen Identität post Auschwitz und jüdischer Erinnerung an Auschwitz, die Diskussion dieser originär jüdischen Problematik einer Deutung des Holocaust nahm seinen Ausgang und findet zentralen Niederschlag in den Werken der sogenannten ‚Holocaust-Theologen'. Ihre seit Mitte der 60iger Jahre, vornehmlich in den USA kontinuierlich veröffentlichten Arbeiten und Beiträge hatten eine für die Wahrnehmung und Deutung des Holocaust katalysatorhafte Wirkung zunächst innerhalb des Judentums und späterhin auch in weite Teile der nicht-jüdischen, angelsächsischen Welt hinein. In ihren Büchern – und noch viel mehr in der lang anhaltenden Debatte um sie –, werden die Fragen und Probleme um eine jüdische Identität und die angemessene Form der Erinnerung formuliert und diskutiert. Namentlich zu nennen sind hierbei hauptsächlich: Ignaz Maybaum, Richard Lowell Rubenstein, Emil Ludwig Fakkenheim und Eliezer Berkovits – die vier Klassiker unter den Holocaust-Deutern – und in ihrer Folge vor allem dann Arthur Allen Cohen, Irving Greenberg und – mit Einschränkungen – Mark Ellis. Skandalös ist die Tatsache, daß diese intensive, eine Unmenge an Material produzierende, nunmehr 30 Jahre während rende innerjüdische Debatte um die Deutung des Holocaust und dessen Relevanz für jüdisches Geschichtsverständnis und jüdische Erinnerung im gesamten deutschsprachigen Raum bisher weder eine nennenswerte Resonanz fand, noch auch nur in Ansätzen rezipiert worden ist. So ist auch keines der umfangreichen und profunden Werke der `Klassiker' der jüdischen Holocaust-Deutung bisher in deutscher Sprache erschienen, von den zahllosen Diskussionsbeiträgen in aberdutzenden von Zeitschriften, Anthologien, auf Konferenzen und Symposien ganz zu schweigen.

Für die jüdischen Holocaust-Deuter nach 1945 bilden jedoch die traditionellreligiösen Handlungs- und Sinndeutungsmuster – also *Kiddusch HaSchem* und *Mipnej Chata'enu* – allenfalls den Ausgangspunkt für ihre eigenen Reflexionen. Denn gemäß der Einzigartigkeit des Holocaust und seiner neuen Qualität an Katastrophalität, gelangen die jüdischen Denker nach 1945 nahezu übereinstimmend zu der Einsicht, daß die traditionellen Muster – *Kiddusch HaSchem* und *Mipnej Chata'enu* – erstmals, nachdem sie über tausende von Jahren hinweg ihren handlungsorientierenden und sinnstiftenden Zweck erfüllt haben, erstmals nicht mehr hinreichend Anwendung finden können auf das jüngst Geschehene. Und zu dieser Einsicht und Erkenntnis kommen sie vor dem Horizont unsagbar schwer lastender Fragen:

Kann ein Jude nach Auschwitz noch sinnvoll vom Gott der Geschichte sprechen? Wo war Gott in Auschwitz? Wo seine Gnade, sein Erbarmen, seine Liebe zu seinem auserwählten Volk, dem Volk der Juden? Was heißt Sinn der jüdischen Geschichte, Sinn jüdischer Religiosität im Fackelschein der Flammen von Treblinka, Sobibor, Majdanek, Auschwitz und wie sie noch alle heißen, diese Un-Orte, an denen das Un-Mögliche möglich, das Un-Denkbare getan, das Un-Glaubliche wirklich wurde, das Un-Vorstellbare seinen es noch übertreffenden Meister fand. Spottet das bestialische Verhalten deutscher Männer und Frauen, braver Familienväter und -mütter, allemal christlich getauft und erzogen (?!), spottet dies nicht jedem Glauben an eine göttlichen Vorsehung in der Geschichte? Straft diese Orgie aus Gas und Blut, die nicht einmal vor über einer Million Kindern und Säuglingen halt machte, straft dies nicht allen jüdischen Glauben an einen in der Geschichte gegenwärtigen Gott Lügen?

Und wie kann bei alledem ein solches Ereignis, das zutreffend als Zivilisationsbruch qualifiziert wurde, in einer Kultur erinnert werden, für die Erinnerung so elementar ist wie die Luft zum Atmen? Wie muß ein Gedächtnis beschaffen sein, um nicht nur den Schmerz und den Verlust, die Schrecken und die Trauer, die dieses Ereignis in maßlosem Maße verursachten, zu verkraften, sondern darüber hinaus der offenkundigen Sinnlosigkeit zu entfliehen, die sich wie eine stählerne Fessel gleichermaßen um das Vergessen wie um das Erinnern zu legen und alle Regungen des Gedächtnisses zu unterbinden droht? Erinnerung und Erzählung galten von jeher als Kategorien der Rettung von bedrohter Identität gerade im Judentum. Wie aber vermag es Identität zu stiften, wenn man sich dessen erinnert und jenes erzählt, was jüdische Identität bis ins Mark erschüttert oder gar unmöglich gemacht hat?

Nun würde ich Ihnen gerne die im Kontext der Holocaust-Theologie entwickelten jüdischen Deutungen näher bringen, aber diese sollen heute an dieser Stelle nicht im Mittelpunkt stehen. Ich werde Ihnen also nicht von Ignaz Maybaum erzählen, wie er den Holocaust als stellvertretendes Sühneopfer der Juden für die Sünden der nicht-jüdischen Welt interpretiert. Ich werde Ihnen nicht von Richard L. Rubenstein berichten, der zu dem Ergebnis kommt, daß der Holocaust ein Beweis dafür sei, daß es Gott, so wie ihn die jüdische Tradition als Herrn der Geschichte bekennt, nicht gibt und der mit seiner jüdischen Gott-ist-tot-Theologie innerjüdisch nicht nur einen Sturm der Entrüstung auslöste, sondern mit seinem 1966 erschienen Buch „After Auschwitz" den geschichtstheologischen Diskurs spektakulär eröffnet. Und ich werde ihnen nichts sagen können über Emil Fackenheim, einem Schüler von Rosenzweig und Buber und einer der großen Philosophen des zeitgenössischen Judentums, und seiner Deutung, die zur populärsten und wirkungsreichsten innerhalb des Judentums wurde, indem er den nach jüdischer Zählweise 613 Geboten der hebräischen Bibel ein 614. Gebot hinzufügt, nämlich Hitler keinen posthumen Sieg zu verschaffen und das Bekenntnis zur eigenen jüdischen Identität und zu jüdischer Tradition als von Gott in Auschwitz offenbarten Ruf zum Widerstand gegen die Mächte von Auschwitz zu verstehen. Um diese Positionen und noch viele andere mehr, sowie deren innerjüdische Diskussion kennenzulernen, muß ich Sie an dieser Stelle auf mein Buch verweisen, in dem ich mich auf über 300 Seiten bemüht habe, diese Deutungen und diesen Diskurs erstmals für ein deutschsprachiges Publikum zugänglich zu machen.[7]

Nein, dies alles also jetzt nicht und statt dessen möchte ich noch etwas intensiver der Frage nachgehen, warum im Judentum ein geschichts-theologischer Diskurs zum zentralen Diskurs nach und über den Holocaust wurde. Indem ich dies tue werde ich Ihnen zum einen eine Definition dessen, was jüdisches Gedächtnis in seinem Kern darstellt, geben und zum anderen etwas genauer das – neben dem geschichtstheologischen Denken – zweite Hauptmedium vorstellen, mit dem sich jüdisches Gedächtnis Ausdruck verschafft: nämlich mit Hilfe von rituell-liturgischem Gedenken.

Jeder – und ganz besonders auch der Historiker –, der nach Judentum und jüdischer Erinnerung fragt, wird sich mit einem einzigartigen Phänomen konfrontiert sehen, nämlich dem Phänomen eines fundamentalen, symbiotischen und kaum auflösbaren Verhältnisses von geschichtlichem und religiösem Selbstverständnis im Judentum. Natürlich hängt dies mit dem Doppel- bzw. Mehrfachcharakter des Judentums zusammen, wo ansonsten voneinander getrennte Aspekte wie Religion, Kultur, Land, Ethnizität und Nationalität in der Bezeichnung Judentum zusammenfallen. Daher wird die Bestimmung von Wesen und Funktion der Erinnerung für die Identität des Juden auf die Geschichte des Volkes Israel gleichermaßen Bezug nehmen müssen wie auf den Glauben der Religionsgemeinschaft Israels und wird diese beiden Größen in ein Verhältnis zueinander zu setzen haben. Jede religiöse Selbstdefinition im Judentum wird ihr Verhältnis zum Geschichtlichen beinhalten, und jede geschichtliche Selbstbestimmung ihr Verhältnis zum Religiösen abklären müssen. Nicht wie das Verhältnis dieser beiden Größen konkret gestaltet und begriffen wird ist dabei das allein entscheidende Spezifikum jüdischer Identität, sondern daß jede Selbstdefinition eine solche Verhältnisbestimmung zur Aufgabe hat ist der springende Punkt, der es uns zugleich erlaubt, von einer Zentralität des Gedächtnisses im Judentum zu sprechen.

Auf diesem Hintergrund erweist sich geschichts-theologisches Denken – in unserem konkreten Fall also jüdische Holocaust-Theologie – indem sie gleichermaßen auf Geschichte und Glauben reflektiert, als eine der zwei zentralen Formen und Wege, in denen jüdische Identität und jüdisches Gedächtnis sich organisiert und Ausdruck verschafft. Das zweite zentrale Organisationsprinzip jüdischen Gedächtnisses ist etwas, worauf zuletzt Yosef Hayim Yerushalmi nachdrücklich hingewiesen hat: die wesentlichen historischen Ereignisse und Erfahrungen wurden und werden innerhalb des Judentums traditioneller Weise nicht auf den Wegen der Historiographie, sondern „in den Bahnen von Ritual und Liturgie" transportiert.[8]

Den besten Beleg hierfür findet man in den jüdischen Fest- und Feiertagen, allen voran: Pessach, das jüdischerseits exemplarische Fest der Erinnerung; der Erinnerung an den Auszug der Israeliten aus Ägypten. Wenn es, wie ich bereits sagte, zur spezifischen Eigenart jüdischer Identitätsfindung gehört, unabdingbar eine Verhältnisbestimmung zwischen Geschichte und Glauben, zwischen religiösem und geschichtlichem Bewußtsein zu leisten, so liegt darin die eigentliche Quelle für die Zentralität von Gedächtnis im Judentum. Am Ritual des Pessachfestes lassen sich nun die Parameter dieser Verhältnisbestimmung und mithin des jüdischen Gedächtnisses in paradigmatischer Weise erschließen und ermöglichen uns dergestalt einen Einblick in die Grammatik jüdischer Erinnerungsrituale.

Der materiale Gehalt des Pessachfestes zielt zunächst auf den Exodus, den Auszug aus Ägypten. Entscheidend dabei ist, daß er als eine in die Geschichte eingreifende Befreiungstat Gottes erfahren wurde. Von hier aus war „jüdische Theologie immer Theologie der Befreiung"[9] und zwar Befreiung im politisch-sozialen wie auch religiös-spirituellen Sinne. Die Begegnung Gottes mit dem Menschen hat befreienden Charakter und vollzieht sich im Medium der Geschichte auf allen Ebenen menschlicher Existenz. Diese in ihrer Bedeutung und Wirkung kaum zu überschätzende Grunderfahrung des jüdischen Volkes findet sich deshalb auch unmittelbar verknüpft mit dem Gebot zur permanenten Erinnerung an dieses Ereignis. Immer wieder, selbst nachdem Landnahme und Seßhaftwerdung in Israel weitgehend abgeschlossen sind und die Erfahrung ägyptischer Sklaverei und der Befreiung von ihr längst der Vergangenheit angehören, „wird dem Volk eingehämmert: 'Gedenke, daß du ein Knecht warst in Ägypten'"[10]

Wie und auf welche Weise nun die Verknüpfung von befreiendem geschichtlichen Heilshandeln Gottes im Exodus mit dem Aufruf, sich dessen immer zu erinnern, durch das jüdische Gedächtnis transportiert und tradiert wird, kann man im Rahmen des Pessachfestes exemplarisch an der häuslichen Liturgie des Sedermahls und der an diesem Abend im Mittelpunkt stehenden Pessach-Haggadah studieren. Der Sederabend ist im Grunde ein rein familiärer und häuslicher Gottesdienst, dessen Ablauf einer festgelegten Ordnung – nichts anderes heißt Seder – folgt und mit einem symbolträchtigen Mahl endet. Alle Teile des Abends gewinnen ihre Struktur in der gleichnishaften Darstellung der in drei Abschnitte gegliederten historischen Szenenfolge des Exodus: Knechtschaft – Errettung – Erlösung.

Dementsprechend haben etwa alle Speisen und Getränke dieses Festmahls eine symbolische Bedeutung: die ungesäuerten Brote, die Mazzot, stellen in Anspielung auf den eiligen Aufbruch aus Ägypten das 'Brot der Befreiung' dar und sind in Anspielung auf das Sklavenlos zugleich das 'Brot des Elends'; das Bitterkraut, meist Meerrettich, erinnert an die bittere Zeit der Erniedrigung; braunes Fruchtmus, mit Äpfeln und Zimt zubereitet, symbolisieren die Lehmziegel, die in Fronarbeit hergestellt werden mußten; ein Napf mit Salzwasser erinnert an die Tränen der Mütter, und anderes mehr.[11]

Diese symbolträchtig aufgeladenen Speisen und Getränke wollen nicht nur die Erinnerung an längst vergangene Ereignisse evozieren, sondern sollen kraft ihres sinnlichen Potentials jene Ereignisse der Vergangenheit als gegenwärtige Erfahrung erlebbar machen. Mit dem Sehen, Riechen, Anfassen und vor allem dem Essen dieser Speisen und Getränke nimmt man zugleich jene fundierenden Ereignisse der Vergangenheit fast buchstäblich in sich auf. Die Erinnerung wird 'stofflicher' Teil der eigenen Existenz, wird regelrecht einverleibt, wird zu dem, was Erinnerung in der jüdischen Kultur ihrem tiefsten Wesen nach ist: ein Prozeß existenzieller Er-Innerung, ver-Innerlichte Er-Innerung. Diese Form der ErInnerung ist unweit mehr als bloßes Gedenken an etwas Vergangenes, das mir auch heute noch lehrreich etwas zu sagen hat. Vielmehr wird diese Form der ErInnerung Teil meiner Existenz. Die im kollektiven Gedächtnis gespeicherte Erinnerung wird so zu einem unveräußerlichen Bestandteil meiner individuellen ErInnerung im Hier und Heute. Nicht allein meine Vorfahren, die am Beginn einer unüberschaubaren Generationenkette stehen, waren Sklaven in Ägypten, sondern ich selbst war Sklave in Ägypten, ich selbst bin hinausgeführt und befreit worden. In diesem Zusammenhang ist der sicherlich zentrale Satz der Pessach-Haggadah zu sehen: „In jeglichem Zeitalter ist der Mensch verpflichtet sich vorzustellen, als sei er selbst aus Ägypten gezogen".[12]

In einem berühmten Kommentar von Samson Raphael Hirsch heißt es zu dieser Stelle: „Nicht ein Märchen, beginnend ‚es war einmal', nicht eine alte Geschichte aus längst vergessenen Tagen grauer Vorzeit sei Dir der Auszug aus Ägypten. Tief empfundenes Erlebnis Deiner eigenen persönlichen Erfahrung sei er Dir. In allen Einzelheiten, mit allen Schrecken der Sklavenzeit, mit allen Wonnen der Befreiung male es Deine Phantasie dir aus... Nicht vom Volk und den Vätern der grauen Vergangenheit erzählst und berichtest Du, (sondern) was Du schilderst, ist Dein eigenes Leben. Über Dein Haus schritt schonend der Engel des Verderbens, von Deiner Hand löste Gott die Fessel des Sklaven. Deine Gegenwart und Deine Zukunft beruht auf dieser Befreiung, ..."[13]

Hier ist nicht imaginative Identifikation, sondern existenzielle Re-Präsentation gefordert. Es geht nicht darum, mich mit den Israeliten damals und dort hier und heute zu identifizieren. Vielmehr ist gefordert, meine Anwesenheit damals und dort hier und heute wieder zu vergegenwärtigen, zu re-Präsentieren. Als ein Teil der Gegenwart erinnere ich mich nicht an die Vergangenheit, um an ihr Teil zu haben, sondern als Teil der Gegenwart bin ich kraft der ErInnerung unmittelbarer Teil der Vergangenheit. Wiedervergegenwärtigung der (meiner) Vergangenheit ist ErInnerung an (m)eine vergangene Gegenwart. Existenziell ist diese wiedervergegenwärtigende Art der ErInnerung, weil sie eben zum Bestandteil der eigenen Existenz, zum unveräußerlichen Gut des sie Tragenden gehören soll. Zugleich meint existenziell aber auch eine Charakterisierung der Art und Weise der Aktualisierung und Bewahrung dieser ErInnerung. Denn diese müssen zwangsläufig ebenfalls auf existenzielle Weise bestimmt sein, wenn sie von lebensfähiger Dauer sein sollen. Wenn Fest, Ritual und Liturgie das Medium solcher ErInnerung ist, dann muß sich in Fest, Ritual und Liturgie ihr existenzieller Charakter nachweisen lassen. Liturgie und Ritual müssen, wollen sie existenziell sein und wirken, die ganze Existenz ansprechen und einfordern, sie müssen den Menschen in seiner Ganzheit erreichen. Liturgie und Ritual müssen daher mit gleichermaßen kognitiven, emotionalen, sensitiven und motorischen Elementen durchwirkt sein. Und sie müssen die Forderung enthalten, daß man sich mit seiner ganzen Existenz in diese Begegnung und Aneignung hineinbegibt.[14]

Genau einer solchen, in ErInnerung mündenden, existenziellen RePräsentation des Exodus und aller mit ihm verbundenen Implikationen dient auch die im Mittelpunkt des Pessach-Abends stehende Pessach-Haggadah, einem oft reich illustrierten Buch, das aus Texten der Bibel, des Talmud, des Midrasch sowie zahlreicher Segenssprüche besteht. Sie wird vom Familienvater vor allem für die Kinder vorgelesen, gemäß dem biblischen Gebot: „Du sollst deinem Sohn an diesem Tag erzählen: Es geschieht um dessentwillen, was mir Jahwe bei meinem Auszug aus Ägypten getan hat". (Ex. 13, 8). Die Aufforderung, die Kinder über den Sinn der Riten und Gesetze und damit über den religiösen Sinn ihrer Existenz als Juden zu belehren, findet man viermal in der Torah, den fünf Büchern Mose. In diesem Kontext ist das gesamte Pessach-Fest, und vor allem der Vortrag der Pessach-Haggadah, die zentrale Gelenkstelle in der Weitergabe der Tradition und mithin der Formung des kollektiven jüdischen Gedächtnisses. Alles, was hier geschieht, ist eine großartige Bewegung gegen den Strom des Vergessens, eine Initiation des individuellen Gedächtnisses in das Gedächtnis des Kollektivs.

Diesem Ziel dient vor allem der mit Erzählungen, Gebeten, Gesängen und symbolischen Handlungen durchsetzte, oftmals über Stunden sich hinziehende Vortrag der Pessach-Haggadah. Diese Pessach-Haggadah ist zweifelsohne „das populärste und am meisten geliebte jüdische Buch. Gelehrte haben über es meditiert, Kinder erfreuen sich an ihm. Als ein Buch gleichermaßen für die Philosophen wie für das Volk ist es an mehr Orten und in mehr Auflagen wiedergedruckt worden als jeder andere jüdische Klassiker,... Es wurde in nahezu jede Sprache übersetzt, in der Juden während ihrer weltweiten Verteilung sprachen"[15]. In der Feier des Seder und dem Vortrag der Haggadah „lernt das Kind 'wir' sagen, indem es hineingenommen wird in eine Geschichte und in eine Erinnerung, die dieses Wir formt und füllt".[16]

Nirgendwo wird dieser Prozeß deutlicher, als an jener Stelle der Pessach-Haggadah, wo das Problem der Tradition und Ausformung kollektiver Identität selbst thematisiert wird und zwar am Beispiel von vier unterschiedlich veranlagten Kindern, die entsprechende Fragen an den Vater richten: „Gelobt sei der Allgegenwärtige! Gelobt sei er! Gelobt, der seinem Volke Israel die Torah gegeben! Entsprechend vier Kindern drückte sich die Torah aus: dem verständigen, dem bösen, dem einfältigen, und dem geistig noch nicht geweckten Kinde. Der Verständige, wie spricht er? ‚Was bedeuten die Zeugnisse, die Satzungen und Rechtsverordnungen, welche der Ewige, unser Gott, euch befohlen hat?' So sprich denn auch du belehrend zu ihm, den Vorschriften des Pesach gemäß: ‚Nach dem Genuß des Pesach-Opfers beschließt man das Festmahl nicht mit einem Nachtisch.' Der Böse, wie spricht er? 'Was soll euch dieser Dienst?' Euch? aber nicht ihm? Und weil er sich somit selbst von der Gesamtheit ausschließt, verleugnet er die Grundwahrheit (des Judentums); so stumpfe denn auch du ihm die Zähne und sprich zu ihm: 'Wegen dieser Pflichterfüllung ließ Gott es mir angedeihen, als ich aus Ägypten zog.' Mir, aber nicht ihm! Wäre er dort gewesen, er würde nicht erlöst worden sein! Der Einfältige, wie spricht er? 'Was ist das?'. Zu ihm sollst du sprechen: 'Mit starker Hand hat uns Gott aus Ägypten geführt, aus dem Sklavenhause.' Und mit dem, der nicht zu fragen weiß, eröffne du die Unterhaltung, denn es heißt: 'Du sollst deinem Sohn mitteilen an demselben Tag und sprechen: Wegen dieser Pflichterfüllung ließ es Gott mir so angedeihen, als ich aus Ägypten zog.'"[17].

Geglückte Tradition drückt sich hier in dem differenzierten Fragen des klugen Kindes aus, insbesondere aber in der Gemeinschaft dokumentierenden Rede von „unser Gott". Dementgegen zeigt sich die Bosheit des bösen Kindes in der Gemeinschaft verweigernden, exklusiven Rede von „euch".

„Text und Geste sollen weniger einen Gedächtnissprung bewirken als eine Verschmelzung von Vergangenheit und Gegenwart. Das Gedenken bedeutet hier nicht mehr Rückbesinnung, bei der ein Gefühl der Distanz ja stets erhalten bleibt, sondern erneute Aktualisierung".[18] Nur durch diese Verschmelzung von Vergangenheit und Gegenwart, nur durch existentielle RePräsentation der Ver-

gangenheit, läßt sich dann auch der Bezug und Übertrag zu vergleichbar aktuellen Situationen der Gegenwart oder der jüngeren Vergangenheit herstellen.
Nicht zufällig schließen sich daher fast unmittelbar den Fragen der vier Kinder
folgende Worte des Vaters an: „Und sie (die göttliche Vorsehung; C.M.) ist es,
die uns und unseren Vätern beigestanden; denn nicht etwa nur einer ist wider
uns aufgestanden, uns zu vertilgen, sondern in jeglichem Zeitalter stand man
wider uns auf, uns zu vertilgen, aber der Heilige, gelobt sei er, rettete uns aus
der Verfolger Hand".[19]
Die innere Qualität der Haggadah, Fixpunkt von Vergangenheit, Gegenwart und
Zukunft zu sein, dokumentiert sich demzufolge auch durch eine immer aktuali-
tätsbezogene Ausgestaltung der Haggadah selbst. Nirgendwo wird dies dramatisch einsehbarer als in den Haggadot, die seit der Machtübernahme der Nazis
in Deutschland 1933, während der folgenden Jahren der Verfolgung und Vernichtung der Juden in Europa und schließlich auch weltweit, entstanden sind.
Eine im Jahre 1943 in Rabat, Marokko, erschienene Haggadah stellt beispiels-
weise den Versuch einer bizarren Parodie und Satire gegen den Nationalsozialismus dar. Sie trägt den Titel 'Hitlers Haggadah'. In ihr wird etwa der 'kluge
Sohn' mit dem 'Engländer' identifiziert, der 'böse Sohn' natürlich mit 'Hitler'.
Eine im Jahre 1947 im israelischen Kibbutz Bet Ha-Shitah entstandene Haggadah ist durchsetzt mit Gedichten des in Auschwitz ermordeten Dichters Yitz-
hak Katzenelson, die an den Holocaust gemahnen. Eine ganze Reihe von Haggadot entstanden in den Lagern der sogenannten 'Displaced Persons', wo sich
die Überlebenden der Vernichtungslager nach ihrer Befreiung befanden. Und
selbstverständlich findet die Gründung des Staates Israel im Mai 1948 eine
nachhaltige Wirkung auf die Gestaltung und Kommentierung der in den folgenden Jahren zumeist in diversen Kibbutzim entstandenen Haggadot. In einer
1949 in New York gedruckten Haggadah ist gar der Text der Unabhängigkeits-
erklärung Israels eingearbeitet. Schließlich entstanden auch eine Reihe von
Pessach-Haggadot in Erinnerung an den Holocaust.[20]
Eindrücklich dokumentiert dies, wie sehr die Haggadah das „Buch der Erinnerung und Erlösung (ist). In ihr wird das Gedächtnis einer Nation alljährlich
wiederbelebt"[21]. In diesem Sinne darf der gesamte Pessach-Seder als das zentrale „Ritual zur Aktivierung des jüdischen Gruppengedächtnisses"[22] gelten.
Das jüdische Pessach-Fest kann in seiner Bedeutung als Ausdruck des jüdi-
schen Gedächtnisses wie auch in seiner Wirkung als kulturprägender Kraft wohl
kaum überschätzt werden.
Wenn nun aber Ritual und Liturgie das charakteristische Medium jüdischen
Gedächtnisses ist, so liegt die Vermutung nahe, daß auch die Erinnerung an den
Holocaust vornehmlich in eben diese Bahnen von Ritual und Liturgie integriert

werden wird. Und genau dies läßt sich tatsächlich auf verschiedenen Ebenen beobachten.

Bemerkenswerterweise hat die Schwierigkeit wie auch Notwendigkeit, den Holocaust rituell-liturgisch zu verankern, – neben vielen anderen – ein jüdischer Historiker formuliert, dessen eigenes Selbstverständnis betont agnostischer Natur ist. „Der Holocaust aber", schreibt Yehuda Bauer, einer der hervorragendsten jüdischen Historiker des Holocaust, „ist nicht bloß ein weiteres Kapitel in der langen Geschichte der Verfolgungen, unter denen die Juden gelitten haben. Er ist qualitativ und nicht nur quantitativ von einer anderen Natur. Daher kann er nicht in den üblichen Kalender von Gedenktagen innerhalb der jüdischen Tradition integriert werden; man muß ihm einen besonderen Platz einräumen".[23] Genau dies ist – zumindest der Idee und dem Anspruch nach – auch in dem Beschluß des israelischen Parlaments im Jahre 1951 zur Einrichtung eines Gedenktages für den Holocaust, *Yom haShoah*, Wirklichkeit geworden. Daß der Erinnerung an den Holocaust nun ein eigener Gedenktag gewidmet ist, das Gedenken an ihn einen festen Platz im jüdischen Kalender erhalten hat, ist die vielleicht unverbrüchlichste Garantie dafür, daß das jüdische Gedächtnis sich des Holocaust auch in hunderten von Jahren noch erinnern wird.

In welche Richtungen das stark empfundene Bedürfnis geht, über den Punkt eines Gedenktages hinaus die Erfahrung des Holocaust in liturgisch-rituelle Formen der Erinnerung zu bringen und damit im jüdischen Gedächtnis zu verankern, läßt sich sehr eindrucksvoll in direkter Fortsetzung der oben dargelegten Ausführungen zum Pessach-Fest zeigen. Erinnert sei an den vielleicht wichtigsten und zentralen Satz der Pessach-Haggadah – „In jeglichem Zeitalter ist der Mensch verpflichtet sich vorzustellen, als sei er selbst aus Ägypten gezogen". Exakt an diesem Punkt knüpft der jüdische Religionsphilosoph Arthur Allen Cohen mit folgenden Worten an: „Die Pesach-Haggadah gebietet jedem Juden, sich so zu betrachten, als ob er selbst mit dem Exodus aus Ägypten kam. Die grammatische Autorität der Haggadah macht deutlich, daß dies keine Metapher ist, wie stark auch immer unser Wunsch ist, apodiktische Sprache metaphorisch verstehen zu wollen. Der autoritative Anspruch ist klar: Ich war wirklich, ..., gegenwärtig am Sinai. ... Um nichts weniger ist es der Fall, daß die Todeslager meine Anwesenheit fordern: deshalb ist es meine Verpflichtung, die Zeugen anzuhören, als sei ich selber ein Zeuge. Es ist von befehlsbindendem Charakter, daß die reale Anwesenheit ganz Israels in den Todeslagern, unter der Erfahrung des Tremendums (der Shoah) stehend, in die Liturgie Einlaß findet, so gewiß wie es (die Befreiung aus Ägypten; C.M.) Einlaß fand in die Erzählung des Exodus".[24]

Die am Vorbild der Pessach-Haggadah orientierte Aufforderung, sich zu betrachten, als sei man selbst in den Todeslagern gewesen, als sei man selbst ein

Überlebender im nahezu buchstäblichen Sinne, entspringt und deckt sich genau mit der spezifischen Arbeitsweise des jüdischen Gedächtnisses, das sich zentraler Ereignisse, die für das Kollektiv von entscheidendem Gewicht sind, auf dem Wege existentieller RePräsentation erInnert. So sehr der Holocaust der im Pessach-Fest erInnerten, von Gott bewirkten Befreiungserfahrung fundamental zu widersprechen scheint, so sehr ist es charakteristisch und unterstreicht den zentralen Stellenwert des Gedächtnisses im Judentum, daß man die dem jüdischen Gedächtnis eigene Methode der existenziellen RePräsentation mit der Erfahrung des Holocaust verbindet – verbinden muß. Denn dies ist der Weg, den jüdische ErInnerung geht – gehen muß. Aus diesem Grund ist es nicht verwunderlich, wenn diese, hier von Arthur Allen Cohen geäußerten Gedanken in der gegenwärtigen jüdischen Literatur zu den Folgen und der Bedeutung des Holocaust in der einen oder anderen Form unzählige Male wiederzufinden ist. Beispielhaft und sehr deutlich etwa in den Worten Eli Wiesels: „Kein Jude kann heute im vollen Sinne des Wortes jüdisch sein, kann im vollen Sinne des Wortes ein Mensch sein, ohne nicht sich als Teil des Holocaust zu betrachten. Alle Juden sind Überlebende. Sie alle sind inmitten des Wirbelsturmes Holocaust gewesen, selbst diejenigen, die danach geboren wurden, selbst diejenigen, die nur sein Echo in entfernten Gegenden vernehmen".[25]

Auf welche Weise die Erfahrung des Holocaust etwa im Rahmen der Pessach-Haggadah einen neuen liturgischen Akzent setzen mag, sei ebenfalls wenigstens an einem Beispiel illustriert. Irving Greenberg fügt den uns aus der Pessach-Haggada bereits vertrauten vier Kindern und ihren vier exemplarischen Weisen, nach der Bedeutung des Exodus zu fragen, ein fünftes Kind hinzu und kleidet dessen Frage in die Form eines Gebetes:

„In dieser Nacht erinnern wir uns eines fünften Kindes. Dies ist ein Kind der Shoah, welches nicht überlebt hat, um noch fragen zu können. / Deshalb fragen wir für dieses Kind: Warum? / Wir sind wie dieses einfache Kind. Wir haben keine Antwort. Wir können nur den Fußspuren Rabbi Elazar ben Azariahs folgen, der es in jener Nacht solange nicht fertig brachte, den Exodus zu erwähnen, bis Ben Zoma ihm es mit folgendem Vers erklärte: / Damit du dich ERINNERST an den Tag, als du auszogst aus Ägypten, alle Tage deines Lebens. / 'Die Tage deines Lebens' bedeuten das Licht und das Gute des Lebens. 'Alle Tage deines Lebens' meint, selbst in den dunkelsten Nächten als wir unsere Erstgeborenen verloren haben, müssen wir uns an den Exodus erinnern. / Wir beantworten die Frage dieses Kindes mit Schweigen. Im Schweigen erinnern wir uns jener dunklen Zeit. Im Schweigen erinnern wir uns, daß Juden ihr gottebenbildliches Antlitz bewahrt haben im Kampf ums Leben. Im Schweigen erinnern wir uns der Seder-Nächte in den Wäldern, der Ghettos und der Lager;

wir erinnern uns jener Seder-Nacht, als das Warschauer Ghetto sich zur Revolte erhob. / Im Schweigen laßt uns zum Becher Eliahs kommen, dem Becher der endgültig noch kommenden Erlösung. Wir erinnern an die Rückkehr unseres Volkes in das Land Israel, dem Beginn dieser Erlösung. Laßt jeden von uns etwas Wein in den Becher Eliahs füllen, um der Hoffnung Ausdruck zu verleihen, daß wir durch unsere Anstrengungen mit dazu beitragen werden, diese Erlösung näher heran zu bringen. / Wir erheben uns und öffnen die Tür, um Eliah einzuladen, den Vorläufer jener Zukunft, die das Ende aller Nächte unseres Volkes sein wird. So wollen wir singen: / Ani maamin b'emunah shleimah, beviat Ha-Mashiah... Ich bin vollkommen überzeugt von der Ankunft des Messias, und wenn er auch zögert, trotzdem glaube ich es noch".[26]

Obwohl geschichts-theologisches Denken und rituell-liturgisches Gedenken der Grammatik jüdischen Gedächtnisses entspringen, ist jüdische Erinnerung keineswegs an eine explizit religiöse Identität gebunden. Auch hierzu ein Beispiel, das zeigt, wie das ritualisierte Erinnerungsmuster, wie es im Pessachfest deutlich wird, auf die gesamte jüdische Geschichte übertragen werden kann. Hören Sie folgende Worte:

„Ich war ein Sklave in Ägypten und empfing die Thora am Berge Sinai, und zusammen mit Josua und Elijah überschritt ich den Jordan. Mit König David zog ich in Jerusalem ein, und mit Zedekiah wurde ich von dort ins Exil geführt. Ich habe Jerusalem an den Wassern zu Babel nicht vergessen, und als der Herr Zion heimführte, war ich unter den Träumenden, die Jerusalems Mauern errichteten.

Ich habe gegen die Römer gekämpft und bin aus Spanien vertrieben worden. Ich wurde auf den Scheiterhaufen in Magenza, in Mainz, geschleppt, und habe die Thora im Jemen studiert. Ich habe meine Familie in Kischinev verloren und bin in Treblinka verbrannt worden. Ich habe im Warschauer Aufstand gekämpft und bin nach Eretz Israel gegangen, in mein Land, aus dem ich ins Exil geführt wurde, in dem ich geboren wurde, aus dem ich komme und in das ich zurückkehren werde."

Diese Worte sind weder einem religiösen Pamphlet entnommen, noch stammen sie aus dem Munde eines orthodoxen Rabbiners. Diese Worte wurden vor nicht allzu langer Zeit von Ezer Weizmann, dem Präsidenten des Staates Israel gesprochen, in seiner Rede vor dem Deutschen Bundestag am 16. Januar 1996. Ein Tag, der im jüdischen Kalender als der 24. Tewet des Jahres 5756 verzeichnet ist.[27]

Ich komme zum Ende, indem ich einige schlußfolgernde Anmerkungen mit Blick auf unseren neuen Gedenktag an die Opfer des Nationalsozialismus, den 27. Januar, mache.

„Einen Wirbelsturm kann man nicht lehren, man muß ihn erfahren", schrieb der in London lebende Rabbiner Albert H. Friedländer, und erfährt fort: „Was während der Shaoah, jenem Wirbelsturm der Vernichtung, der in Hitlers Deutschland sechs Millionen Juden tötete, geschehen ist, davon können wir nichts wissen, indem wir ausschließlich von Fakten und Figuren und wissenschaftlichen Erklärungen hören. Darüber hinaus müssen wir jene dunklen Tage und brennenden Nächte auch berühren, fühlen, schmecken. Unsere Herzen müssen sich in Schrecken und Schmerzen zusammenziehen. Unser Geist muß sich weiten, um Raum für das Unbegreifliche zu schaffen. Und unsere Liebe zum Gut des Lebens muß stark genug werden, um in diese Dunkelheit hinein zu reichen und um in das Herz dieser Finsternis zu gelangen, um sie selbst zu erfahren."

Um wirkliches Gedenken und Erinnern (zumal an den Holocaust) zu gewährleisten, um – in den Worten Friedländers – das Herz dieser Finsternis zu berühren, zu schmecken, zu fühlen, sollte man also keineswegs vor Erinnerungsritualen zurückschrecken. Rituale können – das Judentum belegt es – auf besondere Weise eine existentielle Tiefendimension der Erinnerung erreichen, vorausgesetzt, sie erstarren nicht in inhaltsleeren Abstraktionen, sondern bemühen sich um konkrete, anfaßbare Anschaulichkeit, indem sie alle Sinne anzusprechen versuchen und zur Identifikation einladen. Eine unter vielen Möglichkeiten dieses zu bewerkstelligen – und auch das findet man vorbildhaft im Judentum – besteht darin, Geschichten zu erzählen. Insofern ginge es am 27. Januar weniger darum, in anonymer und abstrakt aseptischer Weise der 'Opfer des Nationalsozialismus' zu gedenken, sondern wir sollten Geschichten erzählen: die Geschichte *dieses* Mädchens Eva Heymann, *dieses* Jungen Mosche Flinker, *dieses* Vaters Shlomo Wiesel, *dieser* Mutter Lena Donat ... – Der Holocaust ist nicht sechs Millionen, sondern Einer und Einer und Einer und Einer...

Seit nahezu zweitausend Jahren erzählen und hören wir im Bereich des christlichen Abendlandes jedes Jahr an Karfreitag die immer gleiche Geschichte vom Tode eines Juden namens Jesus. Mittlerweile gibt es mindestens sechs Millionen weitere Geschichten über das Leben und Sterben von Menschen, die dem gleichen Volke angehörten wie jener Jesus. Wenn wir jedes Jahr eine dieser Geschichten zu erzählen verstünden, bekäme die Erinnerung ein Antlitz, das uns auch den Rest des Jahres nicht mehr loslassen würde.

Eine hieran anknüpfende Möglichkeit könnte auch im Kontext der Schule darin liegen, gottesdienstliche Formen der Erinnerung zu entwickeln, die darüber hinaus auch der spezifischen Verantwortung der Christen in Anbetracht ihrer historischen Schuld Rechnung tragen würden. In den USA und England hat man damit lange schon und gute Erfahrungen gemacht. Seit der 1952 in Israel eingeführte *Yom Ha-Shoah* in den achtziger Jahren von den Vereinigten Staaten als offizieller

Gedenktag mit übernommen wurde, gibt es an diesem Tag Gedächtnisveranstaltungen in den Parlamenten der Landesregierungen, in Stadthallen, Tausenden von Schulen, Bibliotheken, Kirchen und Synagogen im ganzen Land. Höhepunkt all der Veranstaltungen ist das jeweils in Washington D.C. stattfindende Nachmittags-Treffen in der Capitol Rotunda, mit Ansprachen des Präsidenten und Vizepräsidenten, mit Gebeten und dem *Kaddish*, Liedern der Partisanen, dem Entzünden von Kerzenlichtern und einem Segensspruch. Christlich-jüdische Gedenkgottesdienste sind an diesem Tag weitverbreiteter Brauch. Unzählige Literatur liegt hierzu wie auch insgesamt über die verschiedenen Formen des Gedenkens am *Yom Ha-Schoah* im englischsprachigen Raum vor. Hinzu kommt eine ausgedehnte Forschungstätigkeit über didaktisch-methodische und insgesamt pädagogische Fragen des Gedenkens und Erinnerns an den Holocaust, dem hierzulande nicht nur kaum etwas Vergleichbares an die Seite zu stellen ist, sondern was auch bisher kaum rezipiert worden ist. Ein Blick über den Teich könnte mit Sicherheit eine Menge an Anstößen und Anregungen vermitteln.[28]

Wir hingegen in Deutschland tun uns mitunter recht schwer mit der Erinnerung und zeichnen uns bisweilen eher durch eine hartnäckige Erinnerungsresistenz aus. Sichtbar wird dies nicht zuletzt an unserem zwiespältigen Umgang mit Gedenktagen.

Die Erinnerung ist für uns allzu oft an ein Datum gebunden, das es abzuhaken gilt, statt eine Quelle selbsterneuernder Vergewisserung zu sein. Gedenktage sind allzu oft lästiger Anlaß zur Erinnerung, statt daß die Erinnerung uns Anlaß und Bedürfnis ist, Gedenktage zu begehen. Es gibt Völker, die brauchen Gedenktage, *um* sich zu erinnern, und es gibt Völker, die Gedenktage haben, *weil* sie sich erinnern. Im einen Fall ist die Erinnerung eine Art ungeheuerlicher Flaschengeist, dem man einmal im Jahr Ausgang zubilligt, um den Rest des Jahres guten Gewissens vor ihm Ruhe zu haben. In dem anderen Fall ist Erinnerung ein ständiger Begleiter, dem zu Ehren man einen besonderen Tag widmet. Das eine könnte man „eine Geschichte haben" nennen, das andere „mit einem Gedächtnis leben".[29]

Was immer Ergebnis aller gemeinsamen Anstrengungen sein wird, was immer in Zukunft am 27. Januar im Bundestag, in Städten und Gemeinden, in den Medien, in den Schulen und in der Öffentlichkeit insgesamt vor sich gehen wird: das alles wird nur dann Sinn machen, wenn es gelingt, die Geschichte, die wir haben, in ein Gedächtnis überzuführen, mit dem und aus dem heraus wir leben.

---

1. Vortrag anläßlich der Konferenz der niedersächsischen Gymnasialdirektorinnen und -direktoren des RPI Loccum am 14./15. Oktober 1996.

2. Elie WIESEL in: POPKIN, R./STEINER, G./WIESEL, E. et. al.: Jewish Values in the Post-Holocaust Future, in: Judaism 16, 1967, 283. Dieses, sowie sämtliche folgende Zitate, die im Original in englischer Sprache verfaßt sind, wurden von mir ins Deutsche übersetzt.

3. Elie WIESEL, Die Nacht zu begraben, Elischa, München/Eßlingen 1986, 56.

4. Primo LEVI, Die Untergegangenen und die Geretteten, München 1990, 107f.

5. WIESEL, op.cit.

6. Die Zitate entstammen dem Gedicht „Für immer und ewig – süße Entstellungen" von Yehuda Amichai, in: Yehuda AMICHAI: Wie schön sind deine Zelte, Jakob, München 1988, 139.

7. Zu den genannten Autoren sowie zu dem gesamten Phänomen der Holocaust-Theologie siehe ausführlichst: Christoph MÜNZ, Der Welt ein Gedächtnis geben, Geschichtstheologisches Denken im Judentum nach Auschwitz, 2. Aufl. Gütersloh 1996.

8. Vgl.: Yosef Hayim YERUSHALMI, Zachor. Erinnere Dich! Jüdische Geschichte und jüdisches Gedächtnis, Berlin 1988.

9. Schalom BEN-CHORIN/Veronika LENZEN (Hg.): Jüdische Theologie im 20. Jahrhundert, München 1988, 15.

10. YERUSHALMI, Op.cit., 22.

11. Symbolik des Seder und zum Pessach-Fest insgesamt siehe: B. B. JACOBSON: Pessach – Die Gesetze und ihre Bedeutung, Zürich 1982; Friedrich THIEBERGER (Hg.): Jüdisches Fest – Jüdischer Brauch, Königstein/Ts. 1979.

12. HIRSCH-HAGGADAH, mit Übersetzung und Kommentar von J. M. Japhet, Zürich 1988, 83.

13. ebda., 83f.

14. Zu der hier vorgestellten Definition von jüdischem Gedächtnis siehe ausführlich: MÜNZ, op.cit., bes. Kap. VI.

15. Yosef Hayim YERUSHALMI: Haggadah and History, Philadelphia 1975, 13.

16. Jan ASSMANN: Das kulturelle Gedächtnis. Schrift, Erinnerung und politische Identität in frühen Hochkulturen, München 1992, 16.

17. HIRSCH-HAGGADAH, op.cit., 35ff.

18. YERUSHALMI 1988, op.cit., 57.

19. HIRSCH-HAGGADAH, op.cit., 47.

20. Zu den hier erwähnten Haggadot siehe: YERUSHALMI 1975, op.cit.

21. YERUSHALMI 1975, op.cit., 15.

22. YERUSHALMI 1988, op.cit., 56.

23. Yehuda BAUER in: Meaning and Demeaning of the Holocaust, A Symposium, in: Moment 1981, 30f.

24. Arthur A. COHEN: The Tremendum. A theological interpretation of the Holocaust, New York 1981, 23.

25. Elie WIESEL in: Against Silence. The Voice and Vision of Elie Wiesel, hg. v. Irving ABRAHAMSON, New York 1985, Vol.1, 44.

26. Irving GREENBERG: The Jewish Way. Living the Holidays, New York 1988, 421f.

27. Ansprache des Präsidenten des Staates Israel, hg. v. Deutscher Bundestag, Referat Öffentlichkeitsarbeit, Bonnn 1996, 12.
28. Vgl. hierzu: MÜNZ, op.cit., Kap. IV.
29. Zu dieser Unterscheidung siehe: MÜNZ, op.cit., Kap.VII.

Autorenverzeichnis

Dressler, Dr. Bernhard,
  Rektor, Religionspädagogisches Institut Loccum

Friesen, Astrid von,
  Dipl.-Päd., Gestaltpsychotherapeutin, Hamburg

Grethlein, Prof. Dr. Christian,
  Universität Münster

Heimbrock, Prof. Dr. Hans-Günter,
  Johann Wolfgang Goethe Universität, Frankfurt

Josuttis, Prof. Dr. Manfred,
  Universität Göttingen

Meyer-Blanck, Prof. Dr. Michael,
  Universität Bonn

Münz, Dr. Christoph,
  Publizist, Driedorf

Seydel, Dr. Otto,
  Schule Burg Hohenfels, Hohenfels

Steffensky, Prof. Dr. Fulbert,
  Universität Hamburg

Wermke, Michael, Dozent,
  Religionspädagogisches Institut Loccum

Ziehe, Prof. Dr. Thomas,
  Universität Hannover

Grundlegungen
Veröffentlichungen des Religionspädagogischen
Instituts Loccum

Michael Wermke (Hrsg.)
Die Gegenwart des Holocaust –
"Erinnerung" als religionspädagogische
Herausforderung
Die derzeitigen hitzigen Diskussionen um Er-
innerungsstätten, Mahnmäler, Museen etc. sind
Ausdruck eines sich gesamtgesellschaftlich voll-
ziehenden "Rahmenwechsels" (M. Halbwachs)
unter der Fragestellung, welchen Stellenwert im
"kulturellen Gedächtnis" der Deutschen die Erinnerung an den Holocaust haben soll.
In den Schulen gibt es mittlerweile unzählige
Projekte, die sich mit der Geschichte der Juden
in Deutschland beschäftigen. Der Religionsunterricht beteiligt sich an dieser Arbeit, wobei eine
religionspädagogisch beründeten Didaktik der
Erinnerung nicht deutlich genug konturiert ist.
Hier läßt sich das Anliegen dieses Buches veror-
ten. Es versucht, den Erinnerungsbegriff auch in
den religionspädagogischen Wahrnehmungsbereich
einzubringen, indem es als Grundlage für den zu
beginnenden Diskurs einen Überblick über die
Arbeiten verschiedener Disziplinen wie der Theologie, der Kulturanthropologie, der Germanistik,
der Geschichte, der Philosophie und der Pädagogik zum Erinnerungsbegriff eröffnet.

Bd. 1, 1997, 221 S., 29,80 DM, br.,
ISBN 3–8258–3102–7

Religionspädagogische Kontexte und
Konzepte
herausgegeben von Prof. Dr. Harald Noormann
(Institut für Theologie und Religionspädagogik,
Universität Hannover)

Christine Lehmann
Freiarbeit – ein Lern-Weg für den
Religionsunterricht?
Eine Untersuchung von selbständigem Lernen im Horizont kritisch-konstruktiver Didaktik
Dieses Theorie-Praxis-Buch greift mit der Freiarbeit einen Schlüsselimpuls pädagogischer Auf-
bruchstimmung und innerer Schulreform auf und
fragt nach der Bedeutung selbständigen Lernens
im Religionsunterricht. Es verfolgt die Spuren eines eigenständigen, erfahrungsbezogenen Lernens
in der Geschichte der (evangelischen) Religionspädagogik und stellt sie in einer Synopse zum
Verhältnis von Glaube, Lehre und Lernen über-
sichtlich dar.
Anknüpfend an die bildungstheoretische Diskussion wird herausgearbeitet, daß sich selbständiges

Lernen im Religionsunterricht an einem kritischen Bildungsbegriff orientieren und ein Lernen an relevanten Inhalten anstreben sollte. Ein
Orientierungs- und Problematisierungsrahmen zur
Analyse und Planung von Freiarbeitsmaterialien
wird unter historischer, erfahrungswissenschaftli-
cher und gesellschaftskritisch-ideologiekritischer
Perspektive nicht nur erarbeitet, sondern an
einem ausgewählten Freiarbeitsmaterial auch erprobt.
Im Hinblick auf eine künftige Entwicklung von
Freiarbeitsmaterialien wird die Aufgabe beschrieben, bei der Auswahl und Aufbereitung der Inhalte sowie bei der Formulierung von Aufgaben-
stellungen eine Sensibilität für den didaktischen
Anspruch auf Problem- und Schülerorientierung,
Mehrperspektivität, Vielfalt, Diskursivität und
interreligiöse Kompetenz auszubilden und die
Schüler/innen nicht nur passiv-nachvollziehend,
sondern aktiv-gestaltend in den Arbeitsprozeß
einzubeziehen.

Bd. 1, 1997, 304 S., 49,80 DM, br.,
ISBN 3–8258–3183–3

Chun Sun Lee
Ökumenisches Erzählen
Ein Konzept des Erzählens biblischer
Geschichte als Form Ökumenischen Lernens.
Mit einem Vorwort von Ingo Baldermann
Bd. 2, Herbst 1997, 200 S., 39,80 DM, br.,
ISBN 3-8258-3577-4

Friedhelm Munzel
Bibliotherapie und religiöses Lernen
Ein interdisziplinärer Beitrag zur "Theologie
des Lesens" und zur Innovation des
Religionsunterrichts
Bd. 4, Herbst 1997, 344 S., 58,80 DM, br.,
ISBN 3-8258-3004-7

Münsteraner Einführungen:
Theologie

Franz Furger; Andreas Lienkamp;
Karl Wilhelm Dahm (Hrsg.)
Einführung in die Sozialethik
Diese Einführung entstand aus einem praktischen
Bedürfnis: Die schreienden Ungerechtigkeiten in
der politischen und wirtschaftlichen Weltordnung
fordern engagierte Christen zunehmend in Theorie
und Praxis heraus. Gleichzeitig aber scheint die
"klassische" Soziallehre der katholischen Kirche, die sich vor gut 100 Jahren zur Bewältigung
der sog. "Sozialen Frage" herausgebildet hatte,
angesichts der neuen Herausforderungen keine
hinreichende Hilfe zu bieten.
Mit dem II. Vatikanischen Konzil (1962 – 65)

LIT Verlag Münster – Hamburg – London
Bestellungen über: Dieckstr. 73 48145 Münster Tel.: 0251 – 23 50 91 Fax: 0251 – 23 19 72

zeichnet sich jedoch in der diese "Lehre" tragenden Kirche selber, und zwar gerade auch hinsichtlich der gesellschaftlichen Probleme, ein neuer Aufbruch ab, dem auf evangelischer Seite ebenfalls verschiedene Neuansätze gegenüberstehen. Dieses Studierenden nahezubringen, ist das erste Ziel dieser Einführung.

Wer hingegen von der Sozialethik zeitübergreifende Patentrezepte erwartet, wird enttäuscht werden. Er riskiert sogar, neu entstehende Fragestellungen erst gar nicht richtig wahrzunehmen. Denn das Ziel jeder Ethik ist, Menschlichkeit aufbauen und Unmenschlichkeit tunlichst verhindern zu helfen, anstatt möglicherweise sogar latentes Unrecht zu stabilisieren.

Ethik als konstruktive Entscheidungshilfe erfordert ein zur Veränderung offenes Selbstverständnis und eine ordnende, für neue Problematik offene Systematik. Eine solche Grundlage wird zwar in den sozialethischen Curricula der meisten Hochschulen stets auch, so oder anders, vermittelt.

Wo sich aber Studierende mit unterschiedlichen Vorstudien und oft – glücklicherweise – auch aus verschiedenen Fachrichtungen gemeinsam mit sozialethischen Fragen (etwa aus den Fachgebieten der Wirtschaft, der Medizin, der Technologieforschung) auseinandersetzen wollen, ist eine Klärung unerlässlich. Sie geschichtlich wie systematisch aufzuzeigen, ist damit das zweite Ziel dieser Einführung. Eine brauchbare Orientierung für Studium und Beruf, für Schule und Gemeinde, für Wirtschaft und Politik.

Bd. 3, 1996, 160 S., 24,80 DM, br.,
ISBN 3–8258–2267–2

Münsteraner Einführungen: Theologische Arbeitsbücher

Frank Matheus
Einführung in das Biblische Hebräisch: Studiengrammatik
Die Studiengrammatik bemüht sich, die Hebräische Bibel mit den Augen der Anfängerinnen und Anfänger zu sehen, die durch die erste Begegnung mit dieser neuen und fremden Welt in Verwirrung und Verwunderung gestürzt werden. Diese Gefühle in Staunen und Bewunderung und Fremdheit in Nähe zu wandeln, ist das Ziel dieser Grammatik; sie will die Eindrücke und Fragen strukturieren und ordnen helfen und so ein Mittel an die Hand geben, das die Schönheit, Tiefe und Prägnanz der hebräischen Sprache erschließen hilft. Sie verzichtet deshalb bewußt auf eine sprach- und lautgeschichtliche Detaildarstellung, die die Studierenden in der Anfangsphase eher überfordert denn zur Klärung führt.

Grammatik ist nichts anderes als ein Beschreibungssystem, das ordnend und strukturierend Beobachtungen der Sprachwirklichkeit wiedergibt. Grammatik ist nicht kreativ, sie stellt keine Regeln auf, nach denen die Sprache sich zu richten hätte. Ihre Aufgabe ist allein passiv, nachvollziehend. Die hebräische Studiengrammatik bemüht sich deshalb, Beobachtungen der Studierenden aufzugreifen und zu systematisieren. Zusammenhänge zu erschließen und den Fragenden neue Perspektiven zu eröffnen. Sie möchte die Begegnung der und des einzelnen mit der Hebräischen Bibel moderieren und dabei selber im Hintergrund bleiben – also kein klassisches Lehrbuch sein, das "Lernstoff" bietet und abfragbares Wissen produziert, welches aber nicht unbedingt von Einsicht und Verstehen zeugt. Auch die beigefügten Paradigmen wollen nicht verstanden werden als auswendig zu lernende Tabellen, sondern als Anregung, eigene Parallelen zu ziehen und Analogien zu erkennen. Die hebräische Studiengrammatik bietet sich besonders für das gemeinsame Lernen in kleinen Gruppen an, in denen gefragt und diskutiert werden kann, ist aber auch für das Selbststudium geeignet.

Bd. 1, 1997, 108 S., 29,80 DM, br.,
ISBN 3–8258–3171–x

Frank Matheus
Einführung in das Biblische Hebräisch: Studienbuch für das Gruppen- und Selbststudium
Mit dem Studienbuch wird nun der zweite Teil der Einführung in das Biblische Hebräisch vorgelegt. Es möchte den Studierenden ergänzend zu ihren Kursen und Veranstaltungen an Schule oder Universität ein Mittel an die Hand geben, allein und in kleineren Gruppen den Umgang mit biblischen Texten einzuüben.

Das Studienbuch ist so konzipiert, daß nach dem (vorausgesetzten) Erlernen von Schrift- und Lautzeichen die Begegnung mit der Hebräischen Bibel im Mittelpunkt steht. Für Anfängerinnen und Anfänger ist der erste Teil gedacht; anhand eines kürzeren Psalmtextes wird Stück für Stück der Blick geöffnet für die sprachlichen Phänomene, die hier begegnen.

Im zweiten Teil finden sich neun biblische Texte, die sprachlich erschlossen werden sollen; sie sind in etwa so lang, wie es die meisten Prüfungsordnungen vorsehen. Diese Texte eignen sich hervorragend zum Selbststudium, da das gesamte Vokabular am Ende aufgeführt ist; alle schwierigen Formen sowie theologische Aspekte werden in Anmerkungen besprochen, und Wortanalysen, die zum tieferen Verstehen beitragen können, werden in reichem Umfang geboten. Formen, die die Lernenden nicht erkennen, werden durch ein Verweissystem entschlüsselt. Diese neun Texte bilden einen Arbeitsstoff, den man in einer Gruppe oder allein in einem Semester bewältigen kann,

LIT Verlag Münster – Hamburg – London

Bestellungen über: Dieckstr. 73 48145 Münster Tel.: 0251 – 23 50 91 Fax: 0251 – 23 19 72

wobei einem vertiefenden Weiterlesen der Texte in der Bibel mit Hilfe des Lexikons nichts im Wege steht.

Bd. 2, 1997, 128 S., 34,80 DM, br., ISBN 3-8258-3172-8

Theologie

Ulrich Schoenborn
Dialog und Offenbarung
Zur Strategie literarischer Vergewisserung in Krisenzeiten

Bd. 6, 1996, 96 S., 19,80 DM, br., ISBN 3-8258-2763-1

Nam-Shin Cho
Das Spiel des Geistes mit dem Wort: Rudolf Bohren
Der Autor erörtert R. Bohrens „Predigtlehre" im Kontext deutscher homiletischer Auseinandersetzung. Die „Predigtlehre" hat drei große Eigentümlichkeiten: den pneumatologischen Ansatz, die Beschreibung im Kontext moderner Literatur und die ökumenisch orientierte Beschreibung.
Dabei wird auch die Bedeutung seiner pneumatologischen Reflexion für das christliche Denken und den neuen christlichen Lebensstil berücksichtigt. Im zweiten Teil wird der Aufbau und die Charakteristika dieser „Predigtlehre" behandelt. Bei der Behandlung ihres Aufbaus bemühen wir uns um das homiletische Schwerpunkte, die die „Predigtlehre" enthalten: Meditation, institutionskritische Problemstellung und entsprechende Zielvorstellungen, die Frage nach dem Hörer in der Auseinandersetzung mit E. Thurneysen und E. Lange. Bemerkenswert ist, daß immer wieder in dieser Zeit der Unterschied zwischen R. Bohren und E. Lange herausgestellt wird.
Im dritten Teil wird die Ökumenizität der „Predigtlehre" bestimmt und ihre homiletischen Einheitsbemühungen ausfindig gemacht. Auch die politische Haltung von R. Bohren wird analysiert und ausgewertet werden, weil diese Thematik für die ökumenische Bewegung von wesentlicher Bedeutung ist. Dabei werden auch die Probleme der Armen und der Dritten Welt aufgenommen.

Bd. 7, 1996, 224 S., 48,80 DM, br., ISBN 3-8258-2784-4

Martin Sieg
Vorweggenommen in ein Haus aus Licht
Sinnerfülltes Leben aus dem Vertrauen und der Zuversicht heraus. Mit einem Geleitwort von Landesbischof i. R. Prof. Dr. Eduard Lohse
Dieses Buch mutet dem Leser ungewohnte Wege zu, um neue und überzeugende Zugänge zu den Schwerpunkten der christlichen Wahrheit zu gewinnen. Der verunsichert suchende Mensch soll gewonnen werden, die schon fast abgeschriebene christliche Tradition mit neuen Augen zu betrachten. Das Buch will keine Laiendogmatik sein und erhebt daher keinen Anspruch auf Vollständigkeit.

Im Mittelpunkt steht das Bemühen, die wirklichkeitsnahen Lebensbezüge der christlichen Wahrheit und ihre *Antworten für das Leben im Alltag der Welt* aufzuzeigen. Der Leser soll erkennen, daß hier sein Leben verhandelt, – seine Sehnsüchte, Fragen und Ängste ernstgenommen und die elementaren Lebensprobleme angesprochen werden. Ausgangspunkt der Überlegungen ist nicht – wie allgemein üblich – das Glaubensbekenntnis. Eingesetzt wird mit den Ur-Erfahrungen des Menschen, die mit den Kernstücken der christlichen Wahrheit zusammengedacht werden. Erstmalig – und ist das Originelle dieses Buches – unternimmt ein Theologe den Versuch, die Prägungen, die durch die Ur-Erfahrungen entstanden sind, zu beschreiben. Er orientiert sich dabei an den neuesten wissenschaftlichen Erkenntnissen über die prä- und perinatalen Zeit (die Zeit vor, während und unmittelbar nach der Geburt). In diesen Ur-Erfahrungen sind die Erst-Erlebnisse und die unverlierbaren Prägungen gespeichert. Sie begleiten den Menschen ein Leben lang. Diese innere Ausstattung des Menschen mit den Antworten der Theologie in ein Gespräch zu bringen, macht das Buch spannend. Die interessanten Ergebnisse eröffnen *neue Einsichten in die Frage nach dem umfassenden Sinn des Lebens.*

Bd. 8, 2., veränd. Aufl. 1997, 280 S., 29,80 DM, br., ISBN 3-8258-2917-0

Gol Rim
Gottes Wort, Verkündigung und Kirche
Die systematisch-theologischen Grundlagen der Theologie Eduard Thurneysens
Bd. 10, Herbst 1997, 220 S., 48,80 DM, br., ISBN 3-8258-2991-x

Dieter Baltzer
Alttestamentliche Fachdidaktik
Gesammelte Studien
Die hier zusammengestellten Untersuchungen stellen den Versuch dar, *alttestamentliche Fachdidaktik* in verschiedenen Perspektiven zu entschlüsseln. Lehrende und Lernende in Schule und Universität benötigen zur fachlichen Orientierung einen materialdidaktischen Leitfaden. Die vorliegenden Studien verstehen sich als Eröffnung des religionspädagogischen Dialogs alttestamentlicher Fachdidaktik mit den Human- und Gesellschaftswissenschaften im Schnittfeld von alttestamentlicher Fachwissenschaft und Praxis.
Bd. 11, 1997, 280 S., 39,80 DM, br., ISBN 3-8258-3002-0

Ulrich Johannes Plaga
"Ich bin die Wahrheit"
Die theo-logische Dimension der Christologie Hans Urs von Balthasars
Bd. 12, Herbst 1997, 480 S., 98,80 DM, br., ISBN 3-8258-3424-7

LIT Verlag Münster – Hamburg – London
Bestellungen über: Dieckstr. 73 48145 Münster Tel.: 0251 – 23 50 91 Fax: 0251 – 23 19 72